हिन्दी गद्य : इधर की उपलब्धियाँ

हिन्दी गद्य : इधर की उपलब्धियाँ

पुष्पपाल सिंह

वाणी प्रकाशन

वाणी प्रकाशन का 'लोगो'
विख्यात चित्रकार मक़बूल फ़िदा हुसेन की
कूची से

ISBN : 978-81-8143-217-9

वाणी प्रकाशन
21-ए, दरियागंज, नयी दिल्ली-110002
द्वारा प्रकाशित

फोन : 0091#11#23273167, 23275710
फैक्स : 0091#11#23275710
ई-मेलः vaniprakashan@gmail.com
vani_prakashan@yahoo.com
वेबसाइट : www.vaniprakashan.com

प्रथम संस्करण : 2004
द्वितीय संस्करण : 2008

आवरण : वाणी प्रकाशन
जय भारत प्रिंटिंग प्रेस, शाहदरा दिल्ली-110032
द्वारा मुद्रित

मूल्य : 250.00

HINDI GADHYA : Idhar Ki Uplabdhiyan
by : Pushppal Singh

प्रियवर

पदम् सिंह को
बहुत-बहुत स्नेह और
दुलार से...

अनुक्रम

● उपन्यास

● आत्मकथा-संस्मरण

● कहानियाँ

दो से अधिक कुछ शब्द

पिछले तीस-चालीस बरसों, विशेषतः हाल के बरसों में हिन्दी गद्य का अभूतपूर्व विकास हुआ है, उसने समृद्धि के नूतन सोपान आयत्त कर उसे अनेक नए आयाम दिए हैं। मुझे यह कहने में संकोच नहीं कि हिन्दी गद्य का सर्वश्रेष्ठ कथा-साहित्य के माध्यम से ही आया है। हम अंग्रेजी गद्य की प्रशंसा करते अघाते नहीं हैं किन्तु मेरा आग्रह है कि उसके साथ हमें हिन्दी गद्य के बहुवर्णी विस्तार और गहराई का भी सम्यक् (अध्ययन, नहीं तो) परिचय पा लेना चाहिए। किन्तु हिन्दी गद्य और खास तौर से कथा-साहित्य की दुर्नियति यह है कि उसका श्रेष्ठ थोड़ी-बहुत देर पत्र-पत्रिकाओं के अध्ययन से चर्चा में रहता है और फिर कोई उन कृतियों का नाम तक नहीं लेता, रेखांकन तो दूर की बात है। नाम उन ही चन्द रचनाओं का लिया जाता है जो किन्हीं खास प्रयत्नों से चर्चा में बनी रहती हैं। थोड़ा पीछे लौटकर देखें तो 'नई कहानी' की समीक्षा का उदाहरण देखा जा सकता है जहाँ पूरी समीक्षा 20-25 कहानियों के इर्द-गिर्द घूमती रही है। यह समीक्षा की सीमा भी है और उसकी गतानुगतिकता का उदाहरण भी। किसी लेखक की एक-दो कहानियाँ ही चर्चा में आईं और बाकी उनमें कहीं बेहतर गुमनामी के अँधेरे में डूब गईं। काव्य-समीक्षा की स्थिति इससे थोड़ी भिन्न है, वहाँ कालजयी रचनाओं की चर्चा बार-बार होती रही है। अधिकांशतः पत्र-पत्रिकाओं की ढर्रे में बँधी सम्पादन-नीतियों का हाल यह है कि यदि थोड़ी-सी भी पुरानी किसी महत्त्वपूर्ण कालजयी रचना की पुनर्चर्चा, पुनर्मूल्यांकन या कहें पुनर्पाठ का प्रयत्न किया जाए तो उन्हें 'पुरानी' कृति की चर्चा के प्रकाशन का औचित्य नज़र नहीं आता। कुछ पत्रिकाओं के अपने पूर्वाग्रह हैं कि अमुक रचनाकार की चर्चा कर 'उन्हें' क्यों भाव दें, वह तो 'नया है', 'वह तो उस धड़े का है, आदि। आवश्यकता इस बात की है कि वक्ती चर्चाओं, प्रायोजित समीक्षाओं तथा लोकार्पण समारोह-गोष्ठियों से अलग हटकर, कुछ समय बीत जाने पर, वक्त की धूल हटाकर, श्रेष्ठ रचनाओं पर सम्यक् दृष्टि से विचार किया जाए।

यह भी एक समस्या और आलोचना पर तोहमत है कि वह अपने समकालीन रचना-परिदृश्य से जल्दी रू-ब-रू नहीं हो पाती है, उसके साथ कदम मिलाकर नहीं चल

पाती, प्रायः ही पिछड़ जाती है। पत्र-पत्रिकाओं में प्रायः नई कृतियों पर चर्चाएँ शोभाधर्मी-सी बन चली हैं। कहीं-कहीं इतना साफ नज़र आता है कि साहित्येतर कारणों से कृति आवश्यक प्रशंसा पा रही है, उसकी शोभा-यात्रा में व्यर्थ ही अपने कन्धे दे रही है। कहीं कृति को इसीलिए 'थापी' दी जाती है कि वह नए रचनाकार की कृति है, कहीं इसलिए 'बड़ाई' पा रही है कि वह किसी संपादक या किसी सरकारी ओहदेदार की कलम से प्रसूत है। लघु पत्रिकाओं में अवश्य कुछ बहुत अच्छी संतुलित समीक्षाएँ देखने को मिलती हैं, पर थोड़ी देर में वे भी बिला जाती हैं।

कथा-समीक्षा अब काफी प्रौढ़ हो चली है। आवश्यकता इस बात की है कि एक-एक कहानी-संग्रह पर नहीं, किसी समर्थ कहानी पर स्वतन्त्र रूप में पूरे विस्तार में बात हो। कुछ संपादकों को यह योजना पसन्द आई और 'पहल', 'अक्षरा', 'उत्तर प्रदेश', आदि पत्रिकाओं ने एक-एक कहानी पर मेरे समीक्षा-आलेख प्रकाशित किए। कहानी के श्रेष्ठ के मूल्यांकन और रेखांकन का यह सही प्रयत्न होगा। जब पत्रिकाओं ('बहुवचन', आदि) में 'निराला' की 'राम की शक्ति-पूजा' पर इतना पीछे जाकर पुनर्विचार हो सकता है तो फिर थोड़ा-सा ही पीछे मुड़कर (उदाहरणतः) कृष्णा सोवती की 'ऐ लड़की' या कमलेश्वर की 'तुम्हारा शरीर मुझे पाप के लिए पुकारता है' पर क्यों नहीं? साथ ही यदि अभी-अभी कुछ बेहतरीन लिखा गया है तो उस पर बात क्यों न की जाए। इस पुस्तक के माध्यम से मेरा विनम्र प्रयास यही रहा है कि अपने समय के श्रेष्ठ गद्य-लेखन, विशेषतः कथा-लेखन, का समुचित मूल्यांकन कर उसे रेखांकित किया जाए। यदि इसमें एक ओर मुख्यतः हाल ही बीती शती के आखिरी दशक की कृतियाँ निकष पर हैं (एक-दो रचनाएँ ही आखिरी दशक से पहले की हैं) तो दूसरी ओर बिलकुल ताजा-तरीन रचनाएँ, यथा जून 2002 में प्रकाशित मनोहर श्याम जोशी की कहानी, जयनन्दन की 2002 की कहानी तथा स्वदेश दीपक की 2002-3 में प्रकाशित आत्मकथात्मक सीरीज़ 'खंडित जीवन का कोलाज'!!

इन समीक्षात्मक आलेखों के प्रारम्भ में सम्बन्धित रचना के कुछ ऐसे स्थलों को उद्धृत करने का प्रयत्न हुआ है जो रचना को पढ़ने के लिए प्रेरित करें, उसे पढ़ने की बाध्यता अनुभव कराएँ, उसमें अवगाहन करने के लिए पाठक को निमन्त्रित करें। आखिर, समीक्षा को रचना और पाठक के बीच एक सेतु की भूमिका का निर्वहन करना है। सबसे पहले मैंने इस प्रविधि का इस्तेमाल 'अक्षर पर्व' और 'कथा-क्रम' को भेजे गए आलेखों में किया, प्रसन्नता है कि इसके बाद 'अक्षरपर्व' ने अपनी सभी समीक्षाओं में इसे अपनाया है। प्रस्तुत पुस्तक में आए प्रायः सभी समीक्षा-आलेख 'पहल', 'कथाक्रम', 'पल-प्रति-पल', 'हिमप्रस्थ', 'शीराज़ा', 'हंस', 'साक्षात्कार', 'अक्षरा', आदि पत्रिकाओं में प्रकाशित हो चुके हैं, केवल 2002 तथा 2003 की रचनाओं वाले लेख प्रथम बार यहाँ हैं—एकरूपता रखने के लिए इनके शीर्षकों तथा कहीं-कहीं सामग्री का भी संपादन/पुनर्लेखन किया गया है।

मेरा आग्रह यह नहीं है कि हिन्दी गद्य की सर्वोत्तम उपलब्धियाँ ये ही रचनाएँ हैं, और भी होंगी और हैं किन्तु फिलहाल मेरी दृष्टि इन पर ही गई। कुछ कृतियों को जान-पूछकर इसलिए भी छोड़ दिया गया है कि उन पर भरपूर चर्चा हुई है, यथा—'मुझे चाँद चाहिए', 'इदन्नमम्', 'कलिकथा वाया बाइपास', आदि। वे मेरे या किसी और के फिर के प्रयत्न के लिए स्थगित!! अस्तु!!

वाणी प्रकाशन के संचालक श्री अरुण महेश्वरी जी के सम्मुख जब इस पुस्तक का प्रस्ताव रखा गया, वे इसके प्रकाशन के लिए सहर्ष तैयार हो गए, पांडुलिपि देने में मेरी ही देरी हुई है। उन्होंने न केवल इस प्रस्ताव को स्वीकार किया अपितु इसके शीर्षक के विषय में सुझाव भी दिया। अरुण जी धन्यवाद दूँ क्या!! आप तो इसमें मेरे साथ कारक रूप में उपस्थित हैं। आपके प्रतिष्ठापूर्ण प्रकाशन-संस्थान के लिए शतशः शुभ कामनाएँ!!

— पुष्पपाल सिंह

63, केसर बाग, पटियाला - 147 001
[पूर्व प्रो. तथा अध्यक्ष, हिन्दी विभाग,
पंजाबी विश्वविद्यालय, पटियाला]

"...और गाँधी के साथ दुनिया में पहली बार जो जनान्दोलन शुरू हुए हैं, उन्होंने सत्ता के केन्द्र को बदल दिया है। गाँधी ने पहली बार सत्ता को धारण करने के औचित्य की अवधारणा को राजवंशों से छीनकर जनता को सौंप दिया है। यहीं से इस दुनिया का रूप बदलना शुरू हुआ है..."

....

"जब मौत बहुत करीब आ जाती थी, तो मुझे अल्लाह जरूर याद आता था, लेकिन मक्कए-मुअज़्ज़मा या कर्बलाए-मुअल्ला की जगह मुझे गंगौली याद आती थी।...अल्लाह तो हर जगह है, फिर गंगौली और मक्का और नील के गोदाम और कस्बे, हमारे पोखरे और आबे-ज़मज़म में क्या फर्क है?"

....

"पर ये सभ्यताएँ जी नहीं सभीं, क्योंकि इनमें भी कुलीनता के नाम पर उन लोगों का उदय हुआ जो मन्दिर, पुराण और पवित्रता के नाम पर स्वयं को पुरोहित पुकारते थे। ये पुरोहित ही असली ब्राह्मण थे... जो ज़ातीय नहीं–स्वार्थ केन्द्रित कुलीनता और ब्राह्मणवाद के प्रतीक थे। यानी जो जड़ता को प्रश्रय देते थे और वक्त को बदलने नहीं देते थे..."

"... इस्लाम की नज़र से पाकिस्तान का बनना ही गुनाह है... क्योंकि इस्लाम नफ़रत नहीं सिखाता, पर पाकिस्तान की बुनियाद नफ़रत पर रुक गई है... इस्लाम जैसा मज़हब किसी मुल्क की सरहदों में कैद कैसे किया जा सकता है। कोई मज़हब कैद नहीं किया जा सकता... इस्लाम तो खास तौर से नहीं।"

....

"... इतिहास में ऐसे दौर बहुत आते हैं, जब उस दौर के लोगों के सिर गायब हो जाते हैं...सोचना-समझना और सच की तहकीकात का सिलसिला खत्म हो जाता है... अदीबे आलिया! हम उसी दौर से गुजर रहे हैं।"

....

"5000 वर्षों की सभ्यता को माउंटबेटन, चर्चिल और रेडक्लिफ ने पाँच महीनों में तोड़ दिया था। साजिश के तहत उन्होंने पाकिस्तान बना दिया था।"

....

"तो अब कितने पाकिस्तान बनेंगे भाई? खुद पाकिस्तान में से कितने पाकिस्तान पैदा होंगे? पंजाब के सरायकी अपना सूबा माँग रहे हैं। पुराने सिन्धी अपना सिन्धु देश बनाना चाहते हैं।... और ...पख्तून अपना पख्तूनिस्तान चाहते हैं। अताउल्ला मेंगल आजाद बलूचिस्तान माँग रहा है...।"

हर दौर और जहाँ में बनते पाकिस्तानों के खिलाफ़ एक बुलंद आवाज़

('कितने पाकिस्तान' : कमलेश्वर)

हर दौर में और दुनिया के हर हिस्से में बीमार मानसिकता ने अपने-अपने पाकिस्तान बनाने की चालें चलीं, कभी ये चालें सफल हुईं तो कभी असफल। संस्कृति की महायात्रा में ये पाकिस्तान अवरोध बनकर उपस्थित हुए हैं, सही सोच ने सदैव इनका विरोध कर मानवता की जय-यात्रा का इतिहास रचा है। '...कोई भी संस्कृति पाकिस्तानों के निर्माण के लिए जगह नहीं देती। संस्कृति अनुदार नहीं उदार होती है...वह मरण का उत्सव नहीं मनाती, वह जीवन के उत्सव की अनवरत शृंखला है...इसी सामाजिक संस्कृति की जरूरत हमें है क्योंकि वह जीवन का सम्मान करती है।[1]

कमलेश्वर का उपन्यास 'कितने पाकिस्तान' इतिहास और संस्कृति की इसी गहरी और जरूरी समझ का विराट फलक बनकर आया है। मनुष्य के वर्तमान की चिन्ताओं को पूरे ऐतिहासिक परिप्रेक्ष्य में विश्लेषित करता यह उपन्यास न केवल राष्ट्रीय संदर्भों तक ही अपने को सीमित रखता है अपितु पूरे जहान की राजनीतिक, समाजार्थिक ज्वलंत समस्याओं को जूझता सही अर्थों में पाठक को एक ग्लोबल गाँव-समाज का सदस्य बना देता है। यदि पूरे हिन्दी उपन्यास की कथा-यात्रा पर दृष्टिपात करें, तो कहा जा सकता है कि इतने विराट फलक का उपन्यास हिन्दी में दूसरा नहीं है जिसमें राष्ट्रीय-अन्तर्राष्ट्रीय समस्याओं की ऐसी गम्भीर पड़ताल और इतना गहन-गम्भीर बौद्धिक विमर्श हुआ हो। अपने इस रूप में 'कितने पाकिस्तान' हिन्दी उपन्यास की विषयगत और कलागत रूढ़ियों को तोड़ता हुआ अपना एक नया मानक और 'मॉडल' प्रस्तुत करता है।

उपन्यास में यथार्थ-चित्रण की सैद्धान्तिकी कभी उसे युग जीवन का चित्र तो कभी मध्यवर्ग का महाकाव्य, तो कभी आदर्शों तथा मूल्यों की स्थापना का कथात्मक प्रयत्न, आदि मानती रही है। इन सभी संधानों को खोजता हिंदी उपन्यास अधिकांशतः

अपनी प्रवृत्ति में अतीतजीवी रहा है। 'कितने पाकिस्तान' में अतीत, इतिहास, परम्परा का इस्तेमाल इस रूप में किया गया है कि वह हमारे वर्तमान के कुछ अत्यन्त महत्त्वपूर्ण प्रश्नों और समस्याओं को समझने की एक नई दिशा और चिन्तन-पद्धति दे सके। उपन्यास का नायक, जो निश्चय ही हिन्दी उपन्यास के अब तक आए नायकों में सबसे अलग है, अदीबे आलिया ही 'मनुष्य की सबसे बड़ी धरोहर'– 'बेलौस, बेखौफ आवाज' की रक्षा करने में समर्थ है। इन्सानियत की यही बेलौस, बेखौफ आवाज अदीब की आवाज बनकर सारी दुनिया के सांस्कृतिक इतिहास में उन विलगाववादी तत्त्वों को तलाशती है जो 'पाकिस्तानों' की निर्मिति में अपनी भूमिका निभाते रहे हैं। उपन्यासकार कहना यह चाहता है कि शब्द की शक्ति ही सांस्कृतिक पुनर्निर्माण की भूमिका बना सकती है। इस 'बेलौस' और 'बेखौफ' आवाज़ का साक्ष्य यद्यपि पूरे उपन्यास की चिंतन-प्रक्रिया में देखा जा सकता है किन्तु उसके साक्ष्य के रूप में अदीबे आलिया द्वारा भारत के प्रधानमन्त्री और रक्षामन्त्री को लिखे गए पत्र का यह अंश द्रष्टव्य है... "प्रधानमन्त्री जी, यह तो आपके नैतिक पतन की पराकाष्ठा है कि जब आपकी सरकार गिराई गई थी, तो दूसरे ही दिन आप देश की जनता को सन्देश देने के लिए दूरदर्शन पर मौजूद थे, लेकिन जब उत्तरी सीमान्त पर स्क्वाड्रन लीडर अजय कुमार आहूजा मारा गया, फ्लाइट लेफ्टिनेंट नचिकेता अपनी जान को खतरे में डालकर क्षतिग्रस्त जहाज से कूदा, जब कारगिल क्षेत्र में ही वायुसेना का हेलीकाप्टर क्षति-ग्रस्त हुआ और चालक दल के चार सदस्य मारे गए, साथ ही सरकारी आँकड़ों की विश्वसनीयता सन्दिग्ध होने के बावजूद, यह बताया गया है कि हमारी सेना के 29 जवान मारे गए हैं, 128 घायल हैं तथा 12 लापता हैं, तब इस देश को विश्वास में लेने के लिए और उसके संकट और दुःख में शामिल होने के लिए आपको दूरदर्शन पर आने की जरूरत महसूस नहीं हुई। यह संवेदनहीनता की इन्तिहा है!

और–आपके यह रक्षामन्त्री जार्ज फर्नांडिस तो ऊल-जलूल बयान देने के विशेषज्ञ बन चुके हैं। पोखरन परमाणु विस्फोटों को उचित ठहराते हुए उन्होंने चीन को दुश्मन नम्बर एक घोषित करने में देरी नहीं की थी...

और ऊपर से तुर्रा यह कि रक्षामंत्री ने अपने बेहूदे और दायित्वहीन बयान में यहाँ तक कह डाला कि इस घुसपैठ में पाकिस्तान के प्रधानमंत्री और पाकिस्तान सेना के गुप्तचर संगठन आई. एस. आई. का हाथ नहीं है। यह घुसपैठ पाकिस्तान सेना की ही करतूत है। भारत के रक्षामन्त्री को मालूम होना चाहिए कि यह एक हास्यास्पद बयान है, बल्कि लगता तो यह है कि माननीय रक्षामन्त्री की औसत चेतना और समझ कुन्द हो चुकी है।[2]

इस सुदीर्घ उद्धरण को देने का मन्तव्य उस तेज-तर्रार, 'बेखौफ-बेलौस' आवाज़ से परिचित कराना है जिससे वह न केवल प्रधानमन्त्री, रक्षामन्त्री की खबर लेता है अपितु संयुक्त राष्ट्र के महासचिव कोफ़ीअन्नान, इंडियन यूनियन मुस्लिम लीग के

प्रेसीडेंट गुलाम महमूद बनातवाला, विनायक दामोदर सावरकर आदि को अपनी 'आवाज़' के कोड़ों से तिलमिलाता है।

'कितने पाकिस्तान' उपन्यास की कथा का प्रसार सुदूर अतीत से लेकर कारगिल प्रकरण (1999) तक है। इतने लम्बे समय और पूरे विश्व में फैली भौगोलिक सीमा को लेखक ने बड़ी नई, कुशल और पैनी कथा-युक्तियों से सँभाला है। अदीबे आलिया की अदालत में जब चाहे, दुनिया के किसी भी कोने के किसी भी जिन्दा या मुर्दा व्यक्ति को उपस्थित किया जाता है। इस कथा-युक्ति से कथाकार अपने कथ्य और कथानक के सरपट दौड़ते घोड़ों की रास पूरे नियन्त्रण में थामे रखता है—जब चाहे उन्हें पूरी ढील दे देता है और जब चाहे उस ढील की रास को खींच लेता है। कई-कई शताब्दियों के इतिहास-पुरुष उसकी अदालत में समय के एक ही बिन्दु पर आकर मिल जाते हैं। यह कथा-प्रयोग उपन्यास में फन्तासी की एक अद्‌भुत दुनिया रचता है। फन्तासी का यह जादुई यथार्थ कमलेश्वर की किस्सागोई की कला को और भी अधिक समृद्धि प्रदान करता है। किस्सागोई का यह गुण इतने विस्तार और वैविध्य की कथा को कहीं भी बिखरने नहीं देता है, उपन्यास में गजब की पठनीयता है।

'नया' (आरा, बिहार) पत्रिका के मार्च 1971 अंक में कमलेश्वर की कहानी 'कितने पाकिस्तान' (सर्वप्रथम) प्रकाशित हुई थी और अब पिछली शती का अन्त होते-होते, नई सहस्राब्दि की शुरुआत (जनवरी, 2000) में भी 'कितने पाकिस्तान' शीर्षक से उनका उपन्यास आया है जो निश्चय ही उस 'लम्बी जिरह' का सुचिन्तित परिणाम है जो लेखक के भीतर कई दशकों तक चलती रही है और जिसका अन्त अभी भी नहीं है।[3] 1971 ई. की इस कहानी में देश में बार-बार हो रहे साम्प्रदायिक दंगों और दंगों के पीछे की वहशी मानसिकता ने सर्जक-मानस को झकझोरा था तो विवेच्य उपन्यास में वह न केवल भारत अपितु पूरे विश्व में स्थान-स्थान पर धर्म के नाम पर हो रहे भीषण नर-संहारों, मानवता की नृशंस हत्या, शक्तियों-महाशक्तियों द्वारा दुनिया के छोटे-छोटे देशों, विशेषतः तीसरी दुनिया के दुखियारे देशों में ढाए जा रहे जुल्मों-सितम के पीछे छिपे कारणों की खोज में परेशान-हाल है। इसी परेशानी और जद्‌दो-जहद में उपन्यास का 'अदीबे आलिया'—पूरी दुनिया के इतिहास, सांस्कृतिक इतिहास को अनेक ज्ञात-अज्ञात ऐतिहासिक प्रमाणों, दस्तावेजों, जनश्रुतियों, मिथक-कथाओं तथा फन्तासी की कल्पना और जादुई यथार्थ से खंगालता है। इसीलिए इस उपन्यास का 'नायक-महानायक और खलनायक' समय को ही बनाया गया है।[2]

प्रस्तुत उपन्यास के लेखन से पूर्व उपन्यासकार ने गम्भीर शोध कर अपनी सामग्री का संचयन किया है। आर्यों के भारत आगमन सम्बन्धी आक्रमण की अवधारणा को नकार कर आर्यों के उत्स सम्बन्धी अपनी स्थापना, बेबेलोनियाँ, मेसोपोटामिया, सुमेरी-अक्कादी और सिन्धु घाटी की सभ्यताओं के अनेक मिथकों में समानता की तलाश, दजला-फरात, चीनी, मिस्री सभ्यताओं की मूलभूत एकता, पूरब

की ओर बढ़ने पर आर्यों का कई कबीलों में बँटना, आदि प्रसंगों को पढ़कर सहज ही राहुल सांकृत्यायन के 'वोल्गा से गंगा' की स्मृति हो आती है। जिस प्रकार की गम्भीर शोध के बाद राहुल का उक्त उपन्यास और जयशंकर प्रसाद के नाटक लिखे गए हैं, उसी प्रकार की ऐतिहासिक शोध के उपरान्त 'कितने पाकिस्तान' की ये स्थापनाएँ सामने आती हैं। आर्यों के भारत आगमन सम्बन्धी यह धारणा देखिए '... आर्यों के वे कबीले जो सहस्रों-सदियों पहले क्रोशिया के बिंदिजा इलाके से चले थे, उनमें से कुछ थककर रूस के दक्षिणवर्ती घास के मैदानों में रुक गए थे। जिन कबीलों का साथ कुदरत ने नहीं दिया, वे मिस्र की तरफ निकल गए, लेकिन आर्यों के बड़े-बड़े कबीलों को पूरब का सूरज ज्यादा आकर्षित कर रहा था। उन्होंने प्रकाश की दिशा-पूरब की ओर बढ़ना ही पसन्द किया। अन्धकार के बाद उदित होकर पूरब का सूरज उन्हें पुकारता था...इसलिए वे आर्य कबीले उफरातु और तिग्रा नदियों से होते हुए, उस पार जाकर तबरेज और तेहरान के रास्ते सिन्धु घाटी की ओर बढ़ गए।' 'आर्य कबीलों का दूसरा कारवाँ मशद के इलाके को छोड़ता हुआ हेरात और ब्लख़ के रास्ते बोलन दर्रे से सिन्धु प्रदेश में दाखिल हुआ था। आर्यों का तीसरा कारवाँ, जो खैबर दर्रे को पार करके सिन्धु घाटी में दाखिल हुआ, वह मोहन-जोदड़ों और हड़प्पा के इलाके में बस गया...शायद इन्हीं आर्यों का राजा है इन्द्र! वह भी सम्राट गिलगमेश की तरह महाविलासी है... (गिलगमेश को युरुक सम्राट बताया गया है)।[5]

'कितने पाकिस्तान' न केवल इस प्रकार प्रागैतिहासिक काल पर नए सिरे से प्रकाश डालता है, बल्कि मध्यकालीन मुगल इतिहास को भी और इस इतिहास को तोड़-मरोड़ कर प्रस्तुत करने की ब्रिटिश साम्राज्यवादी नीयत को भी गम्भीर ऐतिहासिक शोध के माध्यम से 'पूरे सच' के आइने में देखने की दृष्टि देता है। उपन्यास की बहुत बड़ी उपलब्धि शाहजहाँ के बाद उसके बेटों में हुई उत्तराधिकार की लड़ाई को सही परिप्रेक्ष्य में देखना-परखना और बाबरी मस्जिद प्रकरण में यह स्थापित करता है कि 'बाबरी मस्जिद' बाबर की बनवाई हुई है ही नहीं, वह कभी अयोध्या गया ही नहीं। वह तो घग्घर (सरयू) के दूसरे किनारे से ही लौट आया था। वस्तुतः इन घटनाओं के माध्यम से उपन्यास में यह सत्य तलाशा गया है कि सभी सभ्यताओं में, सभी समयों में देवत्व, ब्राह्मणत्व, गुरुडम, कठमुल्लापन ने सामान्य जन की, उसके सहज धार्मिक विश्वासों, उसके मानवीय मूल्यों की धर्म के जनून के नाम पर किस प्रकार अवहेलना और अवमानना की है। अयोध्या के बाबरी मस्जिद प्रकरण पर तत्कालीन इतिहास लेखकों, विदेशी यात्रियों के यात्रा-विवरणों, ऐतिहासिक महत्त्व के विभिन्न दस्तावेजों, अन्य साक्ष्यों के आधार पर सिद्ध किया गया है कि ब्रिटिश शासकों ने अपने न्यस्त स्वार्थों के चलते किस प्रकार इतिहास को तोड़ा, मरोड़ा और किस प्रकार धर्मांध लोगों ने उस 'इश्यू' को सदैव जीवित बनाए रखने के लिए तरह-तरह की चालें चलीं। इतिहास के इन अँधेरों में रोशनी की तलाश करता उपन्यासकार शाहजहाँ के समय

चलती उत्तराधिकार की लड़ाई तक इसलिए जाता है कि वह बता सके कि हिन्दुस्तान में पहले अकबर और फिर दाराशिकोह के रूप में बनती एक नई तहज़ीब को किस प्रकार धर्मांधता ने रोककर उस धार्मिक जुनून का रास्ता साफ कर दिया जो औरंगज़ेब के रूप में एक शक्ति बनकर उभर रहा था। इस क्रम में उपन्यासकार औरंगज़ेब-दाराशिकोह, शुजा आदि शहजादों की गद्दी के लिए लड़ी गई लड़ाइयों-संघर्षों के वर्णन कुछ ज्यादा ही विस्तार में ले जाकर करता है, भले ही उसमें इतिहास को प्राप्त दस्तावेज़ी, साक्ष्यों के आधार पर परखने की एक दृष्टि मिली है किन्तु इससे उपन्यास का कथा-प्रवाह बाधित होता है। इतिहास को खंगालने में इन स्थलों पर उपन्यास पीछे हो गया है और इतिहास आगे आ जाता है। उपन्यास के 25वें अध्याय से लेकर 28वें अध्याय तक का यह प्रकरण भले ही कथा पर भारी पड़ता हो किन्तु उसमें ऐतिहासिक घटनाओं की तारीखें जिस रूप में दर्ज हैं, वह कथा को एक विश्वसनीयता प्रदान करते हैं। इन अध्यायों की एक उपलब्धि इतिहास को एक समझ से जाँचने-परखने की दृष्टि है, जिसके आधार पर ऐसे महत्त्वपूर्ण तार्किक विश्लेषण किए गए हैं, '...हिन्दुस्तान में हिन्दू बहुसंख्या में थे, उनके राज्य भी थे लेकिन हिन्दुस्तान कभी भी हिन्दू राष्ट्र नहीं था! तब हिन्दू राष्ट्र नाम का कोई दार्शनिक प्राण-बिन्दु और धार्मिक केन्द्र बिन्दु मौजूद नहीं था। हिन्दुस्तान का हिन्दू धर्म राजसत्ता का प्रतीक नहीं था, इसीलिए यहाँ की सरजमीं पर कोई केन्द्रीय धार्मिक सत्ता मौजूद नहीं थी और हिन्दू अपने धर्म को मानते और स्वीकारते हुए भी धर्म की सत्ता से आजाद थे।' हिन्दुस्तान का पौराणिक और जमीनी इतिहास गवाह है कि यहाँ हमेशा सत्य और सभ्यता के लिए धर्मयुद्ध लड़े गए लेकिन किसी धर्म विशेष की केन्द्रीयता और वर्चस्व के लिए कोई महायुद्ध नहीं लड़ा गया। यह 'धर्म-युद्धों' की धरती नहीं है...यहाँ तक कि राम-रावण का युद्ध भी धार्मिक वर्चस्वता और सत्ता का युद्ध नहीं था, वह अनाचार, अनैतिकता, अपसंस्कृति और अत्याचार के विरुद्ध लड़ा गया एक महान नैतिक युद्ध था।[6] वस्तुतः अपनी परम्परा की यह व्याख्या, भले ही इसमें असहमति की कितनी ही गुंजाइशें हों, न केवल आज की महती आवश्यकता है अपितु यही साहित्य का अपने समय में सार्थक ढंग से सक्रिय हस्तक्षेप है। ऐसी ही राष्ट्रीय परिकल्पना देश को आगे ले जाने में साहित्य का कारगर कदम है। कथा में उपस्थित सुभाष पन्त, जोगिन्दर पाल, वजीर आगा और कृष्णा (सोबती) तो इस विश्लेषण पर 'ब्रेवो! ब्रेवो—वाह-वाह-कर ही उठते हैं, उनके साथ ही पाठक भी उपन्यास की इस विचार-सरणि का अनुगमन करने लगता है।

ब्रिटिश हुकूमत ने अपनी साम्राज्यवादी नीति के अनुरूप हिन्दू-मुस्लिम के बीच धर्म के नाम पर किस प्रकार खाई पैदा की, इसके प्रमाण-स्वरूप लेखक ने दो घटनाओं को बहुत ही सही परिप्रेक्ष्य में पूरे ऐतिहासिक प्रमाणों के साथ प्रस्तुत किया है। एक तो 'बाबरनामा' के बीस पृष्ठों को गायब कराना और दूसरे अपने चहेते अफसरों, पुरातत्त्व सर्वेक्षण विभाग के कर्त्ता-धर्ता कनिंघम और फैजाबाद गज़ेटियर के लेखक

अंग्रेज अफसर नेविल से किस प्रकार लखनऊ और फैजाबाद के गज़ेटियरों में गलत प्रविष्टियाँ दर्ज कराई गईं। उपन्यासकार ने प्रमाणपुष्ट ढंग से स्थापित किया है कि 'बाबरनामा' के 3 अप्रैल, 1528 से 17 सितम्बर, 1528 तक के साढ़े पाँच महीनों के पन्ने इसलिए गायब कराए गए कि अयोध्या की बाबरी मस्जिद को बाबर निर्मित बताया जा सके और लखनऊ और फैजाबाद के गज़ेटियरों में भी यही दर्ज कराया जा सके।[7] ब्रिटिश शासकों ने हमारे इतिहास के साथ जो मनमानी की है, उसका गम्भीर विश्लेषण इस उपन्यास में पूरे प्रमाणों के साथ पहली बार हुआ है।

'कितने पाकिस्तान' उपन्यास की कथा फिर वैदिक ब्राह्मणवाद के विरोध में जन्मे, आर्यों के वर्णवाद (जो 'एक अप्राकृतिक सिद्धान्त है') का विरोध करते बौद्धों की ओर मुड़ती है और वहाँ से फिर कश्मीर में सूफियों के प्रचार से इस्लाम का जो परिष्कृत-समन्वयकारी रूप पहुँच रहा था, उसका औरंगजेब आदि ने जो विरोध किया था और कश्मीरी पंडितों की रक्षा में गुरू तेगबहादुर की जो शहादत हुई, उन सब ऐतिहासिक घटनाओं की पुनर्पड़ताल की गई है। इसी क्रम मे कमलेश्वर ने उपनिषदों के विषय में जो वक्तव्य दिया है, उस पर 'घोर आपत्ति' के लिए स्थान हो सकता है। शॉपेनऑवर, विवेकानन्द, डॉ. राधाकृष्णन जैसे विद्वानों ने उपनिषदों के सम्बन्ध में जो मत प्रकट किए थे, उनके बर-अक्स कमलेश्वर के इस मत को सहज ही हज़म करना बहुत मुश्किल होगा, 'यह उपनिषद ब्राह्मण ग्रन्थों के बाद लिखे गए आर्य-धूर्तता के ग्रन्थ हैं... ।[8] उपनिषदों के सम्बन्ध में ऐसी ही एक और अभिव्यक्ति को देखा जा सकता है, 'तुम्हारे उपनिषद और कुछ नहीं...वे ब्राह्मणवादी अत्याचारों, वर्णवादी अनाचारों और ईश्वरवादी आस्था को स्थापित करने वाले पश्चाताप के ग्रन्थ हैं... उन्होंने उन कुलीन आर्यों को जरूर सँभाला, पर वे विश्व के बदले हुए मानसिक मानचित्र को नहीं संभाल सके... दुनिया की सच्चाइयाँ बदल गई थीं, पर तुम आर्य इन बदली हुई सच्चाइयों को आत्मसात नहीं कर पाए थे।[9] लगता है कि कमलेश्वर की वस्तुनिष्ठ दृष्टि उपनिषदों की थाती का मूल्यांकन करने में उसी चूक और पूर्वाग्रही दृष्टि का शिकार हो गई है जिसका विरोध उनका सम्पूर्ण उपन्यास कर रहा है। ऐसे वैमत्य-स्थल उपन्यास में और नहीं हैं, यही स्वस्थकर बात है। वास्तव में इस वक्त के अदीब में जो एक निभ्रान्त दृष्टि और चीजों को राष्ट्रीय परिप्रेक्ष्य में सही रूप में जाँचने-परखने की जो समझ दरकार है, 'हिन्दू-मुस्लिम' से ऊपर उठकर, अपने इतिहास को समझने और वर्तमान को उससे सीख लेने के लिए साहित्यकार मन का जो दायित्व है, 'कितने पाकिस्तान' का अदीबे आलिया उसी सत्य को तलाश करने की पुरजोर कोशिश करता है। अपनी आवाज़ को बहुत अकेली और थकी हुई पाकर वह अपनी समकालीन कलमधर्मियों का आह्वान करता है, '...मैं अब बुरी तरह पस्त हो गया हूँ। मैं अपने दोस्तों और समकालीनों को आवाज़ देना चाहता हूँ कि मेरा साथ दो...राकेश, रेणु, दुष्यन्त, राही, परसाई, रघुवीर, श्रीकान्त के अलावा मैं अपने तमाम

उन जीवन्त दोस्तों को आवाज़ लगाना चाहता हूँ जिन्होंने अपनी रचनात्मक शक्ति को अपने लिए नहीं, दुनिया के लिए समर्पित कर दिया है और वे लगातार अपनी व्यक्तिगत रचना शक्ति और अपने कलम की सच्चाई से इस दुनिया को बेहतर बनाना चाहते हैं।'[10] इस आह्वान में आज के समय में साहित्यकार की भूमिका भी पुनर्परिभाषित होती है।

वास्तव में 'कितने उपन्यास' में कथ्य का जो व्यापक प्रसार, विस्तृति, या दिग्विस्तार है, उसमें न तो अपने देश के इतिहास की कोई महत्त्वपूर्ण घटना छूट पाती है और न ही विश्व के किसी भी देश, छोर या अंचल की कोई महत्त्वपूर्ण घटना या समस्या छूट पाती है। यहाँ न केवल पाकिस्तान बनने के पीछे छिपी राजनीति, पर्दे के पीछे की राजनीति का सूक्ष्म विश्लेषण है, अपितु ईस्ट-इंडिया कम्पनी, डच कंपनियों का साम्राज्यवादी विस्तार, बंगाल में धोखे से सत्ता में घुसपैठ और धीरे-धीरे सत्ता पर काबिज़ होने की राजनीति, '1934 से 1937 तक ब्रिटेन भी राज्यसत्ता' द्वारा 'साजिश भरे कार्यक्रमों' की तैयारी, न चाहते हुए भी विभाजन को हिन्दुस्तान पर थोपे जाने की साजिश, भीषण नर-संहार, आदि को बिलकुल नए रूप में देखने-परखने की अन्तर्दृष्टि उपन्यास की विधा को एक बिलकुल नया तेवर प्रदान करती है। अन्तर्राष्ट्रीय क्षितिज पर यूगोस्लाविया, सर्बिया, अफगानिस्तान, अफगानिस्तान के तालिबानों की समस्या, पाकिस्तान की आई.एस.आई., पाकिस्तान के पास आई.एस.आई. को पैसा न दे पाने की कूवत के अभाव में उसका नशीली दवाइयों, हथियारों के अवैध व्यापार पर कब्जा करने की मजबूरी, नाटो की राजनीति, इससे पूर्व जापान पर अमरीकी प्रेसीडेंट ट्रूमैन द्वारा एटमी हमला करवाने की फिजूल की कारवाई[11], फिर हमारे देश द्वारा पोखरन में कराए गए परमाणु बम परीक्षण, फिर कभी पीछे लौटकर 1857 ई. को देखना और इसमें भी पीछे लौटकर 1757 ई. को देखना और वहाँ से लौटकर साम्राज्यवाद और उपनिवेशवाद पर विचार ('आज दस्तक देती हुई नई सदी में इसका कोई अन्य नाम भी हो सकता है) यह व्यवस्था कच्चे माल की प्राप्ति और नित नए बाजारों के निर्माण के बिना जी नहीं सकती। यातना, विषमता और अवसाद के बीच यह देते हैं कृत्रिम उत्सव और उल्लास। सड़ती लाशों के अम्बार पर ये छिड़कते हैं क्रिश्चियन डियोर, शैनल और क्रिस्टल के इत्र। कटी हुई लहूलुहान गर्दनों में ये पहनाते हैं लानविन की नेकटाइयाँ और मेजोरिका के नेकलेस। टूटी हुई कलाइयों में ये बाँधते हैं राडो और रेमाँडवील की घड़ियाँ और चकनाचूर उँगलियों को ये पकड़ाते हैं मोटब्लैंक और वाटरमैन के कलम!... 'आज भी इंडिया के हजारों गाँवों में जहाँ पीने का साफ पानी नहीं पहुँच पाया है, वहाँ पेप्सी और कोक पहुँच चुका है...[12], अन्तर्राष्ट्रीय मुद्रा कोष और विश्व बैंक से भीख माँगते देशों की कतार, टर्की, कांगो, स्पेन—कभी कहीं तो कभी कहीं, पूरा उपन्यास देश और दुनिया के चिन्ताकुल प्रश्नों से जूझ रहा होता है। 'कितने उपन्यास' का शिल्प और उसकी युक्तियाँ यह स्वतन्त्रत प्राप्त किए हुए हैं कि

जब चाहें जिन्दा या मुर्दा इतिहास और समय के जीवित पात्र को भी अदीबे-आलिया की अदालत में पेश कर दें, इससे उपन्यासकार जब चाहे, जिस प्रश्न पर चाहे एक लम्बी जिरह पेश कर सकता है। कभी वहाँ प्राक्-ऐतिहासिक काल के पात्र उपस्थित होते हैं तो कभी सिमरनजीत सिंह मान, कभी कोफी अन्नान, कभी दाराशिकोह, कभी माउंटबेटन, कभी श्रीनगर में हिन्दुस्तान मशीन टूल्स के शहीद एच.एल. खेड़ा, कभी अमीर खुसरो तो कभी प्रो. नुरूल हसन, आदि, आदि!! फन्तासी और जादुई यथार्थ की अद्भुत कीमियागीरी का उपन्यास बनता है 'कितने पाकिस्तान।'

गहन-गम्भीर बौद्धिकता के इस माहौल में उपन्यास की कथा कहीं भी बोझिल नहीं होती है, फिर भी उसमें सरसता लाने के लिए सलमा और अदीब की प्रेम-कथा का प्रसंग अनुस्यूत है किन्तु प्रेम-कथा का इस्तेमाल भी लेखक इस रूप में करता है कि उसकी परिणति एक बौद्धिक विमर्श के रूप में होती है। यह प्रेम न केवल हिन्दू-मुस्लिम के बीच की दीवार को गिराता है अपितु हिन्दुस्तान और पाकिस्तान के रूप में जाने जाते मुल्कों की सीमा को भी अमान्य करता है—उनका एक ही रिश्ता है मानवीयता का। इस प्रेम-प्रसंग में प्रेम-तत्त्व की बारीकियों में भी लेखक बड़ी सुचिन्तित और अनुभवपगी अभिव्यक्तियाँ करता है। प्रेम में वर्जना की स्थिति, विवाहेत्तर-दाम्पत्येतर प्रेम, आदि के अनेक प्रश्नों का उत्तर अपने ढंग से दिया गया है, उस प्रेम की अभिव्यक्ति के बिम्ब भी अतीन्द्रिय और अत्यन्त प्रभावी बन पड़े हैं। साहित्य में प्रेम की देह-स्तर पर अभिव्यक्ति वही मांसल और अश्लील की सीमा तक जा पहुँचती है जब लेखक के पास भाषा पर पूर्ण अधिकार और कल्पना का वैभव न हो। यहाँ अन्तरंग क्षणों, देह की अन्तरंगता की स्थितियों को, जिन बिम्बों से अभिव्यक्ति मिली है, उनसे एक पावनता का बोध होता है '... यह घर सांसों का था... साँसें... जो दूर कोरल रीफ से टकराती हिन्द महासागर की लहरों की तरह फेनिल हो आई थीं... और दोनों की कसती बाहों और उलझते अंगों से चिनगारियों के फूल झरने लगे थे।' कितना खूबसूरत है आग के झरने में नहाया हुआ यह पलाश वन।' 'कहते-कहते सलमा उसके शरीर में साँसों की तरह समा गई थी... और उनके शरीरों पर हजारों नीले फूल खिल उठे थे।'[13]

कभी कमलेश्वर की कहानियों पर लिखते हुए ('कमलेश्वर : कहानी का संदर्भ' - मैकमिलन एंड कं.) मैंने लिखा था कि कमलेश्वर के कथाकार की मूल संवेदना कस्बे की है, अपने महानगरीय परिवेश में भी वह चीज़ों को कस्बे के उसी भोले मानस से देखता है, परखता है। इस उपन्यास का प्रारम्भ भी कमलेश्वर मैनपुरी के उसी परिवेश से करते हैं—विद्या, फतेहगढ़, शिकोहाबाद जंकशन...छोटी लाइन की अपनी गाड़ी पकड़ने के लिए पुल पर विद्या का चढ़ना और धीरे से अपना रूमाल गिराना और कथा-क्रम में बहुत बाद में भी लेखक (अदीब) द्वारा उस रूमाल की तलाश—मात्र अतीत मोह (नॉस्टेलेजिया) नहीं है, अपितु उस जमीन से जुड़कर कथा को न केवल

आत्मीयता अपितु आत्मकथात्मक रंग देने की मोहक शैल्पिक युक्ति है। जमीन और जड़ों से जुड़ने का यह अहसास लेखक तब भी कराता है, जब वह कथा में अमीर खुसरो को उपस्थित करता है। इस बिन्दु से चलकर उपन्यास की कथा अपने पूरे इतिहास और परम्परा को खंगालती हुई अन्तर्राष्ट्रीय क्षितिज पर पूरे विस्तार में फैलती है।

अन्त में चलते-चलते मैं उपन्यास का महत्त्व एक और दृष्टि से रेखांकित करना चाहूँगा। यह उपन्यास उस समय आया है जब भारत के बहुप्रशंसित अंगरेज़ी लेखक 'औरतें' (द कम्पनी ऑफ वीमेन- खुशवंत सिंह), सितारों की रातें (स्टारी नाइट्स-शोभा डे) जैसी कृतियाँ दे रहे हैं। या फिर अन्तर्राष्ट्रीय बाजार में खूब-खूब समादृत, खूब-खूब लोकप्रिय अरुन्धति राय के 'द गॉड ऑफ स्मॉल थिंग्स' जैसे उपन्यास से भी 'कितने पाकिस्तान' की तुलना करने में कोई हर्ज नहीं है। निश्चय ही 'कितने पाकिस्तान' से हिन्दी उपन्यास का कद बहुत ऊँचा हो जाता है। कमलेश्वर के इस उपन्यास के प्रकाश में आने से पूर्व मेरी यह धारणा रही कि कमलेश्वर की कहानी बहुत सशक्त और समृद्ध है किन्तु उनका उपन्यास कमजोर है, शायद फिल्मी लेखन भी इसका एक कारण रहा हो, किन्तु 'कितने पाकिस्तान' पर की गई मेहनत, इसकी अद्भुत बौद्धिक विमर्श-क्षमता, इतिहास, भारतीय इतिहास और अन्तर्राष्ट्रीय इतिहास को पुनर्परीक्षित करने की तलस्पर्शिनी अन्तर्दृष्टि, अपने समय के चलते राष्ट्रीय और अन्तर्राष्ट्रीय सवालों पर बेलाग सोच आदि ने न केवल इस उपन्यास को हिन्दी की एक महनीय उपलब्धि बनाया है अपितु कमलेश्वर को हिन्दी के गिने-चुने प्रतिष्ठित उपन्यासकारों की अग्रिम पाँत में स्थान दिलाया है।

सन्दर्भ

1. 'कितने पाकिस्तान', पृ. 182
2. वही पृ. 15-16
3. उपन्यास की 'यह उपन्यास' शीर्षक भूमिका का प्रारम्भ और अन्त द्र.
4. उपन्यास की भूमिका
5. 'कितने पाकिस्तान', पृ. 25
6. वही, पृ. 228
7. द्रष्टव्य उपन्यास के पृ. 71-77
8. वही, पृ. 257
9. वही, पृ. 103
10. वही, पृ. 91

11. "ट्रूमैन! उत्तर से... भूमध्यसागर में मुसोलिनी ध्वस्त हो चुका था। सोवियत सेनाओं के सामने हिटलर और उसका बर्लिन घुटने टेक चुका था। हिटलर अपनी प्रेमिका इवा ब्राउन के साथ आत्महत्या की तैयारी कर चुका था और जापान समर्पण के लिए तैयार था... तब तुम्हें इतने मारक और संहारक अणु और हाइड्रोजन बमों द्वारा आक्रमण करने की क्या ज़रूरत थी?"—पृ. 350

12. वही, पृ. 291

13. वही, पृ. 116

"... सच मानिए तो घाटों का राजा एक ही है–अस्सी घाट! यहाँ से नगर या तो शुरू होता है या खत्म होता है। क्या ही चौड़ा और क्या ही चौरस! हर साल गंगा पीछे खिसकती जाती है–इससे कहते हुए कि और आगे आ, और आगे आ। देखो तो सीढ़ियों के पहाड़ भी हैं, पठार भी हैं और मैदान भी। चाहे जितना टहलो और चाहे जितना बैठो। बैठने के लिए सीढ़ियाँ भी हैं। पत्थर के लम्बे-चौड़े चौतरे भी हैं, लकड़ी के तख़्ते और पटरे भी हैं, मिट्टी के ढूह भी हैं और किनारे बँधी छोटी-बड़ी सैकड़ों नौकाएँ भी।"

....

इसकी (अस्सी की) आजीविका है– यज्ञ, हवन, पूजन, अनुष्ठान, मुहूर्त, लग्न, कुंडली, ज्योतिष, हस्तरेखा, जजमानी। इसे ही इसका व्यवसाय कहिए या खेती-बारी। विश्व का सारा ज्ञान-विज्ञान इसी मुहल्ले के ज्ञान में समाहित है। जो यहाँ नहीं है, वह कहीं नहीं है, लेकिन जो कहीं नहीं है, वह भी यहीं है। इसी के संकेत पर ग्रह-नक्षत्र चलते हैं और यह पृथ्वी भी। यदि ये रास्ता भटक जाएँ तो इन्हें धुरी पर लाने का विधान भी इसी के पास है।"

....

इस तरह धीरे-धीरे सब चले गए एक दिन अस्सी से अपनी अस्सी के साथ–अपनी हँसियों, ठहाकों, मस्तियों और याराना गालियों के साथ।"

'काशी का अस्सी' और अस्सी के काशी (नाथ)

('काशी का अस्सी' : काशीनाथ सिंह)

"यह अस्सी चौराहा ही है न?"

"जी था तो वही लेकिन अब 'तुलसी नगर' कहते हैं। 'अस्सी' यहाँ से उठाकर—ज्यों का त्यों उठाकर कहीं और ले जाया गया है उन गुरुओं समेत। अब वह मुहल्ला नहीं, 'म्यूज़ियम' है।—पृ. 155

पर काशी (नाथ सिंह) इस मुहल्ले को म्यूज़ियम नहीं बनने देते, वे इसे पूरी जीवन्तता में 'अस्सी' से उठाकर 'काशी का अस्सी' में चिर स्थायी कर देते हैं। युग-युगों के लिए। वे काशी के अस्सी के गुरुओं को चले जाने नहीं देते, शब्दों में जीवन्त कर देते हैं "अपनी हँसियों, ठहाकों, अस्तियों और याराना गालियों के साथ", अपनी पूरी धुन में, निगेटिव्ज़ से कोई छेड़-छाड़ किए बिना। उस लोक-मानस को पूरी यथार्थता में 'जस का तस' अपने पाठक के सामने प्रस्तुत करते हुए।

अभी प्रायः तीस-बत्तीस बरस बाद बनारस जाना हुआ। पहुँचने की अगली सुबह अस्सी घाट पर स्नान के लिए पहुँचे तो विचार बना कि नाव से परली पार जाकर खुले में, (अस्सी की भाषा में 'बहमी अलग के पास') जाकर नहाया जाए। उस पर जाकर अभी कपड़े उतार ही रहे थे कि पास ही खड़े 14-15 बरस के दो-तीन किशोरों की बातचीत के टुकड़े कानों में 'टन्' से आकर बजे जिनमें बनारसी गालियों के बीज शब्द ('भोसड़ी के') का उच्चारण बार-बार पूर्ण निरपेक्ष भाव से किया जा रहा था—किशोर उसी 'उल्लास का सहज उच्छवास' प्रकट कर रहे थे। और एकदम सत्यापित हो गया यह तथ्य कि व्यर्थ ही लोग काशीनाथ सिंह के इन आलेखों, संस्मरणों या उपन्यास-खंड जो भी फिलहाल इन्हें कहना चाहें (इनके विधागत चरित्र या स्वरूप पर बाद में बात की जाएगी), पर 'अश्लील', 'भद्दपन', आदि के दोषारोपण कर रहे थे, वास्तविकता यह है कि इस कृति में स्थान, विशेष कर 'लोक' इस रूप में प्रयुक्त हुआ है कि वह न केवल बनारस के अस्सी, अपितु पूरे देश के 'लोक' को समझने की एक दिशा देता है। अकेले बनारस में 'अस्सी' का 'तुलसी नगर' नहीं बन रहा है अपितु पूरे देश में गाँवों-कस्बों-नगरों का चरित्र बदलकर 'हँसी' के लाले पड़ गए

हैं— हँसी-ठट्ठों में जीता एक मस्त समाज समय के विकास-चक्र में पूरी तरह बिला गया है। अस्सी के बहाने यह उसके इतिहास का पुनर्प्रस्तुतीकरण नहीं अपितु 'परम्परा' में पूरी तरह डूबने-रमने का एक महाकुम्भ प्रस्तुत हुआ है। आधुनिकीकरण, मशीनीकरण और अब भूमंडलीकरण और बाज़ारवाद ने हमारी सहज जीवन-पद्धति को जिस रूप में क्षरित किया है, वह न केवल मूल्यों के ह्रास की कारूणिक गाथा है, पूरे सांस्कृतिक विरूपीकरण की प्रक्रिया है, जो 'अस्सी' के उठकर चले जाने के लिए, यहाँ धीरे-धीरे खुलती हुई हमारी आँखें खोलने का प्रयास करती है।

हिन्दी गद्य में पिछले तीन-चार बरस में जो दो-तीन उपलब्धिपूर्ण रचनाएँ प्रकाशित हुई हैं, 'काशी का अस्सी' उनमें अपना अलग महत्त्व और धनज रखती है। यह प्रेमचन्द और रेणु की स्मृति इसलिए कराती है कि इसकी अपने समाज और लोक से गहरी संपृक्ति है। इसमें लेखक इतने गहरे 'लोक' में डूबा है कि यथार्थ के ऐसा खाँटी और खुरदरा रूप मिला है, जो आधुनिक साहित्य में अतुलनीय है। यह वस्तुतः एक औघड़ संस्कृति का कापालिक गद्य है। पूर्ण अकुंठ भाव से जन-जीवन की रसपूर्ण प्रस्तुति!! भाँग की तरंग की तरह लेखक इसमें अपने कथ्य के घोड़े जहाँ कहीं भी दौड़ाने की स्वतन्त्रता अपने पास रखे हुए है, वहीं वह इन घोड़ों की रास भी पूरी तरह अपने हाथ में रखे हुए है। खूब-खूब लम्बी दौड़ लगाते हुए भी वह जिस बिन्दु से चलता है, वहीं पुनः लौट आता है। अस्सी के विभिन्न पात्रों, चरित्रों को अपने खिलन्दड़ी अन्दाज़ में प्रस्तुत करता हुआ लेखक कभी प्रान्तीय राजनीति और कभी पूरे देश की राजनीति पर अपनी दार्शनिक चिन्तना अस्सी की संसद के लिए खोलता हुआ, देश की ज्वलन्त समस्याओं—चुनावों की दलगत राजनीति, जातिगत समीकरणों, साम्प्रदायिक ताकतों को बेनकाब करता है, उन पर व्यंग्य के हथियार के जबर्दस्त प्रहार से एक दार्शनिक चिन्तना में डूबता-डुबाता हुआ उसने समय के सवालों से जूझता-जूझाता हुआ चलता है। यहाँ व्यंग्यकार काशी की मारक रेंज (स्ट्राइकिंग पावर) बड़ी व्यापक है, इमर्जेंसी, यूनिवर्सिटी की छात्र-राजनीति, पत्रकारिता, आरक्षण की राजनीति, मंडल-कमंडल के झगड़े, गेहूँ और कोयला ढाई रुपए किलो—एक ही भाव जैसे बढ़ती महँगाई के विद्रूप (चाहे कोयला खाइए, चाहे गेहूँ), नेताओं को चुनावी राजनीति और रोटियाँ और अपनी पूँजी को जमा करने को तिकड़में चाहे वे सत्ता में हों या न हों, आपादमस्तक भ्रष्टाचार में डूबी शासन-व्यवस्था, बाबरी मस्जिद प्रकरण के पहले और बाद का समय-परिवेश कारसेवकों का धर्मान्ध जोश-उत्साह, (30 अक्टूबर से 8 नवम्बर तक का) मुलायम सिंह की सपा, काशीराम की बसपा, कांग्रेस, भाजपा—सभी राजनीतिक दलों की जातिगत गोटियाँ खेलने की हिकमतें', बूथ-कैपचरिंग, न्याय व्यवस्था तक के खरीद डालने के हथकंडे, वाराणसी आने वाले विदेशियों का बनारस के गुरुओं द्वारा बेवकूफ बनाना, अस्सी का पुरातन रूप से चलकर साइबर कैफ़े की दुनिया तक पहुँचना, खुले बाज़ार के पर्दे के पीछे के रहस्य, जगह-जगह खुलते ब्यूटी

पार्लर, विदेशी वस्तुओं, प्रसाधन-सामग्री से बाज़ार पाट देने और उनकी ललक जगाने के विभिन्न उपक्रमों का गणित फास्ट-फूड कल्चर, किन्तु इन सबके 'टोटल' परिणाम का दुखान्त-मनुष्य की 'हँसी' (सुख-सन्तोष) की विलुप्ति, आदि-आदि, सब कुछ इसकी भारक दूरी में है।

कथ्य के विभिन्न कोणों पर विचार करने से पूर्व काशीनाथ सिंह ने इस कथ्य को जिस रूप (फॉर्म) में प्रस्तुत किया है, उस पर विमर्श आवश्यक है। कोई महत् कृति ही अपने प्रचलित विधागत स्वरूप की चौखटों को तोड़कर सर्वथा नई विधा या उसी विधा के स्वरूप को नवनिर्मिति करती है। 'काशी का अस्सी' निज दृष्टि से कुछ कथाओं के माध्यम से, जो अपने समग्र रूप में 'उपन्यास' में ही परिवर्तित हो उठती (उपन्यास का उपन्यास और कथाएँ की कथाएँ') हैं। इन कथाओं का वितान भी कल्पना के ताने-बाने से कम, यथार्थ के गहन अवलोकन और सूक्ष्म निरीक्षण से अधिक बुना गया है। बुना क्या गया है, यदि यह कहा जाए कि तथ्य और सत्य को जस का तस धर दिया है, अपनी पूरी संलग्नता और चिन्ता के साथ तो अधिक उपयुक्त होगा। 'यह देख तमाशा लकड़ी का ही नहीं', 'खुला खेल फ़र्रुखावादी, भी है, अपनी कहन में काशी यहाँ कबीर का फक्कड़ाना रूप तो अख़्तियार करते ही हैं, उनमें एक घर फूँक मस्ती भी है, साथ ही अपने प्रस्थान में एक चुनौती-भरा आमन्त्रण भी—'जो घर फूँकै आपणा, चलै हमारे साथ' का उद्घोष भी!! औरों पर ही नहीं अपने पर भी हँसने का साहस और बेबाकीपन, "इधर सुनते हैं कि कोई बुढ़ऊ-बुढ़ऊ से हैं कासीनाथ—इन भर्सीटी के मास्टर जो कहानियाँ—फहानियाँ लिखते हैं और अपने दो-चार बकलोल दोस्तों के साथ 'मारवाड़ी सेवा संघ के चौंतरे पर 'राजेश ब्रदर्स' में बैठे रहते हैं। अक्सर शाम को! "ए भाई! ऊ तुमको किधर से लेखक कवि बुझाता है जी? बकरा जइसा दाढ़ी-दाढ़ा बढ़ाने से कोई लेखक-कवि थोड़े नु बनता है? देखा नहीं था दिनकरवा को? अरे, उहै रामधारी सिंघवा? जब चदरा-ओदरा कन्हियाँ पर तान के खड़ा हो जाता था—छह फुटा जवान; तब भट्ट-भट्ट बरता रहता था। आउर ई भोसड़ी के अखबार पर लाई-दाना फइलाय के, एक पुड़िया नून और एक पान मिरचा बटोर के भकोसता रहता है। कवि-लेखक अइसै होता है का?"[1]

अस्सी के यथार्थ पात्रों के लेखक ने काल्पनिक नाम नहीं दिन, अपने समेत सबको यथावत् पूरी रसमयता में प्रस्तुत कर वहाँ की संसद का असली खाका सींचा है। तो क्या इस आधार पर इन कथाओं को संस्मरण कह दिया जाए? इन कथाओं की संस्मरण विधा में आवाजाही तो बनी रहती है किन्तु ये संस्मरण न होकर एक दृष्टियुक्त कथा का रूप ले लेते हैं— वास्तविक पात्रों की जीवन्त उपस्थिति के साथ। यही काशी संस्मरण, कहानी-कथा के प्रचलित गद्य-रूपों का अतिक्रमण कर उपन्यास का एक बिलकुल नया रूप (फॉर्मेट) प्रदान करते हैं। यह नया गद्य-रूप ही इनके कथ्य को एक नई रंगत देता है।

अब थोड़ा विचार इस उपन्यास (अब आगे मैं इसे उपन्यास ही कहूँगा) की भाषा-शैली के भद्देपन, 'अश्लीलता' अथवा कहें गालियों पर। बनारस के 'शब्द-कल्पद्रुम' पर!! काशी के अस्सी के इस लोक-रंग के बारूदी शब्द-भंडार पर बात करने से पहले तनिक उस लोक पर बात कर ली जाए, जहाँ गालियाँ, गालियाँ न रहकर बात-बात में, कभी-कभी एक ही वाक्य में कई-कई बार अपनी सहज उपस्थिति इस रूप में करा रही हैं कि वक्ता या श्रोता, जो कभी-कभी बहन-बेटी की उपस्थिति भी हो सकती है, को किंचित् भी 'पाप-बोध' या अश्लीलता या संकोच भी नहीं दे पाती हैं। वे इन 'बीज शब्दों' का उच्चारण उसी 'परम पवित्र' भाव से करते हैं जिस भाव से भगवद् जाप या और कोई भी पुण्य-स्मरण! ध्यान आ रहा है। मथुरा की गली-बाज़ारों की भाषा का जहाँ माँ-बहन के सम्बन्ध स्थापित किए बिना कोई बात आगे ही नहीं बढ़ती। उत्तर प्रदेश के पश्चिमी खंड में 'बहनचोद' 'बिरचोद' आदि का प्रयोग लोग अपनी बेटी-बहुओं के सामने भी इसी अकुंठ भाव से करते हैं। हरियाणा के गाँवों-कस्बों में चले जाइए, बिना 'चोद्दा के वहाँ कोई बात ही पूरी नहीं करता मिलेगा। पंजाब के पिंड (गाँव) में चले जाइए बिना 'फुद्दी', 'फुद्दा', 'लन्', के बच्चे, बूढ़े, जवान अपनी बात पूरी ही नहीं करते। हो सकता है अन्य अंचलों की स्थिति भी ऐसी ही हो। इसलिए काशीनाथ सिंह ने जिस कथ्य को जिस बाने में प्रस्तुत करने का 'साहसिक' बीड़ा उठाया है, उसमें इन गालियों को यथावत् प्रस्तुत करना उनकी 'अनिवार्यता' बन गयी है। यहाँ साहित्य में श्लीलता अश्लीलता की बहस उठाना मौजूँ नहीं है। हाँ, प्रसंग से अलग उठाकर मात्र स्वतन्त्र शब्दों के रूप में रखने पर ये गालियाँ ही हैं—पूर्ण अश्लील, भदेस, गँवारू. ..आदि, पर प्रसंग के बीच के पूरी तरह उस जन के सामान्य कथन मात्र हैं अपनी पूरी यथार्थता में। यह तो ऐसा नंग-मलंग गद्य है जो कोई पाप बोध या अश्लीलता बोध नहीं जगाता। 'लिट्टे', खालिस्तान, उग्रवाद, राम जन्मभूमि, बाबरी मस्जिद, राष्ट्रीय-अन्तर्राष्ट्रीय कोई समस्या नहीं जो होली की गालियों के प्रक्षेपास्त्रों की जद से बाहर हो! गालियों में दिलचस्पी हो तब भी आइए और राजनीतिक व्यंग्य में हो तब भी! अगर शब्दों के अर्थ पर न जाएँ तो जीवन की अकुंठ उच्छल-उल्लसित ध्वनियों का समारोह!''[2] तो काशी के अस्सी की गालियों के 'शब्द कल्पद्रुम' से गुज़रते हुए इन्हें अकुंठ उच्छल उल्लसित ध्वनियों का समारोह' ही मानिए।

पप्पू की दुकान, चाय की दुकान, उतनी ही महत्त्वपूर्ण रही है जितनी नई दिल्ली में कनॉट प्लेस में मोहन सिंह पैलेस का 'कॉफ़ी हाउस', बल्कि कहें और भी महत्त्वपूर्ण क्योंकि यहाँ की सनातन यूनिफॉर्म, 'कमर में गमछा, कन्धे पर लँगोट और बदन पर 'जनेऊ', का वैभव और उल्लासपूर्ण समागम वहाँ कहाँ!! यह यहाँ की संसद है जिसमें पूरे देश की राजनीति का रग-रेशा तार-तार कर धुना जाता है। जो मजा बनारस में, न पेरिस में, न फारस में, के इश्तहार के चलते ही चौथीराम यादव मुलायम सिंह यादव और लालू यादव की पेशकश पर किसी विश्वविद्यालय का कुलपति बनना स्वीकार

नहीं करते। 'दो लम्बी मेजों और चार लम्बे बेंचोंवाले इस दड़बे में दस-बारह ग्राहकों के बजाय बीस-पच्चीस संस्कृतिकर्मी सुबह से शाम तक ठँसे रहते हैं', इनमें भले ही विभिन्न संस्कृतिकर्मियों, साहित्यकारों, के नाम दिए गए हों. पर वे एक प्रकार से बनारस के प्रतिनिधिक चरित्र हैं। इन चरित्रों के माध्यम से ही उपन्यासकार देश भी प्रायः हर समस्या पर अपनी सोच व्यंग्यमयी शैली में प्रस्तुत करता है, कभी किसी के माध्यम से तो कभी किसी के माध्यम से! राजनीति के चरित्र की बखिया उधेड़ता उपन्यासकार व्यंग्य की ऐसी जबर्दस्त मार करता है जो कबीर के कोड़ों से कम नहीं। एक उदाहरण, रामवचनजी उवाच ''सन् 70 के बाद से कुछ लोग हैं जो बराबर सत्ता में हैं। सरकार चाहे जिसकी बने, वे हारें या जीतें, सत्ता-सुख भोग रहे हैं। जैसे, मैं एक मन्त्री जी को जानता हूँ। बड़ा रुतबा है उनका इन दिनों। उन्होंने अलग-अलग काम के लिए लोगों से कुल मिलाकर लगभग एक करोड़ रुपए ले रखे हैं। अब मान लीजिए, कल सरकार गिर गई। सरकार में रहकर वे जान चुके हैं कि काम कैसे कराया जाता है। वे मन्त्री रहें, न रहें लेकिन आधा करोड़ भी खर्च कर देंगे तो काम हो जाएगा। अगले चुनाव तक तो काम चलता रहा न! यह दलबदलुओं को छोड़ के बकिया लोगों का हाल है।''[3] सिद्धान्तविहीन, दिशाहीन राजनीति पर भी लेखक खूब व्यंग्य करता है कि जो लोग '3 अगस्त, 1990 को देवीलाल के निकाले जाने पर' 'वी. पी. सिंह जिन्दाबाद' और 'देवीलाल मुर्दाबाद' बोल रहे थे, वही लोग 15 अगस्त, 1990 के मंडल आयोग की घोषणा के बाद 'वी. पी. सिंह मुर्दाबाद बोलने लगे।

''जिस देश में मुर्दा फूँकने के लिए घूस देना पड़ता हो उसमें सिद्धान्त?''[4]

वस्तुतः राजनीतिक की गलाज़त से इतना परेशान है उपन्यासकार कि बीच में हस्तक्षेप कर अपना प्रत्यक्ष दखल दे वह 23 अक्टूबर, 1990 को आडवानी की रथ-यात्रा के दौरान हुई गिरफ्तारी के बाद की मन्दिर राजनीति का बनारस के सन्दर्भ में खुलासा करता हुआ केसरिया पट्टा बाँधे लोगों के धार्मिक उन्माद, जुनून का पर्दाफाश करता है। लेखक को बड़ी भारी पीड़ा है कि जो लोग कार-सेवा के नाम पर आज हो-हल्ला मचा रहे हैं, वे दाल के चौबीस रुपए किलो हो जाने पर चुप रहते हैं—बीस लाख की आबादी वाले शहर में एक भी बागी स्वर इन स्थितियों के विरोध में नहीं उठता है। देख तमाशा लकड़ी का। ''कथा की तान इस उद्धरण पर आकर टूटती है,'' मुझे यह कहते हुए न लाज है, न सरम कि मानव-योनि से बढ़कर बेकार जनम किसी जीव का नहीं। उसमें भी अगर लिख-पढ़ गया तो गया काम से। और लिख-पढ़कर भी कहीं लेखक, कवि हो गया तो कौड़ी का तीन समझिए। हर बात में अर्थ! हो न हो, तब भी अर्थ!''[5] इस कथन को पढ़कर मुझे कबीर याद आये—''सुखिया सब संसार है, खावै और सोवै, दुखियादास कबीर है, जागे अरू रौवे।'' काशीनाथ सिंह का 'जागना' और 'रोना' भी यही है।

'सन्तो घर में झगरा भारी' शीर्षक उपन्यास की दूसरी कथा में लेखक ने सभी

राजनीतिक पार्टियों की जमकर खबर ली है, विशेषतः उनकी चुनावी राजनीति की जिसमें सभी पार्टियाँ जातिगत समीकरणों की गोटियाँ किस प्रकार 'फ़िट' करती हैं, इसकी कलही खोली गई है। '12 फरवरी, 98 की शाम' के अन्तर्गत चुनाव में जातिगत वोटों की राजनीति का खुलासा इस रूप में मिलता है, "देखिए, साफ़-साफ़ बताते हैं आपसे, ठाकुरों-बामनों के वोट तो हैं नहीं, इनमें नेता जरूर हैं लेकिन इनके वोट नहीं है। वोट किनके हैं तो यादवों के, चमारों के। लेकिन वे अपने बूते नहीं जिता सकते, जिता कौन सकता है तो बकिया जातियाँ—पाँच घर तेली, चार घर कहार, तीन घर धोबी, दो घर कुम्हार, लुहार, नोनियाँ, धुनिया...जितानेवाली जातियाँ यही हैं जो हर गाँव में हैं और जिन्हें कोई नहीं पूछता। वे जिधर जाएँगी, वही जीतेगा..." ।[6] चुनाव के लिए राजनीतिक दल जब टिकट बाँटते हैं तो आवश्यक नहीं कि मुलायम सिंह यादव काशीराम जिसे टिकट दें वह इनकी जाति का ही हो, अपितु जिसे वे टिकट देते हैं। भले ही वह किसी सवर्ण जाति का है, इनकी जाति का बन जाता है। टिकट मिल जाने, चुन लिए जाने पर ये नेता ने दन्द-फन्द मचाकर भ्रष्टाचार का नंगा नाच खेलते हैं, उस पर भी उपन्यासकार की बड़ी मार्मिक टिप्पणी है, "भ्रष्टाचार लोकतन्त्र के लिए ऑक्सीजन है। है कोई ऐसा राष्ट्र जहाँ लोकतन्त्र हो और भ्रष्टाचार न हो? ज़रा नज़र दौड़ाइए। पूरी दुनिया पर, ये छोटी-छोटी राजनीतिक पार्टियाँ कहाँ हैं? अलग-अलग छोड़-बड़े संस्थान, भ्रष्टाचार के प्रशिक्षण केन्द्र, सिद्धान्त मुखौटे हैं जिनके पीछे ट्रेनिंग दी जाती है। आप क्या समझते हैं, जो आदमी चुनाव लड़ने में पन्द्रह-बीस लाख खर्च करेगा, वह विधायक या सांसद बनने पर ऐसे ही छोड़ देगा आपको? देश को? चूतिया है क्या?"[7] सभी राजनीतिक दलों की खबर लेता लेखक अपनी सी. पी. आई. को भी नहीं छोड़ता,' भोसड़ी के सौ करोड़ की आबादी में पाँच अँटकुल्ली सी. पी. आई. और दिखाएँगे ऐसे जैसे ये न हों, तो देश ही न चले।"[8]

इस दूसरे अध्याय में भाजपा और राष्ट्रीय स्वयं सेवक संघ की मन्दिर राजनीति की खूब खुलकर खबर ली गई है कि किस प्रकार उसने सामान्य जनता की मनोवृत्ति को प्रभावित कर उसे साम्प्रदायिकता में रंग दिया। "ग्राहक हिन्दू होने लगे इस बीच, आलू, भिंडी, करेला, टमाटर, कोहंड़ा (मुहल्ले की सबसे प्यारी सब्जी-पूड़ी प्रेम के कारण) कद्दू, गोभी मुसलमान हो गए। घाटे पर घाटे। रिश्ते में खटास आई। भाई सलीम-अलीम छोड़ चले नईम को। वे चले गए। अलईपुर या जैतपुरा। अपने लोगों के बीच! नईम ने तय किया, वह सिर्फ़ आलू बेचेगा।...आलू-प्याज़ में हिन्दू, मुसलमान जैसी कोई चीज़ नहीं।"[9] नईम की बड़ी गहरी तकलीफ़ है यह कि यदि वह 'हिन्दू' को वोट दे भी दे, तब भी कोई विश्वास नहीं करेगा। कैसा है वह देश, जहाँ सैकूलर का मतलब सिर्फ मुस्लिम वोट बैंक रह गया है। 1998 के चुनावों की राजनीति का खाका जिस प्रामाणिकता से 'लोक' की नब्ज़ पर पूरी तरह उँगली रखते हुए यहाँ खींचा किया गया है, वह एक गहरा समाज-शास्त्रीय अध्ययन कहा जा सकता है। 'ऋषि-मुनियों'

द्वारा दी गई वर्ण व्यवस्था ने देश का जो बेड़ा गर्क किया है, उस पर यह तिलमिलाती टिप्पणी द्रष्टव्य है : ''और घने जंगल और बियाबान में बैठे अकेले तपस्या कर रहे ये ऋषि-मुनि खुद क्या थे? आदिवासी, टोना-टोटका वाले। खुद क्या थे?...सबके सब जारज और यही भोसड़ी के वर्ण व्यवस्था देते हैं। देखो तो सभी जातियों के गोत्र ब्राह्मण ऋषियों के नाम पर। जब सभी के पुरखे तुम्हीं हो तो उन्हें जातियों में क्यों है बाँटता है बे?''[10] यह है कबीर का पुनरावतरण, ''जो तू बांम्न बंमनी जाया, आन बाट क्यों नहीं आया?'' मालवीय नी की यूनिवर्सिटी में अध्यापकों को दस-बारह हज़ार रुपए प्रति माह का वेतन क्या इसीलिए मिल रहा है कि वे छात्रों को राजनीतिक गुंडागर्दी के विभिन्न गुर सिखाएँ और देश के रसातल की ओर ले जाने में मददगार हों, जैसे सवाल उठाकर राजनीति द्वारा छात्रों का इस्तेमाल करने के हथकंडों को भी बेनकाब किया गया है। इस प्रकार यह प्रकरण काशी की राजनीति का ही नहीं, पूरे देश की राजनीति का पूरा परिदृश्य उपस्थित करता है। इन कथाओं की गहरी राजनीतिक चिन्ता और विमर्श ही इन्हें संस्मरण की विधा से उठाकर कथात्मक संवेदन की ओर ले जाता है। ऊपर इस समीक्षा में शीर्षक का उत्तरार्द्ध 'अस्सी के काशी (नाथ)' दिया गया है, न केवल इन गहन विमर्शों व गहरे सरोकारों ('कन्सर्न') से बल्कि अस्सी की पूरी चर्चा और संगी-साथियों की 'करनी' और 'कथनी' के सूक्ष्म प्रामाणिक विवरणों से हमारे सामने काशीनाथ सिंह का व्यक्तित्व भी पूरी अन्तरंगता से खुलता है। बनारस में अपने पदार्पण से लेकर 'बकरा जइस, दाढ़ी-दाढ़ा, बढ़ाने की 'बुढ़ऊ-बुढ़ऊ-सी उम्र तक पहुँचने तक की यात्रा काशीनाथ सिंह के व्यक्तित्व का यदि पूरा-पूरा नहीं ले काफ़ी-काफ़ी परिचय अवश्य करा देती है। वस्तुतः वे बनारस के नहीं 'अस्सी' (घाट) के ही काशी है। 'इनभर्सिटी' के अन्तरंग से भी वे परिचित हैं, पर अस्सी की तो साँस-साँस की आहट वे सुनते रहे हैं। इसीलिए 'काशी का अस्सी' अस्सी (घाट) का ई. सी. जी. है जिसमें काशी की धड़कन सुनी जा सकते है और साथ ही काशीनाथ सिंह के हृदय की धड़कन भी!!

'सन्तों, असन्तों और घोंघावालों का अस्सी' में लेखक की चिन्ता में देश की केन्द्रीय सत्ता द्वारा परिचालित साम्प्रदायिकता है, उस सरकार की कलई खोली जाती है जिसके एजेंडे पर राष्ट्रीय स्वाभिमान, गोसंरक्षण, अयोध्या और पोखरन हैं। उसकी चिन्ता है कि '6 दिसम्बर की अयोध्या की घटना की देन क्या है? जो मुसलमान नहीं थे या कम थे या जिन्हें अपने मुसलमान होने का बोध नहीं था, वे मुसलमान हो गए रातों-रात। रातों-रात चन्दा करके सारी मस्जिदों का जीर्णोद्धार शुरू कर दिया। देश की सारी मस्जिदों पर लाउड-स्पीकर लग गए। मामूली से मामूली टूटही मस्जिद पर भी लाउड-स्पीकर लग गया। जिस मस्जिद में कभी नमाज़ नहीं पढ़ी जाती थी, उसने भोर और रात में सुनाई पड़ने लगी।''[11] इसी रूप में वह उन स्थितियों को विश्लेषित करता है जिनमें हिन्दू-मुस्लिम के बीच का भाईचारा खत्म होता चला गया। यहीं काशीनाथ

सिंह अस्सी के जन्म की कथा सुनाते हैं जो नितान्त लौकिक जो न इतिहास में है, न पुराण में।'' इस लौकिक परम्परा के इतिहास का परिचय देने के उपरान्त काशी का जो परिचय अन्तरंगता में दिया गया है, वह न तीन-तीन खंडों के काशी के इतिहास से सम्बन्धित उपन्यासों में है। व अन्य साहित्यिक कृतियो में, न अन्य इतिहास ग्रन्थों में!! इतिहास कहता है कि गंगा के गर्भ से पैदा हुआ यह नगर। वह इसकी माँ है। माँ इसलिए है कि नगर के तीन-चौथाई आबादी उसी के सहारे है। पंडे, पुरोहित, नाई धोबी, मल्लाह, मछुआरे, बढ़ई, माली, डोम, मेहतर, बिसाती, साधु, सन्त, भिखमंगे, गाइड, अलिशिए—जाने कितने पेशे और कितनी जाति के लोग उसी के सहारे सदियों से जी-खा रहे हैं।'' इससे आगे काशीनाथ सिंह के व्यंग्यकार का दार्शनिक अन्दाज़ इस पारम्परिक इतिहास के वर्तमान में प्रक्षेपित करता है, ''ये तो जी-खा रहे थे लेकिन बची हुई एक चौथाई आबादी जिसमें बालू और नहर और पुल और बाँधों के ठेकेदार, इंजिनीयर, अफसर भी हैं और पर्यावरण, प्रदूषण और 'स्वच्छ गंगा' 'अभियान की देसी-विदेसी, सरकारी-गैर-सरकारी संस्थाएँ भी—इसे तबियत से खा-पी रही हैं। जीने-खानेवाले दूसरे हैं और खाने-पीनेवाले दूसरे। लेकिन ये आज की बातें हैं। कल की नहीं।''[12] फिर इसके बाद काशी के विभिन्न मुहल्लों का परिचय और विशेषतः पूर्वांचल पश्चिमी विहार और पूर्वी उत्तर प्रदेश का विश्लेषण, बनारस के बनते-ढहते मन्दिरों का परिचय, इन मन्दिरों के दीवाने विदेशी और इन विदेशियों का ...या बनाते पुरोहित-पंडे, आदि का जीवन्त चित्रण कैथरीन के प्रोजेक्ट के बहाने किया गया। पांडे कौन कुमति तोईं लागी' में धर्मनाथ शास्त्री के प्रसंग से विदेशियों के ठगने की कन्नी जैसे लोगों की हरकतों का और भी खुलासा किया गया है।

'कौन ठगवा नगरिया लूटल हो' इस उपन्यास के अन्तिम कथा-खंड तक आते-आते काशीनाथ सिंह की कला चरम निखार पर है। यहाँ व्यंग्य, फन्तासी और लोक-कला-रूपों, लोक-संगीत, के कजली, बिरहा निरगुण और कव्वाली जैसे माध्यमों से लेखक अपने समय और विद्रूप सामाजिक स्थितियों में गहरा हस्तक्षेप करता है। 'विरहा की उसी कहानी के मूल पाठ के 'नक्शे और ढाँचे' में जो 'अपनी लिपाई, पुताई, रंग-रोगन और पालिश' करता है, वह अद्‌भुत है। विरह की तर्ज़ में ही उसका गद्य ढल जाता है। 'द्वीपों में द्वीप जम्बूदीप। जम्बूदीप की परजा बड़ी दुखियारी। इसे परजा कहो चाहे जनता—बड़ी दुखियारी और बड़ी परेशान!''... जनता असहाय। लाचार करे तो क्या करे? चुपचाप ताकती रहे और अपनी किस्मत को रोती रहे? देखती रहे इस जुल्म और अनर्थ को?''[13] गद्य में सरलीकरण का यह सौन्दर्य और भाषा की शक्तिमत्ता में अद्‌भुत पैनापन स्पृहणीय है। साम्प्रदायिकता की समस्या यूँ तो पूर्व के सभी कथा-खंडों में लेखक का गहरा सरोकार रहते हैं किन्तु यहाँ ईश्वर को अयोध्या में 'मन्दिर से निकलकर मस्जिद में नमाज़ अदा करने' जाता और रास्ते में ही उसे अगवा कर मुम्बई पंचसितारा होटल के स्वीमिंग पूल में बने मन्दिर में लगभग

बन्दी बनाता दिखाकर फन्तासी का बड़ा सशक्त रूप सामने आता है। अयोध्या के बहाने जिस रूप में धार्मिक भावनाएँ भड़काई गईं, उस पर तीखे कटाक्ष करता लेखक बार-बार साम्प्रदायिकता पर गहरी चोट करता है, भगवन्! कुछ समझ और विवेक से काम लीजिए। न तैश में आइए, न नाराज होइए। आप कहें न कहें हम समझते हैं। आपकी स्थिति। बड़े बुरे दिन देखे हैं आपने पिछले दिनों।...कितने पूछनेवाले रह गए थे आपको हमारे सिवा?...कितने आँकनेवाले रह गए थे आपके दरवज्जे? बैठे-बैठे मक्खियाँ ही मार रहे थे आप।''[14] यह ईश्वर-प्रकरण इसी बिरहा तर्ज़ में आगे बढ़ता हुआ। देश में व्यापी साम्प्रदायिकता की समस्या पर लेखक की बेलाग सोच का परिचय देता है।

पंचसितारा होटल में ईश्वर और सेठों की मीटिंग की यह फन्तासी और आगे बढ़ती हुई खुले बाज़ार को सेठाश्रित और उन्हीं द्वारा नियन्त्रित व्यवस्था पर चोट करती है। बड़े-बड़े औद्योगिक घराने (कारपोरेट हाउसिस) देश की राजनीति ही क्या हवा-पानी को भी नियन्त्रित करने की जो क्षमता रखते हैं, सरकार बनाने-गिराने की जो उठा-पटक करा सकते हैं, वह प्रत्येक वाक्य और शब्द में इस फन्तासी में इतने कौशल से बुनी गई है कि हमारा विकराल समय पूरी तरह खंगाला गया है। बाज़ारवाद व उपभोक्तावाद का जो सर्वग्रासी रूप सुरसा के मुख की भाँति दिनोंदिन फैलाता जा रहा है, उसे लेखक ने सर्वपक्षी रूप में विश्लेषित किया है, एक उदाहरण 'सेठ ने जोर देकर कहा।' हम काहे के लिए हैं? इस पूरे मामले का सम्बन्ध बाज़ार से है। तुम्हारा काम है सरकार देखना, हमारा काम है बाज़ार देखना। हम अपना काम देखते हैं, आप अपना काम देखो। हम तो बाज़ार का एक ही मतलब जानते हैं सरकार, बाज़ार वह नहीं है जो सड़क पर है, दुकान में है, नुक्कड़ पर है, शोकेस में है। बाज़ार वह है जो तुम्हारे दरवाज़े पर है, पोर्टिको में है, ड्राइंगरूम में है, बैडरूम में है, आलमारी में है, किचेन में है, टायलेट में है और यहीं क्यों तुम्हारे बदन पर है, सिर के बालों से लेकर पैर के नाखून तक है। ऐसा कि जो तुम्हारे घर जाए या तुम्हें देखे, उसके लार टपकने लगे, उसकी नींद और उसका चैन छिन जाए, तड़प उठे कि वह चीज़, जो तुम्हारे पास है, उसके पास सुबह नहीं तो शाम तक आ जाए। और जब तक न आए तब तक न खाना अच्छा लगे, न पीना, न जीना।''[15] इस अन्धी दौड़ में शामिल होने के लिए हर आदमी बुरी तरह भाग रहा है, समय नहीं है उसके पास दो मिनट चैन से बैठने का। इस सब कुछ को आयत्त करने के लिए अगली पीढ़ी के पास एक ही रास्ता बचा है, वह है 'मल्टीनेशनल' ज्वाइन करने का। लेखक की पीड़ा यह है कि ''डॉक्टर, इंजिनीयर, अफसर सब बनना चाहते हैं, आदमी कोई नहीं बनना चाहता।'' 90 के दशक में ('सन्' 84 के किसी महीने की बात है यह') टी. वी. का व्यापक प्रचार-प्रसार विज्ञापनों के माध्यम से प्रारम्भ हुआ और देखते ही देखते टी. वी. की अपसंस्कृति ने समाज के हर वर्ग को अपनी गिरफ्त में ले लिया। वर्तमान के इस दुखान्त को

काशीनाथ फन्तासी में बुनते हैं। हँसी और खुशी-मस्ती—जिस रूप में जीवन से विलुप्त होकर 'मल्टीनेशनलों' और उनके स्रोत अमेरिका से नियन्त्रित हैं उसकी विद्रूपता की भी लेखक धज्जियाँ बिखेरता है—एक लेखक के सन्दर्भ से उसे इस रूप में रखा गया है, "अमेरिका ने एक टीका ईज़ाद किया है। टीका क्या है, ड्रॉप है। हँसी निरोधक ड्रॉप! पैदा होते ही किसी बच्चे को एक बूँद दे दी जाए जो हँसी जीवन-भर के लिए खत्म।" जिसे हँसी निरोधक ड्रॉप कह रहे हो, वह ड्रॉप-व्राप नहीं, यही टी. वी. है।"[16] इस हँसी, जिसका अर्थ है जिन्दादिली और मस्ती का विस्फोट, जिन्दगी की खनक' जो 'तन की नहीं, मन की चीज़ है।' केवल एक ही जगह जम्बूद्वीप में देखा जा सकता है—केवल और केवल अस्सी में।

इस फन्तासी का चरम वहाँ है जहाँ कन्नी अपने बूढ़े बाप को जिसके पास हँसी बची रह गई है, ढूँढ़ने के लिए धरती-आसमान एक कर देता है। सरकार की सारी एजेसियाँ, पुलिस बल आदि। जब उस बूढ़े को नहीं ढूँढ़ पाते तो उसे पकड़ने के लिए पहले लाखों और फिर करोड़ का इनाम घोषित होता है। 'हँसना' जैसे संगीन जुर्म में बूढ़े को पकड़ने के लिए। पैसे की लिप्सा में अपने ही बाप के पकड़वाने का उपक्रम दिखाकर काशीनाथ वर्तमान की एक और भयंकर त्रासदी पर विमर्श प्रस्तुत करते हैं। और वह है वृद्धावस्था में बड़े-बूढ़ों की दुर्गति!! वर्तमान का यह भीषण अभिशाप काशीनाथ के रचनाकार के नब्बे के दशक से ही परेशान करता रहा है। इसी कथ्य पर वे दो बेजोड़ कहानियाँ हिन्दी कहानी की महत् उपलब्धि के रूप में दे चुके हैं—'अपना रास्ता लो बाबा' तथा 'कहानी सराय मोहन की' (दोनों 'सदी का सबसे बड़ा आदमी' संग्रह में)। संयुक्त परिवारों के टूटने पर घरों में जो माँ-बाप की दुर्दशा है वह कन्नी के माँ-बाप की दुर्दशा के रूप में चित्रित है। कन्नी का 31 दिसम्बर की ठिठुरती रात के सन्नाटे में कार के बोनट के पास खड़ी माँ को अंकवार में लेकर रोने का मार्मिक दृश्य बड़ी कलाकारिता से उकेरा गया है। कन्नी के बाप की दशा मुड़कट्टा बाबा के रूप में दिखाकर लेखक जीवन में श्रेष्ठ के विलुप्त हो जाने की मर्मांतक पीड़ा का बोध करा देता है—"उसके केवल धड़ थी, सिर नहीं। उसका हँसनेवाला सिर यहाँ-वहाँ घूमता रहता था। जब कभी उसे हँसना होता था, सिर खुद-ब-खुद उसकी धड़ से जुड़ जाता था।"[17] फन्तासी का अन्त हँसी वाले बूढ़े की मौत और कबीर के 'निरगुन' के साथ होता है।

इस प्रकार काशीनाथ सिंह का 'काशी का अस्सी' हिन्दी गद्य की एक अभूतपूर्व और गौरवपूर्ण औपन्यासिक कृति है, अपने कथ्य और शैली की लोक साहित्यमयी धज के साथ। मेरा विचार है काशीनाथ सिंह ने अपनी तीन रचनाओं— 'अपना रास्ता लो बाबा' तथा 'कहानी सराय मोहन की' दो कहानियों तथा 'काशी का अस्सी' के द्वारा हिन्दी साहित्य के इतिहास में अक्षुण्ण स्थान अर्जित किया है। इन तीनों रचनाओं को काल की वात का कोई भय नहीं, ये हमारी स्थायी निधि है।

संदर्भ :

1. 'काशी का अस्सी', पृ. 17
2. वही, पृ.20
3. वही. पृ. 25
4. वही. पृ. 25
5. वही, पृ. 32
6. वही, पृ. 45
7. वही, पृ. 34-35
8. वही, पृ. 46
9. वही, पृ. 51
10. वही, पृ. 65
11. वही, पृ. 93
12. वही, पृ. 99
13. वही, पृ. 135
14. वही, पृ. 137
15. वही, पृ. 142
16. वही, पृ. 151
17. वही, पृ. 171

''जिस दिन नौकरी मिल जाएगी मुझे, तभी, बाप रूपी इस राक्षस को मैं सीढ़ियों से ढकेल स्वाभाविक मौत मरने पर विवश कर दूँगी।''

....

भरी दुपहरी कोहराम मच गया लोखंडवाला कॉम्पलेक्स की गगनचुम्बी इमारत 'अग्रदूत' में। अरुण गवली और छोटा राजन के गिरोह में जमकर मुठभेड़ हुई। गवली के दो साथी मुठभेड़ में दम तोड़ बैठे। सीढ़ियाँ खून से लथपथ हो उठीं। 'अग्रदूत' के ही नहीं अगल-बगल की 'अभिषेक' और नूतन अभिषेक इमारतों के रहवासी भी अपने-अपने घरों में साँसें रोके हुए गोलियों की बौछारों की तड़तडाहट सुनते रहे।''

....

''पर्स में डिब्बा डाले रखना ही भूख को लगातार विष्नूरामा की मुफ्त की चाय पिलाकर मारने से बेहतर है। 'उडपी' से कुछ मँगाकर खा सके। गुंजाइश नहीं। कोई उपाय नहीं सिवा इसमें कि वह किसी ठेले से डेढ़ रुपए का पाव-बटाय बड़ा मँगा, भूख को घूस पकड़ाकर चलता करने की चेष्टा करे, जो वह अकसर करती है। जिस रोज नहीं कर पाती, साँझ तक टाँगें विद्रोह दर्ज़ कराती काँपने लगतीं और सिर टुनकने।''

....

''अवमूल्य या विकृति समाज में कोई नया मूल्य सृजित नहीं कर सकती। अब देखो, स्त्री-पुरुष सम्बन्धों में प्रतिहिंसा परस्पर इस सीमा तक खिंच गई है कि स्त्रियों ने एकजुट हो स्त्रियों के संग रहने की ठान ली। मर्द-औरत के बीच कोई सामंजस्य स्थापित हो सकेगा इन बेहूदा हरकतों से? बन पाएगी परस्पर स्वस्थ स्थिति? मैं फिर दोहरा रहा हूँ, स्त्री-शोषण का वितंडावाद अधिक दिनों का खेल नहीं।''

स्त्री की क्षमता का कथात्मक स्वीकार

('आवाँ' : चित्रा मुद्गल)

"जिस दुर्घटना ने मेरे छात्र जीवन की दिशा बदल दी, वह थी ट्रेड यूनियनों की आपसी प्रतिद्वन्द्विता, अंर्विरोध और उसमें अपराधी गिरोहों की ठेकेदारी।"

"स्त्री की क्षमता को उसकी देह से ऊपर उठकर स्वीकार न करने वाले रूढ़, रुग्ण समाज को बोध कराना आखिर किन कन्धों का दायित्व होगा?"

('आवाँ' की 'क्यों' शीर्षक भूमिका से)

'आवाँ' की 'क्यों' शीर्षक भूमिका से उद्धृत उपर्युक्त दोनों कथन इस उपन्यास की मूल संवेदना के दो नाभि-बिन्दु हैं, इन्हीं के इर्द-गिर्द कथा का वितान बुना गया है। प्रथम दृष्टया उपन्यास का पाठ कुछ स्थापित मान्यताओं को खंडित करता है: सर्वप्रथम यह उपन्यास महिला-लेखन के विशिष्ट और सीमित अनुभव-वृत्त की धारणाओं को तोड़ता है। 'महाभोज' (मन्नू भण्डारी) से महिला (उपन्यास) कथा-लेखन को जो एक नई दिशा मिली थी, उसे बहुत कम लेखिकाओं के उपन्यास निभा पाए। इस उपन्यास में 'स्त्री-चेतना' तो है किन्तु यह मात्र स्त्री-चेतना का ही उपन्यास नहीं है अपितु बम्बई की मिलों में ट्रेड-यूनियनों की राजनीति 'आघाड़ी आन्दोलन', 'श्रमजीवा' जैसी संस्थाओं की अन्दरूनी स्थितियों के गहरे जाकर विश्लेषित करना एक नए अनुभव जगत को व्यापक फलक पर प्रस्तुत करता है। लेखिका ने इस समाज-सत्य को बड़े निकट से देखा है, अतः उसके चित्रण में एक गहराई, निजता तथा आत्मीयता को छुआ है। वस्तुतः यह उनका निकट से देखा परखा ही समाज नहीं है, स्वयं उसके बीच खड़े होकर उनके संघर्ष में कन्धे से कन्धा मिलाकर, उनकी जिन्दर्गी का हिस्सा होकर लिखा गया उपन्यास है।

दूसरे, यह उपन्यास इस धारणा को भी खंडित करता है कि इधर हिन्दी में जो 'बड़े' पृथुलकाय-उपन्यासों का प्रचलन बढ़ा है, उनमें से अधिकांश को लेखक साध नहीं पाए है। 'आवाँ' 544 पृष्ठों का वृहदाकार उपन्यास है किन्तु लेखिका का कथा-कौशल उसे पूरी तरह साधे रहा है कहीं भी भर्ती के प्रसंग या एक ही स्थिति

प्रसंग का अनपेक्षित विस्तार नहीं है जिससे कहीं भी इसकी पठनीयता क्षत नहीं होती है। कथा का पूरा वितान अपने विस्तार में भी पूरी तरह कसा-कसाया है।

'आवाँ' की एक और बड़ी महनीय उपलब्धि यह है कि उपन्यास में बहुत विस्तार में 'स्त्री-विमर्श' है, प्रायः उसमें प्रत्येक समस्या, जो आज 'स्त्रीवादी लेखन' के लिए अहम है, को खूब-खूब विस्तार में प्रत्येक कोण से चित्रित किया गया है किन्तु कहीं भी वह विमर्श कथा-क्रम पर थोपा हुआ नहीं लगता घटना और प्रसंगों पर भारी पड़ हावी नहीं होता अपितु इन स्थितियों के बीच से सहज भाव से निष्पन्न विचार प्रस्तुत हुए हैं इसलिए उसे मैंने 'स्त्रीवादी' विमर्श न कहकर 'स्त्री विमर्श' कहा है, बाद की हठधर्मिता, जबर्दस्ती क्रान्ति कर देने या ला देने का कोई आरोपित-सा भाव यहाँ नहीं है, अपितु 'स्त्री की क्षमता' का 'रूढ़ और रुग्ण' समाज को बोध कराने की एक लेखिकीय प्रतिबद्धता और चिन्ता यहाँ 'स्त्री-चेतना' के सभी सवालों में गहरी चिन्ता से प्रकर्ष रूप में अभिव्यक्ति पाती है। अपनी इन्हीं चिन्ताओं और सरोकारों में नमिता का चरित्र हिन्दी कथा, उपन्यास में उभरती 'नई नारी' के चरित्र को और आगे ले जाकर एक समृद्धि प्रदान करता है। अपनी इस भूमिका से नमिता हिन्दी उपन्यास का एक विशिष्ट और स्मरणीय चरित्र बन जाती है।

'आवाँ' की कथा के दो क्षेत्र हैं जिन्हें नमिता के चरित्र की धुरी से बाँधा गया है—प्रथम नमिता का व्यक्तिगत संसार है जिसमें उसकी संघर्ष कथा के साथ संजय कनौडिया से परवान चढ़ता प्रेम है और दूसरी ओर नमिता का बाह्य कर्म-क्षेत्र है, जिसमें मजदूर आन्दोलन, 'आघाड़ी कार्यालय', आभूषण-व्यापार-जगत का अन्तर्बाह्य है। नमिता का चरित्र दोनों कथा-क्षेत्रों में इस कुशलता से संतरण करता दिखाया गया है कि दोनों क्षेत्र परस्पर संग्रथित हो जाते हैं। प्रायः ही उपन्यासों में यह देखा जाता है कि इन दोनों क्षेत्रों में से कोई एक प्रमुख हो उठता है और दूसरा दबा रह जाता है किन्तु 'आवाँ' इस शिकायत का मौका नहीं देता। उसमें दोनों कथा-सूत्र एक-दूसरे में अन्त तक संग्रथित (इंटरवोविन) रहते हैं। यह इस उपन्यास की बहुत बड़ी सफलता है। इसीलिए इसमें न व्यक्तिवादी स्वर प्रमुख हो पाता है और न मजदूर आन्दोलन आदि का बाह्य पक्ष प्रबलता ग्रहण कर पाता है। उपन्यास विधा युग-जीवन की जिन चिन्ताओं को समग्रता में जीती है, उनका पूर्ण समाहार यहाँ इसी कौशल के कारण सम्भव हो सका है।

आभूषण-व्यापार की दिग्गज अंजना वासवानी जिस रूप में निम्न मध्यवर्गीय या कहें निम्नवर्गीय नमिता पाण्डेय का परिसंस्कार कर उसे एक अभिजन 'एलीट' वर्ग में दीक्षित करती हैं, वह हमें सहज ही 'मुझे चाँद चाहिए' की वर्षा वशिष्ठ का स्मरण करा देता है। दोनों की स्थितियाँ बहुत दूर तक एक जैसी होती चली जाती हैं। मैं यह नहीं कह रहा हूँ कि नमिता का चरित्र-विन्यास वर्षा वशिष्ठ की प्रभाव-छाया में अपनी निर्मिति पाता है अपितु जो चरित्र उभर कर आया है, वह हमें 'मुझे चाँद चाहिए' की

वर्षा का स्मरण अवश्य करा देता है। जिस प्रकार 'आवाँ' में अंजना वासवानी या उनके माध्यम से गौतमी नमिता के परिसंस्कार का काम करती हैं, बीड़ा उठाती हैं, उसी प्रकार वहाँ दिव्या कत्याल वह माध्यम बनती है। किन्तु वर्षा वशिष्ठ और नमिता के बीच का यह साम्य नमिता की निजता को कम नहीं करता है। वर्षा में सोच और चिन्तन का यह धरातल है ही नहीं या कहें सिरे से गायब है। यही सोच, चिन्तन की प्रखरता, संघर्षशीलता, कर्मठता तथा नारी-शक्ति को चीन्हने का संकल्प नमिता को वर्षा से अलग कर बहुत ऊँचे प्रतिष्ठित करता है जिसकी चरन परिणति उपन्यास के अन्त में नमिता द्वारा सब कुछ को त्याग एक स्वतन्त्र जीवन जीने को उठ खड़े हुए उसके व्यक्तित्व में होती है। समकालीन महिला उपन्यासकारों के अधिकांश उपन्यासों की चर्चित नायिकाओं के चरित्र में जो एक अविश्वसनीयता है, जो चरित्र को सहज काल्पनिक बना कर छोड़ देती हैं, वैसी अविश्वसनीयता नमिता के चरित्र में नहीं है, वह बहुत-बहुत 'सम्भव चरित्र', अपने ही बीच का चरित्र प्रतिभासित हो जीवंत बनी रहती है।

'आवाँ' का प्रारम्भ नमिता की घर और बाहर को संघर्षपूर्ण स्थितियों में होता है। नमिता को एक लड़ाई, चाल की छोटी-सी खोली में रहती अपने घर में लड़नी होती है, अपनी कर्कशा, विकट कर्कशा माँ, से, अपने अधरंग पीड़ित पिता के विवश शरीर और निरीह मूक वाणी के रहते स्थितियों के असहाय द्रष्टा बन जाने की पीड़ा को सहलाते; और एक लड़ाई बम्बई की भीड़-भाड़ भरी जिन्दगी में लोकल ट्रेन में 'अचानक कोंचती कोहनियों, सरसराती उँगलियों, लोलुप कनखियों, सिसकारी भरती छुअन में तब्दील हो अपने करीब दबोचते-चाँपते सम्भोग को उद्दीप्त' करनेवाले क्षणों में। शुरू के इन पृष्ठों में कामकाजी नारी को जिन स्थितियों से रेल और प्लेटफार्म पर विकट स्थितियों से गुज़रना पड़ता है, उनका सूक्ष्म चित्रण मात्र नहीं है अपितु हर्षा जैसे चरित्र के माध्यम से उन स्थितियों का सामना करने की, स्त्री को दबंगई, कर्म और सोच से प्रदान करने का उपक्रम हुआ है। इन निम्न वित्त परिवारों में लड़कियाँ जिस प्रकार दिन में एकाध साड़ियों के फाल लगाने, सौ-सवा-सौ के करीब पापड़ बेलने, दो ट्यूशनें पढ़ाने, आदि के छोटे-मोटे काम कर कुछ पैसे घर चलाने के लिए जुटाती हैं, नमिता उनकी प्रतिनिधि-सी बनकर सामने आती है। नमिता की गरीबी की स्थितियाँ 'किसी ठेले से डेढ़ रुपए वाला पाव बटाटा बड़ा मँगा, भूख के शाम तक के लिए 'घूस पकड़ाकर चलता करने का' उपक्रम इस वर्ग के संघर्ष की प्रामाणिक जानकारियाँ हैं। घर पहुँचकर भी नमिता को कोई बहुत अच्छा वातावरण नहीं निलता। कर्कशा माँ का विकट रूप घर में एक अलग घमासान मचाए रखता है। बेटी के चरित्र पर लांछन लगाने से लेकर तरह-तरह की प्रताणनाएँ उसे भीतर तक तोड़कर रख देती हैं किन्तु फिर भी वह भाई-बहन के प्रति बड़ी बहन का दायित्व निर्वाह कर अपाहिज पिता की खूब सेवा-सुश्रुषा करती है। उनके अंग-प्रत्यंग को धोने-पोंछने के वे काम भी जो करने

पड़ते हैं जो बेटी के लिए अकरणीय हैं—एक साथ ही वह माँ और बड़े बेटे के कर्त्तव्यों-दायित्वों को ओढ़ लेती है। यह और भी कारुणिक है कि उसके पिता देवीशंकर पाण्डेय सामान्य आदमी नहीं मजदूर यूनियन, आघाड़ी कार्यालय' के बड़े सशक्त कार्यकर्त्ता महासचिव रह हैं। घर की इन स्थितियों को और विषम तथा विकट बनाती हैं नमिता की कुन्ती मौसी।

उपन्यास खोली में रहने वाले घर परिवारों की स्थितियों में बड़ी सूक्ष्मता से झाँकता है, वहाँ हर्षा भी है, ममता भी है, और स्मिता जैसी धाँसू लड़की का चरित्र भी है। जाति के ऊँची दीवारों को तोड़कर सुहेल से सुनन्दा का प्रेम और धड़ल्ले से उसकी बच्ची की अनब्याही माँ बनना भी इस खोली-संसार में सम्भव हुआ है। थोड़ी-सी भी आर्थिक उठान मिलते ही चालों (दिल्ली के संदर्भ में 'कटरे') के लोग किस प्रकार छद्म आधुनिकता से आतंकित हो उधर ही चल पड़ते हैं, इसका जीवन्त उदाहरण ममता है जो 'ड्रग्स' तक लेने लगती है। वस्तुतः चालों और खोली का जो अन्तरंग, इनके जुगराफ़िए सहित यहाँ प्रस्तुत हुआ है, वह चित्रा मुद्गल का बहुत निकट से जाना संसार है, इस पर उन्होंने कुछ बेहतरीन कहानियाँ भी लिखी हैं। नमिता की माँ और स्मिता के बाप जैसे चरित्र इन खोलियों में ही देखे जा सकते हैं। नमिता की माँ के चरित्रांकन में लेखिका ने एक साहस भी दिखाया है। माँ का यह 'डायन' रूप आर्थिक अभाव में भी स्वयं के शरीर को चाक-चिक्य रखना, 'घर की प्रत्येक जरूरत में कटौती करते हुए माँ की इक्यानबे रुपए पचास पैसे की 'केसरी कल्प' की किलो भर की बोतल' अपने लिए जुटाना, अधरंग पीड़ित पति और बच्चों की ओर बिल्कुल ध्यान न देना, आदि, आदि—समाज में ऐसी माँ बहुत-सी हैं किन्तु कदाचित् उस जैसे चरित्र के कागज़ पर प्रस्तुत करने का यह प्रथम प्रयत्न है। इस माँ का सबसे ओछा व्यवहार उस समय दिखाई देता है जब पति का शव घर से उठने से पहले ही वह छोटी-बहन के बेटी-दामाद के लिए चाय बनवाने अपने घर का चूल्हा जलवाने का उपक्रम करती है, तब नमिता की माँ के लिए यह टिप्पणी एक गहन पीड़ा-बोध दे जाती है—"मत उलझिए; छोड़ दीजिए, आदि। पति के विछोह की पीड़ा से ज्यादा जिसे बेटी-दामाद के आवभगत की पड़ी हो क्या कर लीजिएगा उसके लिए। औरों से ज्यादा बाबूजी की चिन्ता की होती तो शायद... वे कुछ और दिन जी लेते।"[1]

मजदूरों की चालों में एक और सच इस जिन्दगी के समानान्तर चलता है—वह है मिलों में होनेवाली हड़तालें, इन हड़तालों को लेकर मज़दूर-यूनियनों की, ट्रेड-यूनियन' राजनीति, इस राजनीति की भीतरी उठा-पटक, इन यूनियनों में अपना वर्चस्व बनाए रखने के विभिन्न हथकंडे-इन सभी का बहुत प्रामाणिक अंकन यहाँ हुआ है। अन्ना साहब, पंवार, शिन्दे, बिमला बेन, किरपू दुसाध, आदि 'आघाड़ी कार्यालय' के कितने ही कार्यकर्त्ताओं के माध्यम से मजदूर-राजनीति के सच के उघाड़ा गया है। मजदूर-राजनीति का यह चित्रण इतने विस्तार में जाकर हुआ है कि वह अपने में युग-जीवन के लगभग

प्रत्येक महत्त्वपूर्ण प्रश्न और चिन्ता को समेट लेता है। मजदूर यूनियनें विभिन्न रूपों में अपनी सत्ता बनाए रखने का घिनौना खेल खोलती है, अन्ना साहब जैसा दबंग व्यक्तित्व भी पुलिस, प्रेस, अंडर-वर्ल्ड के लोगों या जिसकी भी जरूरत पड़ जाए उसे अपने हित में इस्तेमाल करने के हथकंडे अपनाता है। पवार जैसे दलित कार्यकर्त्ताओं का महत्त्व भी उनके लिए इतना-भर है कि वे अन्ना साहब के महिमा-मंडन का कितना काम साध पाते हैं। इस कड़वी सच्चाई को पवार इस प्रकार शब्द देता है, "सच तो यह है कि ट्रेड यूनियन के इतिहास में इतिहास-पुरुष बनने के कुछ नुस्खे हैं। कौशल हैं! गोटे हैं! जिन्हें न तो निष्ठ मज़दूर नेता जानते हैं...न अपनी सामाजिक छवि गढ़ने-तराशने, प्रतिष्ठित करने के लिए उन टोटकों का उपयोग कर पाते हैं।"[2] 'कामगार अघाड़ी' में अन्ना साहब पवार का किस प्रकार 'नकदीकरण' (एनकेशमेंट) करते हैं। इस तथ्य से भली प्रकार परिचित पवार उनका मोहरा बनता है। केवल इसलिए कि वह भी उन्हीं के हथकंडे और पैंतरों से संगठन की अगुआई हासिल करना चाहता है। वह भरसक चेष्टा करता है कि अन्ना साहब को द्वितीय अम्बेडकर न बनने दे। तीस-पैंतीस साल तक इन ट्रेड यूनियनों और इनकी अगुआई कर रहे नेताओं से प्रयत्नों के बावजूद भी मज़दूरों की दशा तो जस-की-तस ही रहती चली आई है, 'दस खोली के पीछे एक संडास और एक नल!" वस्तुतः इन नेताओं, ट्रेड यूनियनों का महत्त्व उनकी दुर्दशा में ही बना हुआ है।" जरूरतमन्द की जरूरत बनाए रखने में ही उनके अस्तित्व की सुरक्षा है।" यूनियनों के नेता जब राजनीतिक दलों द्वारा एम. एल. ए. और एम. पी. रूप में स्थापित कर दिए जाते हैं तो वे उन्हीं के समान आचरण करते हैं और उन्हीं की बोली बोलने लगते हैं, पवार को यही तो शिकायत है, "सोचो, श्रमिक संगठन का दहाड़ता बाघ लोकसभा में पहुँच भीगी बिल्ली क्यों हो गया? जिसकी एक दहाड़ मालिकों की पेशाब ढीली कर देती थी...साआडला...अपनी ढीली करवा रहा।"[3]

ट्रेड-यूनियन-राजनीति के अन्दरूनी उठा-पटक, उनकी अनेक उपलब्धियों-बड़े से बड़े उद्योगपतियों, औद्योगिक घराने की हस्तियों को चुनौती देने के विकट संकल्पों, भेड़ से निरीह मज़दूर समूहों को अट्ठारह महीने लम्बी चली हड़ताल को कुशल नेतृत्व प्रदान करने के गुणों, आदि उज्ज्वल पक्षों को भी उपन्यास में स्थान दिया गया है। दस किलो मीटर लम्बा मोर्चा निकालना, बी.बी.सी. जैसी अन्तर्राष्ट्रीय स्तर की समाचार एजेंसियों द्वारा उस सबकी कवरेज, गोदरेज में हुई हड़ताल में एन. पी. गोदरेज और उनकी बहू पर हाथ उठाने की जुर्रत, गोदरेज़ और उस कम्पनी द्वारा समुचित बोनस न दिए जाने पर आन्दोलन आदि कितने ही चुनौती-भरे काम इन यूनियनों—'कामगार-आघाड़ी' जैसी संस्थाओं ने किए हैं। इस सबका एक दूसरा पक्ष यह भी है कि यह सब मजदूर-नेता अपने को सुर्खियों में बनाने के लिए करते रहते हैं। 'आवाँ' की लेखिका इन मज़दूर आन्दोलनों का चित्रण-भर करके नहीं रुक जाती है अपितु

मज़दूर आन्दोलनों के प्रति सामाजिक दायित्व की बात भी सोच के स्तर पर आगे बढ़ाती है, "श्रमिकों की लड़ाई में समाज का कोई दायित्व नहीं, मैम? बाबूजी का कहना है कि हम संवेदनहीन नपुंसक समाज में जी रहे। अट्ठारह महीने लम्बी खिंची वह हड़ताल कभी विफल न होती, न उतनी लम्बी खिंचती अगर समाज के अन्य वर्गों ने मज़दूरों के संघर्ष को अपने बुनियादी हक की लड़ाई समझा होता और उसका जोरदार समर्थन किया होता। अन्ना साहब चाहते थे कि एक ऐसा अनूठा मोर्चा निकालें जिसमें मज़दूरों की माँगों से सहानुभूति रखनेवाले समाज के विभिन्न वर्गों के लोग शरीक हो मगर...माकूल समर्थन उन्हें नहीं मिला।"[1]

मज़दूर-आन्दोलन के सन्दर्भ में कथा को आगे बढ़ाते हुए बम्बई में व्याप्त अंडर-वर्ल्ड के विभिन्न गुठों की पैंतरे-बाज़ी और जीवन के हर क्षेत्र में उनका दखल आदि की स्थितियों को अरुण गवली और छोटा राजन-गिरोह की गतिविधियों के माध्यम से दर्शाया गया है। शिव सेना मुम्बई के राजनीतिक और सामाजिक जीवन में एक जरूरी-सा हस्तक्षेप है। सेना के बढ़ते प्रभाव को पीछे धकेलने और सेना के भगवे झण्डे तले से अपने कई गढ़ मुक्त कराने के संकल्प मज़दूर-नेता लेते हैं। इसीलिए बिल्डर सुभाष बंसल की ओर से अन्ना साहब के नाम की सुपारी दी जाती है। 'गोली से न मारे', मार दिए जाने की दहशत से मारो" की इन गिरोहों की आतंकवादी नीति ने बम्बई के सामाजिक जीवन को कितना त्रासमय बना दिया है, इसका परिचय भी यहाँ मिलता है। उपन्यास अपने समकाल पर दृष्टिपात करता हुआ कभी उत्तरांचल प्रदेश के आन्दोलन तो कभी हर्षद मेहता के शेयर घोटालों, हर्षद मेहता और प्रधानमंत्री नरसिंह राव तथा तान्त्रिक चन्द्रास्वामी के अन्तर्सम्बन्धों पर तीखी प्रतिक्रिया व्यक्त कर लेखिका की प्रखर और सजग राजनीतिक चेतना का परिचय एक साथ देता है।

साहित्य में आज सर्वाधिक चर्चित दो मुद्दे, दो दलितों की समस्याएँ—यहाँ बहुत विस्तार से विश्लेषित हैं। ये हैं—दलितों का प्रश्न तथा स्त्री की स्वतन्त्र अस्मिता का प्रश्न!! दलित समस्या पर विभिन्न कोणों से कामगार आघाड़ी में पवार की उपस्थिति के माध्यम से विचार किया गया है। पवार को, इस वर्ग को, युग-युग की पीड़ा है कि इन्हें सवर्ण समाज ने बहुत प्रताड़ित किया। गाँव के झाड़-झंखाड तक सवर्णों की मिल्कियत थे। हम मैला ढोने वालों के नहाने-धोने के लिए थी मेड़ की मिट्टी। दाँत घिसने के लिए चूल्हे की राख।" दलित 'पवार' मराठा जाति का नाम क्यों अपनाता है, दलितों को इस मानसिकता का मनोविज्ञान भी यहाँ चर्चित है कि किस प्रकार महाराष्ट्र, उत्तर प्रदेश आदि स्थानों में इन 'बड़ों'—सवर्णों' के जातिगत नामों को अपनाकर भी ये लोग समाज में एकदम अलग-थलग ही पड़े रहे। पवार और नमिता दीर्घ साहचर्य से एक-दूसरे के निकट भी आते हैं, पवार नमिता से विवाह का सपना भी अन्तर्मन में पाले हुए है किन्तु उसे पग-पग पर यह अहसास एक दुःखभरी अनूभूति

से भर जाता है कि नमिता पाण्डे से उसका विवाह जाति के कारण हो ही नहीं सकता। पवार ही नहीं नमिता भी उसकी ओर आकर्षित होती है, ''उसका जी उसकी रोमिल छाती पर माथा टिका, बेसुध हो जाने'' का कभी-कभी होता रहा है। नमिता का मोह-भंग तब होता है जब उसे पता चलता है कि पवार उसके साथ विवाह भी एक राजनीतिक लाभ के लिए करना चाहता है, ''उसका मानना है कि जीवन-साथी के रूप में ब्राह्मण और दलित का गठबन्धन सुन्दर, बुद्धिमती सन्तानें ही नहीं देगा, राजनीति में भी फलदायी समीकरण सिद्ध होगा। सवर्ण और अवर्ण दोनों के वोट झोली में होंगे।'' पवार की इस सोच के नमिता को करारा तमाचा-सा लगता है। 'सतह के नीचे के इस वीभत्स सच' से नमिता को घृणा हो जाती है। प्रेम और विवाह में पवार उसे 'वस्तु' के रूप में देख रहा है, यह उसके लिए कल्पनातीत हैं, ''केवल वस्तु है उसके लिए? राजनीतिक महत्त्वाकांक्षियों के लिए सम्बन्धों की गहनता खांचे-भर हैं चौपड़ के?''[6] इसी रूप में दलित समस्या के कई-कई पहलू यहाँ चित्रित हैं और पवार का हर समय हर सहायता और सेवा के लिए तत्पर रहना तथा उसकी माँ का भी नमिता के संकट में सहायता करना दोनों चरित्रों को बहुत ऊपर उठाकर यह प्रतीति देता है कि सहज मानवीयता के श्रेष्ठ गुण मात्र सवार्गों की ही पूँजी नहीं हैं।

दूसरे दलित स्त्री की समस्याएँ या कहें 'स्त्री-विमर्श' उपन्यास में किस रूप में विस्तार में चित्रित है, यह देखने से पूर्व यह भी देख लिया जाए कि सांप्रदायिकता की एक बड़ी समस्या को लेखिका ने किस रूप में उकेरा है। बड़ी गहरी चिन्ता-कंसर्न- से उपन्यासकार ने सुहैल और सुनन्दर प्रसंग को चित्रित किया है। सुहैल और सुनन्दा का प्रेम 'चाल' (झोंपड़पट्टी-सी) में पलता एक सामान्य-सा लड़के-लड़की का प्रेम है जो विभिन्न धर्मावलम्बी दुराग्रहों में वैवाहिक बन्धन में न बन्ध सका किन्तु प्रेस, हिन्दुत्व के रक्षक और कट्टरपन्थी मुस्लिम सब मिलकर उसे कितनी विकराल साम्प्रदायिक समस्या का रूप दे देते हैं, ''ऐंठा-ऐंठी सुहैल और सुनन्दिया के बीच, उनका निजी मामला ठहरा। बच्ची जनम गई। आगे-पीछे मामला सुलट ही जाता। मगर मुहल्ले के किसी कनफुसिए ने नेता बनने के शौकीन दद्दू तिवारी को हिन्दुत्व की रक्षा के लिए अचानक नींद से जगा दिया। दद्दू तिवारी भगवा पताकावाले ठहरे। उन्होंने मामला अखबार में छपवा दिया। अखबारवालों ने मसाला बना कर मामले को साम्प्रदायिक रंग दे दिया। कट्टरपन्थियों को बहाना मिल गया। मिट्टी के तेल के पीपे के पीपे उड़ेले जा रहे। बस, तीली उछलने-भर की देर है। मान लो, बात सोलह आने सच भी हो तो सार्वजनिक हित-अहित के ताक पर धर उसे सुर्खी बनाना कहाँ की बुद्धिमानी ठहरी?''[7] यह प्रश्न भी उठाया गया है कि यदि प्रेम के लिए सुनन्दा मुसलमान भी हो जाती तो कौन सी आफत थी किन्तु सुनन्दा अपने नाम और धर्म के वजूद को मिटाकर मुसलमान नहीं बनना चाहती थी, यह उसका अपना निर्णय और संकट था। किन्तु अनपढ़ माँ किशोरी बाई की यह सोच सभी की सोच पर दस्तक देती है, ''मुहब्बत

करने के समय नहीं सोचा कि मुसलमान से मुहब्बत काहे करूँ? मुसलमान हमारी धरती-देश का नहीं...''[8] शिवसेना वाले किशोरी बाई के इस कर्त्तव्य में कि वह सुनन्दा की बेटी को उसके बाप और दादा को सौंप देना चाहती है, सन्देह करते हैं कि वह मुसलमानों की हिमायती है। नमिता की सोच के माध्यम से साम्प्रदायिकता की इस विकराल समस्या पर लेखिका ने एक बहुत गम्भीर टिप्पणी की है जो वर्तमान के साम्प्रदायिक माहौल में एक गम्भीर हस्तक्षेप है। अपने बिस्तार में भी यह पूरी टिप्पणी मनन के योग्य और हमारे लिए बहुत समय तक प्रासंगिक बनी रहेगी, इसलिए उसे यथावत् देने का लोभ-संवरण नहीं हो पा रहा है, ''कट्टरपन्थी का कोई भरोसा नहीं। उनकी संकीर्णताओं के विरुद्ध किसी ने कमर कसी नहीं कि उन्होंने उसे जड़मूल से नष्ट किया नहीं। कोई नहीं सोचता। इस तरह से वे किसी आत्मघाती दुर्गुण को खत्म नहीं कर सकते। बल्कि प्रतिद्वन्द्विता में अपने जैसे ही हिंसक प्रवृत्तियों को खात्मे के बहाने पुनर्जीवन दे देते हैं। कभी अन्त होगा? शायद नहीं! होना होता तो हो गया होता।'' तो क्या साम्प्रदायिकता की ताकतों के सामने विवेक को हारकर बैठ जाना चाहिए, उपन्यास की सोच इससे आगे जाती है? हाथ पर हाथ रखे बैठने की निष्क्रियता से उसकी सहमति नहीं है। ''मगर जो कुछ नहीं हुआ, उसकी ओर से मुँह मोड़ उसे इसलिए अनदेखा नहीं किया जा सकता कि अब तक हमारी मुट्ठी में कोई समाधान नहीं आया। अब तक हम बचे हुए हैं तो शायद इसीलिए कि हममें से कुछ एक मनुष्यों ने बेहतर मनुष्य होने का प्रयत्न किया और अपने संग साथ अन्यों को भी बेहतर बनाने का वरना धर्मसत्ता, राजसत्ता के बहाने अपनी सत्ता को अक्षुण्ण बनाए रखने में अनेक बार पक्ष-विपक्ष हुई पूरी दुनिया एक-दूसरे के नष्ट करने के मंसूवों में पूरी की पूरी कब की नष्ट हो गई होती। मारनेवाला ही वस्तुतः मरनेवाले को मारनेवाला बना देता है।''[9]

'कामगार आघाड़ी' तथा 'श्रमजीवा' से होती हुई नमिता की यह कथा आभूषण-व्यापार के संसार में जाती हुई, न केवल नमिता के व्यक्तिगत संसार में प्रवेश करती है अपितु वह 'स्त्री-विमर्श' के विभिन्न मुद्दों की गम्भीर पड़ताल के लिए एक बहुत स्वाभाविक ज़मीन भी बनती है। कथा निरन्तर समानान्तर रूप में एक-दूसरे क्षेत्रों में संक्रमण करती चलती है, आभूषण व्यापार-जगत से कामगार आघाड़ी और वहाँ से फिर कभी पूर्व-दीप्ति की शैली में तो कभी यादों के संसार में खोने के रूप में दोनों ही क्षेत्रों में अपनी आवाजाही बनाए रखती है। लेखिका अपने उपन्यास के माध्यम से एक ऐसी औरत के जन्मने की आकांक्षा रखती है ''जो अब तक जन्मी नहीं थी...जन्मने को छटपटा रही थी''—(स्मिता का कथन)। पूरा कथा का वितान और नमिता की संघर्ष-यात्रा इस ''नई औरत'' को जन्म देने या उसे अस्तित्व प्रदान करने के संकल्प से प्रेरित है। अच्छी बात यह है कि यह सारा विमर्श कथा में कुशलता से अनुस्यूत है उस पर आरोपित नहीं—इसीलिए कहीं भी वह सिद्धान्त-कथन (''ट्रीटाइज़'') मात्र

बनकर नहीं रह जाता अपितु तार्किक परिणति पाता हुआ लेखिका का विश्वास बनता है, अपने पाठक को भी विश्वसनीय और युक्तियुक्त (कनविंसिग) लगता है।

'कन्या पाठशाला की बहनजी-सी दीन-हीन सुस्त, सूखी-नदी-सी डोलती रहती' नमिता के वरक्स हर्षा, स्मिता और गौतमी जैसे पात्र सिरज कर नारी को अपेक्षित बोल्डनेस देने की पेशकश होती है और लेखिका स्त्री-आन्दोलनों द्वारा स्त्री को दी गई तथाकथित 'बोल्डनेस' को नकार कर स्त्री के 'बोल्ड' बनने की अपनी ही परिभाषा देती है, "कुँए के मेंढक वर्जनाहीनता को वोल्ड की परिभाषा गढ़े हुए बैठे हैं। उनकी दूरबीन उनको मुबारक। अपने अनुमान से तू अपनी परिभाषा गढ़। आत्मविश्वास अर्जित करा ये दीन-हीनता झटक, उतार फेंक केंचुल।" हर्षा द्वारा दिया गया यह गुरुमन्त्र—आत्म-विश्वास का अर्जन—नमिता उपन्यास के अन्त होते-होते पूरी तरह अंगीकार कर लेती है। उपन्यास का अन्तिम वाक्य हर्षा से कहा गया नमिता का यह वाक्य 'हाँ हर्षा! वहीं अब वहीं मिलूँगी तुमसे'—उसके इस अर्जित आत्मविश्वास की पूर्ण प्रतीति देता है।

स्त्री-स्वातन्त्र्य, स्त्री-पुरुष का साथ, विवाह-संस्था, विवाह संस्था से मोहभंग, इस मोहभंग के कारण स्त्री-स्त्री का साथ रहना-सोना और सहवास, समलैंगिकता, पुरुष साथी के बिल्कुल नकारकर कुँआरी माँ की अवधारणा, समाज में प्रत्येक स्तर और सम्बन्ध का केवल काम-सम्बन्ध में परिणत हो जाना जिसमें हर रूप में केवल स्त्री का यौन-शोषण, पिता और भाई जैसे पवित्र रिश्तों द्वारा भी नारी पर बलात्कार—स्त्री-संघर्ष और स्वातंत्र्य से जुड़े अनेक-अनेक प्रश्नों की गुत्थी सुलझाने के लिए अंजना वासवानी, गौतमी, हर्षा, स्मिता, शाहबेन, किशोरीबाई, आदि पात्र अभिकल्पित किए गए हैं। इनमें सबसे अधिक बोल्ड स्मिता और कुछ हद तक हर्षा भी है। इन दोनों के कथन खूब-खूब तेज़ाबी हैं जो चेतना पर बार-बार बजते रहते हैं। स्मिता की तिक्तता परिस्थिति-प्रदत्त है। उसकी बड़ी बहन को पिता द्वारा ही गर्भवती बनाकर पागलपन की स्थिति में ला दिया गया है। इसीलिए वह पिता से ही नहीं अपितु उस सारी पुरुष जाति से प्रतिशोध लेने की सोचती रहती है जिसने नारी को केवल यौन-शोषण का उपकरण मात्र बना लिया है, उसका संकल्प है "साआले मर्दों को उनकी मर्दई का सबक न सिखाया तो...।" वह पिता के प्रति इतनी घृणा संजोए हुए है कि ऐसे कामी, निर्लज्ज, मद्यप को वह सीढ़ियों से धक्का देकर उसका प्रापान्त कर देती है। इस रूप में वह स्थितियों की मूक द्रष्टा मात्र नहीं बनी रहती अपितु उसमें अपनी कारगर भूमिका सिद्ध करती है। वस्तुतः इस उपन्यास में प्रायः प्रत्येक नारी पात्र अपनों द्वारा यौन-शोषण की शिकार बनती है। पिता-तुल्य अन्ना साहब जैसे कामगार आघाड़ी के नेता नमिता से हस्त-मैथुन कराकर तृप्त होते हैं, उसके सगे मौसा उसका यौन-शोषण करते हैं। गौतमी का सौतेला भाई उसके शरीर को भोगता है। यहाँ तक कि संजय कनौड़िया के प्रेम की शुरुआत भी नमिता से लगभग बलात्कारी स्थिति से ही होती है।

इसीलिए ये सारी की सारी स्त्री-पात्र भारतीय नारी की बनी-बनाई पारम्परिक 'सन्नारी' की छवि को तोड़ती हुई छोड़ देती है। स्मिता अपने प्रेम करनेवाले लड़के शरत को इसीलिए दुत्कार देती है कि उस भोले भंडारी को न तो कंडोम का उपयोग पता है, न प्राप्ति स्थान—यद्यपि स्मिता की सहवास-इच्छा जोर मारती है पर वह ऐसे बेवकूफ प्रेमी को धता बताकर उसकी छुट्टी कर देती है, "....मैं तो तेरे बच्चे की कुँआरी माँ नहीं बनना चाहती और जो लड़का कंडोम इस्तेमाल करना नहीं जानता, वह मेरा प्रेमी होने के काबिल नहीं। बैठ घर में"[11] शरत को गिड़गिड़ाते और लगभग रोते हुए सुनते उसकी यह मान्यता "वैसे तो हरामखोर मर्द रोते नहीं...साआल्ले, रुलाने पर ही रोते हैं, रुलाने वाला चाहिए" उसके स्त्रीत्व को एक नया मानक और मॉडल देते हैं। यह स्मिता स्त्री-लेखन में एक धाँसू और अविस्मरणीय चरित्र बनती है।

गौतमी की माँ और गौतमी के प्रताड़ित होने की भी वही पुरुष-अत्याचार और अनाचार की कहानी है। अंजना वासवानी गौतमी को 'नेहा' के अपने मूल व्यक्तित्व के छुटकारा दिला उसे आभूषण-व्यापार में डाल देती हैं। इन स्त्रियों ने इतने-इतने त्रास भोगे हैं कि अब यौनेच्छा सम्पूर्ति उनके लिए कोई बहुत बड़ा किला जीतनेवाली स्थिति नहीं रह गई है। देह को लेकर अन्तर्व्याप्त रूढ़ि से मुक्त होने का सबसे कारगर उपाय है, उसे चर्चा का विषय बना लो। तुम्हें लगता होगा कि मैं बहुत यौनाकांक्षी स्त्री हूँ। वास्तव में मैं ऐसी नहीं हूँ। यौन मेरे लिए उन्माद का विषय नहीं। इच्छा हो आए, बात अलग वरना बगल में लेटे हुए हृष्ट-पुष्ट पति अशोक को धरती हिलाऊ हस्त-मैथुन करना पड़ता? उतने मतलब के लिए एक हुआ ही जा सकता है।"[12]

दाम्पत्य में यौन-परितुष्टि के मसले को भी 'आवाँ' उपन्यास में बड़ी बारीकी से जाँचा-परखा गया है। पूरी 'व्यस्क दृष्टि' से। दाम्पत्य के सम्भोग-क्षणों के कुछ 'दारुण सच' यहाँ बहुत बेबाकी से बिना किसी निषेध, अवरोधन (इनहिबिशन) या झिझक के वर्णित हैं। गौतमी का सच देख ही चुके हैं, संजय कनोड़िया की पत्नी निर्मला का यह व्यवहार चौंकानेवाला है, "कल्पनातीत हैं उसके उत्पीड़न के हथकंडे। पत्नी है वो मेरी? सम्भोग के एन चरम क्षणों में अलग हो मुँह फेर लेगी। चिरौरी-विनती से बेअसर। दुत्कारते हुए कहेगी-इच्छा नहीं हो रही है उसकी।" चाहें तो वह अपने हाथ से निपट लें। इतना ही नहीं निर्मला संजय कनौड़िया को देह-सुख के सम्भोग से बेहतर विकल्प का रहस्य बताती है, "पुरुषों की बनिस्वत काम-कला में स्त्रियाँ मुझे अधिक निपुण लगती हैं। कभी ओबेराय के ब्यूटी पार्लर 'मार्टिना' गए हो? वहाँ बड़ी गज़ब की चीनी लड़कियाँ हैं। काम-सन्तुष्टि के लिए वे हस्तकौशल से काम नहीं लेती, जीभ का उपयोग करती हैं। अलबत्ता फीस तगड़ी ज़रूर है, उनका सौदा घाटे का नहीं। इच्छा हो तो कभी जीभ का परम सुख उठाकर देखो। मुझे कोई आपत्ति नहीं होगी।" 'आवाँ' की यह निर्मला 'चितकोबरा' की नायिका से आगे के समय की है, उसने भी पुरुष के तीन मुखों की आकांक्षा की थी—दो वक्ष-कुचों-के लिए और एक योनि के लिए। बड़ी

साहसिकता तथा भाषा-संयम से चित्रा मुद्गल 'एलीट स्त्री' के इस पक्ष को प्रस्तुत कर सकी है।

महिलाओं के इसी वर्ग ने यौन-सुख की पूर्ण परितृप्ति का एक और माध्यम खोजा है समलैंगिक रति में। लगता यही है कि यह एक वर्ग का 'प्रामाणिक अनुभव' अवश्य ही है, तभी महिलाओं के लिखे कई उपन्यासों में इसकी चर्चा अवश्य की गई है (द्र. 'अन्तर्वंशी'-सुषम वेदी, आदि 'फायर' जैसी फिल्म भी इसी समस्या पर है)! यहाँ भी नीलम्मा प्रसंग ऐसा ही है जिसके माध्यम से महिलाओं के एक विशेष वर्ग में समलैंगिक रति की प्रवृत्ति या उपयोगिता चित्रित है। सहेलियाँ एक-दूसरे को "कसमें खा-खाकर" यकीन दिलाने की कोशिश करती हैं कि मालिनी, औरत की देह को औरत ही पहचानती है। मर्द के लिए तो वह उगालदान-भर है। तेरे हाथ का हुनर मुझे भा गया तो शैलजा से बात हो गई है। पक्की, इस कोठी का चौका बासन छोड़ तू केवल मालिश करेगी। शैलजा से ज़्यादा ही मिलेगा तुझे मेरी देहरी। एकाध घर सुख और आराम के तुझे और पकड़वा देंगे। किटी क्लब है हमारा।...जिन्हें तू सुख देगी वे भला तुझे दुःख-कष्ट में देख सकेंगे। मालिश के बाद हम पिस्तेवाला दूध कोई अकेले पिएंगे। तुझे पहले पिलाएँगे। ताकत की जरूरत हमसे ज्यादा तुझे होगी।" किन्तु नीलम्मा जैसी तथाकथित 'छोटी जान' औरत का इस सबको हिकारत से देखना और इस सबको अस्वीकारना यह सूचित करने के लिए पर्याप्त है कि उपन्यासकार इस प्रवृत्ति की भर्त्सना करती है। यदि इस उपन्यास में ऐसी किसी समस्या का चित्रण नहीं मिलता है तो वह है 'वाइफ-स्वीपिंग, —पत्नियों की अदला-बदली का अन्यथा तो उपन्यास इस उच्चवर्गीय महिला समाज के यौन-अनुभवों के नए चोंचले और चटखारों में गहरे झाँकता है, उन्हें एक समस्या के रूप में आँकते हुए।

स्त्री-स्वातन्त्र्य के संदर्भ में यहाँ बड़ा गम्भीर चिन्तन मिलता है जो 'स्त्रीवादी लेखन' के स्वर से किंचित् भिन्न और स्वतन्त्र तथा स्वस्थ भी है स्त्री-स्वातंत्र्य के नाम पर क्या मर्द को एक विपक्ष की स्थिति में खड़ा कर, उससे सदैव तीन-छः (36) का सम्बन्ध रख, क्या पारिवारिक समंजन (एडजस्टमैन्ट) बना रह सकता है—इस प्रश्न को पवार और नमिता की बहस में उभारा गया है। "पारिवारिक जीवन में स्त्रियों ने मर्द को विपक्ष बना लिया" की स्थिति का यहाँ पूर्ण अस्वीकार मिलता है। मर्द और औरत के बीच जिस सामंजस्य की अपेक्षा है, वहीं समाधान है आज की स्थितियों का।

पवार के माध्यम से यह विश्वास इस प्रकार शब्द पाता है, "जिस क्षण महिलाएँ परम पुरातन आधुनिकता-बोध से साक्षात्कार कर लेंगी, समस्त विश्व समाज-विखंडन के त्रास से मुक्त हो, परस्पर पूरक व्यवस्था जिएगा। भग्न घरों की दिग्भ्रमित सन्तानें गंजेड़ी, भंगेड़ी, स्मैकी, शराबी और हिंसक होने से बच जाएगी।"[15] इस प्रकार उपन्यास भारतीय कौटुम्बीय परम्परा की पुनर्प्रतिष्ठा" का विश्वासी बनकर आता है। स्त्री-स्वातंत्र्य के नाम पर औरत की स्वैरता का यहाँ तीव्र विरोध, विमला बेन आदि के

प्रसंगों में खूब खुलकर सामने आता है। इसलिए यहाँ स्त्री के जननी रूप को ही महत्ता मिली है, कुँवारी माँ या किराये की कोख के मातृत्व की अवधारणा को पूरी तरह निरस्त किया गया है।

वस्तुतः 'आवाँ' की एक बड़ी सफलता इस रूप में है कि यह नारी-स्वांतत्र्य के प्रश्न पर आधुनिकता और परम्परा में बहुत स्वस्थ संगति विठता हुआ एक बहुत समुन्नत और स्वस्थ सोच समाज को देता है, यह उपन्यास की अपनी दृष्टि विजन—मूल्य और निजता है। इस दृष्टि को प्रतिभाषित करने के लिए उपन्यास में कई प्रसंग प्रकल्पित है, यथा सुनन्दा की मय्यत के समय, फोटोग्राफर सिद्धार्थ के प्रसंग में नमिता को उसका उत्तर, संजय कनोड़िया का निर्मला की बुराई कर नमिता को जीतने के प्रसंग की हर्षा से चर्चा, और सर्वाधिक प्रखर रूप में नमिता द्वारा अपने दिवंगत पिता को मुखाग्नि देने के प्रसंग में आदि, नमिता एक जागरुक आधुनिका और शिक्षिता के रूप में उस सारे शास्त्रीय विधान और परम्परा को चुनौती देती है जो स्त्री को 'हेय' मानकर उसके अधिकारों से वंचित रखती है। स्त्रियों का मय्यत को कन्धा न देना का शास्त्र-सम्मत विधान, पुत्री को मुखाग्नि देने से वंचित रखने का विधान—ये सभी विधान नमिता के लिए बेमानी हैं जिन्हें वह खुलकर चुनौती देती हुई उनकी धज्जियाँ उड़ाती है। सुनन्दा की मय्यत को कन्धा देते समय नमिता के ये शब्द इसी सोच को उजागर करते हैं, ''मैं कन्धा किसी औरत की मय्यत को नहीं दे रही हूँ जिसका गला घोटने की कोशिश हत्या के बहाने हुई है। मैं हर जाति, धर्म, वर्ण, की स्त्रियों का आह्वान करती हूँ कि वे सबकी सब श्मशान चलें और बारी-बारी से सुनन्दा की मय्यत के कन्धा दें।[16] इसी प्रकार अपने पिता को मुखाग्नि देने के प्रश्न पर वह पंडित द्वारा ''शास्त्रसम्मत विधि विधान' को ही 'विधान' मानने की मान्यता को भंजित करती हुई इस कुरीति को चुनौती देती है, स्वयं अपने पिता के मुखाग्नि देती है जो उसे दस बेटों के बराबर' मानते थे। इस प्रकार आवाँ स्त्री-विमर्श को आगे बढ़ाता हुआ एक स्वस्थ सोच और दिशा देनेवाला महत्त्वपूर्ण उपन्यास है।

'आवाँ' की एक और महत्त्वपूर्ण उपलब्धि है, वह है प्रकृति से सहचारिता—यह गुण इधर के उपन्यासों में सिरे से गायब है। जिस प्रकृति-परिवेश में उपन्यासों की प्रेम-कथाएँ परवान चढ़ती हैं, उसका चित्रण रोमानी शैली का मानते हुए उसकी कथा में पूर्ण अनुपस्थिति रहती है। महानगरों, औद्योगिक केन्द्रों, से कुछ दूरी पर ही प्रकृति अपनी सुषमा जिस रूप में बिखेरे रहती है, उसकी ओर, कदाचित् आधुनिकता के 'दुराग्रह' में, लेखकों का ध्यान ही नहीं जाता किन्तु 'आवाँ' में प्रकृति को जी भर कर आंजा गया है, और कहीं भी उसमें छायावादी भाव-बोध नहीं है। पश्चिमी घाट के सौन्दर्य को खंडाला घाटी की दुर्गम चढ़ाई के समय खूब, बांछे खोलकर, सराहा गया है। सह्याद्रि पर्वत शृंखला की एक के एक भीतर जन्मती ऊँचाइयों और हरी-भरी धुन्ध में डूबी सुरमई घाटियों की हैंक-भरी अतल गहराइयों की सुषमा उसे जैसे किसी

अलौकिक जगत में खींच ले गई। "खतरनाक मोड़ों के घुमावों से दूर चोटियों के कन्धों पर ऋषियों की सूखी जटाओं से सूख रहे झरनों की धाराएँ अपनी मूक व्यथा उसके कानों में फुसफुसा उठीं—चौमासे की उत्कंठा से प्रतीक्षा है हमें...जिसकी अजस्र-अजस्र धाराएँ हमारे स्तनों को दूध से छलका देंगी... ।"[17] नमिता की प्रबल आकांक्षा, लालसा, है कि वह 'हिरण शावक' के पीछे दौड़ गए' उन दृश्यों को अपनी बरौनियों से बाँध-गठिया' कर बम्बई ले जाए। महानगरों की भागमभाग-भरी संघर्ष संकुल जिन्दगी प्रकृति की क्रोड में एक क्रान्ति पा सकती है यहाँ यह उपन्यास का एक प्रच्छन्न संकेत भी है।

उपन्यास का शीर्षक 'आवाँ' उपन्यास की कथा के क्रम में खुल नहीं पाता है। कुम्हार का आवाँ वह स्थान है जहाँ वह अपने कच्चे बर्तन पकाता है। कई दिन तक ईंधन उसके भीतर खुलगता रहना है और बर्तन पकते रहते हैं। इस रूप में 'आवाँ' सुलगते हुए विद्रोह भाव को प्रकट करता है या कच्चे बर्तनों के पकाने की प्रक्रिया को मूर्त करता है। किन्तु समग्र उपन्यास पढ़कर ऐसी प्रतीत नहीं होती कि भीतर ही भीतर कोई विद्रोह-भाव इसके पात्रों में सुलग रहा है या फिर कुछ करने की सोच पक रही है। अस्तु!!

कुछ बातें 'आवाँ' को लेकर भाषा-सन्दर्भ में भी की जानी जरूरी लगती है। इधर प्रायः ही कुछ लोगों की यह धारणा हो चली है कि अपनी कृत्ति—उपन्यास-कहानी आदि को लेकर भाषा प्रयोग की समस्या उन्हें विशेष उद्विग्न (बॉदर) नहीं करती, यह समीक्षक या किसी और की समस्या है। किसी भी विधा के लिए यह बहुत स्वस्थकर स्थिति नहीं है। भाषा मनुष्य और साहित्य परम्परा से अर्जित करते हैं। उसका विकास और सम्भार साहित्यकार का आवश्यक दायित्व है। 'आवाँ' में भाषा के समृद्ध विकास की स्थितियाँ भी हैं और साथ ही उसे बाधित करने के भी प्रयत्न दिखाई देते हैं। दोनों की ओर ही ध्यान दिलाना अभीष्ट है। 'आवाँ' की भाषा कहीं-कहीं बड़ी समृद्ध और वैभवशाली लगाती है—नित्य प्रयोग में आनेवाले अंग्रेजी शब्दों के लिए कुछ बहुत सटीक शब्दों की निर्मिति यहाँ हुई है तो दूसरी ओर नवीनता के आग्रह में वाक्य-विन्यास में प्रयोग, कहीं विशेषणों का बेढ़ब-सा प्रयोग उसे एक कृत्रिमता देता है। कहीं ऐसे अशुद्ध प्रयोग हैं जो अब हिन्दी में धड़ल्ले से हो रहे हैं और उनकी ओर से समकालीन लेखन की पीढ़ी पूरी तरह 'उदासीन' है।

'आवाँ' के सन्दर्भ में बात कुछ उसके अच्छे भाषा प्रयोगों से शुरू की जाए। चित्रा मुद्गल ने यहाँ कितने ही नए और आकर्षक शब्द दिए हैं—बेटर सा बेयरा' के लिए 'परोसक', 'सेल्स गर्ल' और 'ज्वैलरी डिजाइनर' के लिए 'आभूषण अभिकल्पक',

कुछ शब्दों को उनके प्रयोग में ही देखा जा सकता है कि प्रसंग बदल देने भर से वे कितना प्रभावी हो उठे हैं—

— " अन्तिम वाक्यों से गुज़रते हुए यही **अपूरकता** दबोचे रही कि... ।" (पृ. 195)

– " ऐसी ही किसी कविता की पक्तियों की **ढूँढ़** थी मुझे।" (पृ. 196)

– " जन्मदिन उस भाँति भी कभी **उत्सवित** होगा...।" (पृ. 200)

– "मानो वे परस्पर प्रगाढ़ **परिचयी** हों।" (पृ. 269)

– " दरअसल भीतर ही भीतर खदकता असन्तोष...।" (पृ. 419)

– " चुनौतियाँ **उन्मादी** हाथी-सी नियंत्रण से बाहर हो सकती हैं।" (पृ. 421)

कहीं-कहीं जनम-भाषा के शब्द, मुहावरे या ऐसे अलंकरण, उपमान, आदि हैं कि वे सहसा बाँध लेते हैं, यथा-

– " घर में पहले जैसी **अवासी-जवाती** न रही।" (पृ. 35)

– " कुन्ती मौसी के बहनापे ने कच्चे फोड़े पर पुलटिस चढ़ाई।" (पृ. 430)

– " अपने और पराए में, गिद्धों में गिद्ध हुई माँ अन्तर करने का विवेक खो चुकी थी।" –(पृ. 431)

– " पहला...।" शब्द को उसने अड़ियल ढिबरी की बत्ती-सा उकसाया।" (पृ. 502)

'आवाँ' की भाषा के श्याम पक्षों में सर्वप्रथम उसका वाक्य-विन्यासगत एक नया प्रयोग है जहाँ लेखिका वाक्य के अन्त में, क्रिया के पूरक 'है', 'था' जैसे शब्दों का प्रयोग न कर वाक्य को यों ही छोड़ देती हैं जो बहुत अस्वाभाविक और प्रयोग-सम्मत नहीं है, कुछ उदाहरण–

"वह एक प्रस्ताव उसके समक्ष रखना चाह रहा।", "प्रदेश काँग्रेस अध्यक्ष की नींद हराम हो रही।" बाबूजी की हालत बिगड़ रही।"..."पेशाब की थैली में रक्त रिस रहा।"

"हल्की-सी भूख महसूस हो रही", "शिन्दे अंकल मायामृग हो रहे", "ब्राह्मण संग ला रहे"–यह प्रयोग नया भले ही हो, न तो प्रभावी बन पाता है और न ग्राह्य।

इधर हिन्दी में 'जाग्रत' और 'जागृत' तथा 'यह' 'ये', का प्रयोग लेखक बहुत असावधानी से कर रहे हैं। 'आवाँ' में भी 'जागृत' का ही प्रयोग किया गया है–'जाग्रत' का नहीं। 'ये' का प्रयोग 'यह' के स्थान पर धड़ल्ले से हो रहा है, यहाँ अनेक स्थानों पर 'ये' का प्रयोग 'यह' के स्थान पर असावधानी से हुआ है–"ये दीन-हीनता झटक, उतार फेंक केंचुल।" 'वो' का प्रयोग तो अब हिन्दी में इतना आम हो चला है कि वह गलती ही नहीं रही, बोलचाल के शब्द का अधिग्रहण हो गया। इसलिए उस पर तो बात भी नहीं हो सकती किन्तु कई जगह 'व्यावसायिक' के लिए 'व्यवसायिक' (पृ. 530 और अन्यत्र भी) जैसे प्रयोग चुभते हैं। जिन लोगों ने बहुत कुछ लिख लिया है और बहुत अच्छा लिख लिया है, उनसे ऐसे प्रयोग स्वीकार्य नहीं हो पाते, न ही इन्हें 'प्रेस-भूल' के खाते डाला जा सकता है।

'आवाँ' के ये अत्यल्प अभाव उसकी महत्ता को कम नहीं करते। निश्चय ही वह समकालीन उपन्यासों में गौरवपूर्ण स्थान का अधिकारी है, किन्तु एक समर्थ उपन्यासकार को इन अभावों से बचना ही चाहिए।

संदर्भ

1. 'आवाँ' पृ. 397
2. वहीं, पृ. 346-47
3. वही, पृ. 351
4. वही, पृ. 68
5. वही, पृ. 344
6. वही, पृ. 410
7. वही, पृ. 106
8. वही, पृ. 465
9. वही, पृ. 481
10. वही, पृ. 55
11. वही, पृ. 205
12. वही, पृ. 473
13. वही, पृ. 425
14. वही, पृ. 514
15. वही, पृ. 258
16. वही, पृ. 153
17. वही, पृ. 280

"देखते-देखते कितने लोगों के पास कितना पैसा बढ़ गया। पहले मारवाड़ियों में कहावत चलती थी कि फलाना पहले महायुद्ध का अमीर है कि फलाना दूसरे महायुद्ध का अमीर है। पर आज़ादी के बाद तो न जाने कितने नौदौलतिए बनते चले गए और सदी के अन्तिम दस सालों में तो अब समझना नामुमकिन है कि किसके पास कितना पैसा कहाँ से आ रहा है। हर तरफ़ गाड़ियाँ हैं, एक से एक नई चमचमाती। लेकिन रूबी दी की नई एम्बेसेडर खटारा होकर भी वैसी की वैसी चल रही है जैसे खुद वे और उनकी ज़िन्दगी का ढर्रा।"

....

"पन्द्रह दिन बाद मासिक स्राव होने पर माँ ने उसे गले से लगा लिया था और खूब रोई थीं। तब जाकर रूबी को समझ में आया था कि माँ को किस बात का डर था। वह हँस पड़ी थी। माँ उसने मेरा हाथ तक कभी नहीं पकड़ा, तुमने ऐसा सोच भी कैसे लिया? पर माँ-बेटी की यह बात दीवारों ने नहीं सुनी, पहले की बातें दीवारों ने बाहर फैला दी थीं। शादी के दो साल बाद अपनी जेठानी के मुँह से इसका जिक्र सुन रूबी 'कृष्ण-कृष्ण' कहकर रह गई थी। कैसे कोई किसे जवाब दे सकता है इस तरह की बातों का? जनकपुत्री सीता तक जब अपना प्रमाण नहीं दे पाई थीं, तो रूबी की क्या हस्ती?"

....

"टी.वी. सीरियलों में जो बात रूबी दी को बिकाऊ लगी, वह थी शादी-शुदा मर्दों-औरतों के गैर औरत-मर्दों से सम्बन्ध या प्रेम का वही पुराना त्रिकोण—दो लड़कियाँ और एक लड़का या एक लड़की दो लड़के। बाप रे, रूबी दी ने सोचा, इन्हें देखनेवाले बच्चे तो यही समझकर बड़े होंगे कि जीवन में कोई तीसरा हुए बिना जीवन में न कोई सनसनी है, न मजा और ऐसा होना आम बात है।"

....

"कथा का सच एक मुखौटे का सच है। 'मुखौटा' यानी कि 'मास्क'—जो आपको कथा कहने के लिए लगाना ही पड़ता है। और यह सच बिलकुल असली सच है, बल्कि असली सच है। इसे लगाए बिना आप सच बोल ही नहीं सकते। लेकिन यह सच एक प्रति-संसार का सच है, एक ऐसी दुनिया का सच जिसे सिर्फ आप रचते हैं। यहाँ आप प्रजापति ब्रह्मा हैं।"

एक और काल-कथा (कलि-कथा) वाया कोलकाता बाईपास

('शेष कादम्बरी' : अलका सरावगी)

अलका सरावगी ने अपने पहले बहुप्रशंसित बहुचर्चित और (अब साहित्य अकादमी पुरस्कार से पुरस्कृत होने पर) 'अत्यन्त प्रतिष्ठित', 'कलि कथा : वाया बाईपास' के माध्यम से एक काल-कथा, कलकत्ता की पृष्ठभूनि में मारवाड़ी समाज के माध्यम से प्रस्तुत की थी। 'शेष कादम्बरी' (अपने दूसरे उपन्यास) में भी अलका इसी पृष्ठभूमि पर एक और काल-कथा प्रस्तुत करती हैं देवीदत्त मामा के जन्म-वर्ष 1900 ई. से लेकर अटल बिहारी वाजपेयी की दिल्ली और कारगिल युद्ध के प्रसंग तक, अर्थात् आज तक की कथा, बीसवीं शती के शुरू में जन्मी रूबी दी और बिल्कुल वर्तमान में उपस्थित उनकी नातिन कादम्बरी तक की कथा—बीच में आई कादम्बरी की माँ गौरी समेत तीन पीढ़ियों की कथा। यूँ यह कथा मुख्यतः कलकत्ता, वर्तमान के कोलकाता, की पृष्ठभूमि में उसी मारवाड़ी समाज की कथा है, किन्तु इसकी प्रस्तुति इतिहास के एक कालखंड की ऐसी प्रस्तुति है जिसमें पूरा देश वाया कोलकाता बाइपास अपनी उपस्थिति दर्ज पाता है। रूबी दी और कोलकाता कथा के खोल-भर रह जाते हैं, कथा के माध्यम से काल का परिवर्तनशील रूप सामने आता है। मुझे ध्यान आता है कि इस कालखंड का रूप हिन्दी उपन्यास में और कहाँ-कहाँ चित्रित हुआ है। रवीन्द्र वर्मा के 'नियान्नवे' में भी बहुत कुशलता से इस काल-खंड को चित्रित किया गया है किन्तु उसका कैनवैस छोटा है। कामतानाथ के 'काल-कथा' में भी काल-कथा कही गई (समीक्षकों-संपादकों ने) बताई है किन्तु उसका पृथुलाकार तथा राजेन्द्र यादव जैसे प्रबुद्ध संपादक की राय दोनों ही उसे पढ़ने के लिए 'प्रेरणा' प्रदान नहीं करते। 'शेष कादम्बरी' के पढ़ते हुए कहीं-कहीं रूबी दी की चिन्तना के सन्दर्भ में कृष्णा सोबती की 'ऐ लड़की' जैसी लम्बी कहानी की भी याद आती है, जब दोनों रचनाओं की वृद्धाएँ (बुढ़ियाएँ) अपनी आज की पीढ़ी को स्त्री-जीवन का मर्म समझाती हैं। गोविन्द मिश्र के 'पाँच आँगनों वाला घर' का भी ध्यान आता है, भीष्म

साहनी के 'मय्यादास की माड़ी' में भी काल-कथा को कहने की चेष्टा है। किन्तु 'शेष कादम्बरी' इन सबसे अलग, और शायद सबसे खूबसूरत ढंग से, सर्वाधिक सशक्त रूप में इस काल-खंड के प्रवाह को पाठक के सामने प्रस्तुत करती है। मुझे यह आकस्मिक नहीं लगता कि 'शेष कादम्बरी' के समापन में उदय प्रकाश की कहानी के शीर्षक 'और अन्त में प्रार्थना' को बाद के पृष्ठों में यही शीर्षक दिया गया है अपितु उदयप्रकाश जैसी गहन इतिहास दृष्टि, एक इतिहास-चेतना (जैसी 'वारेन हेस्टिंग्स का साँड' कहानी में है) अलका सरावगी के लेखन में भी है। अलका से 'कलिकथा-वाया बाइपास' के किशोर बाबू 'कौल' करवा ही चुके हैं कि वह बाईस कैरेट शुद्ध सोने में दो कैरेट की मिलावट कर सके—यहाँ भी इसी प्रकार की सचेतन इतिहास-दृष्टि विद्यमान रही है जिसमें कल्पना को दो कैरेट का ही मान मिला है।

'कलि-कथा : वाया बाइपास' और 'शेष कादम्बरी' दोनों ही उपन्यासों की शैल्पिक संरचना में जिस रूप में औपन्यासिक कला को नई कथा-युक्तियाँ देकर एक जाज़गी दी गई है, वह अलका सरावगी की एक बड़ी उपलब्धि है। बीच-बीच में आई टिप्पणियों से कथा में लेखिका की सीधी उपस्थिति और हस्तक्षेप, कविता की लय में बांग्ला पंक्तियों के अध्यायों के शीर्षक "ओ गो आमार एई जीवनेर शेष परिपूर्णता..." (पहले उपन्यास में 'जदि निर्वासने पाठाबेई-कलिकाता' इसी प्रकार 'कोथाय आलो, कोथाय ओरे जालो।)', 'एस.टी.टी. कलकत्ता से दिल्ली और दिल्ली से कलकत्ता द्वारा कथा के अतीत में वर्तमान का प्रक्षेपण या कहें पहली पीढ़ी की तीसरी पीढ़ी से मुठभेड़ का अन्तरंग वार्तालाप—बार-बार के एस.टी.डी. काल से निरन्तरता में 'वर्तमान' से संवाद, जैसी कथा-युक्तियाँ उपन्यास के कथ्य को एक अद्भुत कथा-रस प्रदान करती हैं।

वस्तुतः 'शेष कादम्बरी', 'एक शताब्दी की खोज : वाया एक आदमी' उपन्यास के एक अध्याय का शीर्षक है—इसमें इतना और जोड़ते हुए कि इसकी यह खोज 'कथा दो आदमी' होती है—रूबी दी और देवीदत्त मामा।

शताब्दी की इस खोज में लेखकीय कौशल यह है कि कथा बारम्बार अतीत से वर्तमान और वर्तमान से अतीत में निरन्तर संचरण करती है। कलकत्ता का इतिहास प्रस्तुत करने के लिए 'मिस्टर वियेना और आठवाँ अध्याय शीर्षक अध्याय प्रकल्पित हुआ है जिसमें 1893 में लाहौर में 'सिविल एंड मिलिटरी गजट' में मिस्टर वियेना के पत्रकार बनकर आने की कहानी है।* जिसमें कलकत्ता के 'बनने' से लेकर 'पिता की बहन—तुम्हारी बुआ' के एक अंग्रेज के प्रेम में पड़कर एक कमरे में आत्म-दाह करने की टीस-भरी कहानी है और कथा-रस को और अधिक प्रभावान्विति देता दंत-कथाओं

---

* ध्यातव्य है कि 'कलिकथा : वाया बाइपास' में किशोर बाबू के ग्रेट ग्रैंड फादर रामविलास बाबू उर्फ बड़े बाबू का इतिहास आया था जिनका समय 1862-1926 था—'कलि कथा....पृ. 27।

जैसा एक तिलिस्म-लोक-सा खुलता है कि 'इंग्लैंड में झील के किनारे सर हेनरी जेम्स के हू-ब-हू मकान में भी ठीक इसी कमरे में किसी ने जलकर आत्म-हत्या की थी (रूबी दी के पिता का मकान सर हेनरी जेम्स के इसी महलनुमा मकान की अनुकृति पर बना था)। कलकत्ते में बसनेवाले, 'शेखावटी की मरुभूमि' (राजस्थान) से चलकर आ बसने वाले मारवाड़ी, अफीम की तिजारत के लिए कलकत्ते आए थे—करीब 'एक सौ चालीस साल पहले' जब 'अट्ठारह सौ तीस में ब्रिटिश सरकार ने बंगाल की अफीम को बढ़ावा देने के लिए मालवा की अफीम पर बहुत बड़ा टैक्स लगा दिया। तब कलकत्ते में बसना ज्यादा फायदेमन्द हो गया। वैसे भी असली ताकत तो यहीं थी।'' अठारह सौ पचास तक तुम्हारे खानदान के दफ्तर कलकत्ता, मालवा, बम्बई, मिर्जापुर, फर्रुखाबाद, पटना के अलावा चीन तक में खुल गए थे। तब तक कलकत्ते से बाहर भेजी जाने वाली चीजों में एक तिहाई हिस्सा अफीम का हो चुका था। सच पूछो तो कलकत्ते को बनाया ही अफीम ने। उसी से इतना पैसा यहाँ आया। यह शहर अठारह सौ पचास तक 'सिटी ऑफ पैलेसेस' बनने लगा—पुराना हाइकोर्ट, सेंट जॉन चर्च, गवर्नमेंट हाउस, राइटर्स बिल्डिंग, इंडियन म्यूजियम—कलकत्ते की ये सारी भव्य इमारतें उसी समय के आसपास बनी हुई हैं।''[1] कलकत्ता के इसी समाज के बड़े-बड़े धनपतियों की अफीम से शेयर मार्केट में आकर, फिर जूट और कपड़ों की मिल के मालिकों के रूप में यात्रा तक का पूरा वृत्तान्त संक्षेप में अपने पूरे विस्तार में खड़ा हो जाता है। कथा की इस बनतर पर रूबी दी 'कलकत्ता से दिल्ली-2' की एस.टी.डी. के माध्यम से प्रकाश डालती हैं जब वे अपनी नातिन कादम्बरी को बताती हैं कि 'वे एक कथा लिख रही हैं—जिसे कथा बनाने के लिए इतना ही करना था कि उसमें से अपना नाम निकालकर उन्हें कोई और नाम रखना था।'' अर्थात् यह कथा केवल रूबी दी की नहीं परिवर्तनशील उस पूरे काल-खंड की है जिसमें रूबी दी के माध्यम से समय ही अदृश्यतः एक मुख्य चरित्र बन जाता है। रूबी दी की कथा नातिन कादम्बरी के संदर्भों से बार-बार वर्तमान में संचरण करती हुई वर्तमान के अनेक प्रश्नों और संदर्भों से टकराती और जुड़ती है। वर्तमान के प्रश्न मुख्यतः मूल्यों के समय की पीड़ा, ग्लोबलाइजेशन की विविधमुखी समस्याओं, उपभोक्तावादी दृष्टि, पैसे के लिए अन्धी दौड़, सब कुछ को आयत करने की स्पृहा के रूप में चित्रित हुए हैं। कथा किस प्रकार रूबी दी से हटकर वर्तमान में प्रवेश करती है, इसके उदाहरणस्वरूप कादम्बरी का नानी को फोन, 'एस.टी.डी. : दिल्ली से कलकत्ता-1' का प्रसंग उद्धृत किया जा सकता है। बाड़मेर के सूखा-ग्रस्त इलाके से लौटकर कादम्बरी जो रिपोर्ट लिख रही है, उसे अपने 'भारत महान की', 'ओबिचुअरी' बनाती है। ''...इस देश की ओबिचुअरी लिख रही हूँ। तीन साल से लगातार सूखा पड़ रहा है और तीन साल से सरकार हाथ पर हाथ धरे बैठी है। कोक, पेप्सी और बिसलेरी की कम्पनियाँ अपना हजारों गैलन माल ट्रकों में यहाँ भेज सकती है, सरकार पानी नहीं भेज सकती। पर कोक-पैप्सी का

स्वाद गाय-बैल को तो है नहीं और न उनके मालिकों के पास इन्हें खरीदकर पीने के लिए पैसा है।''[2]

कथा को वर्तमान में ला खड़ा करने से उपन्यासकार को यह सुविधा मिल जाती है कि वह कथा में पूरी स्वतन्त्रता बरत कर अपने चिन्तन-पक्ष का खुलासा करती हुई देश और समाज की प्रत्येक समस्या पर विमर्श कर सके। इस युक्ति के प्रयोग में लेखिका पूरी तरह सचेत है, कादम्बरी के माध्यम से यह बात स्वीकारती हुई मानो लेखिका ही कर रही है, ''इन नियमों का सहारा लेकर मैंने आपकी (रूबी दी की) कथा पर अपना सोच फहराया। विषय रूबी दी की जीवन-कथा है, माध्यम है, उनका आत्म-चिन्तन, आत्म-विश्लेषण, उनके दिमाग की उधेड़-बुन।''[3] इसी आत्म-चिन्तना, आत्म-विश्लेषण और दिमागी उधेड़बुन से रूबी दी की यह कथा सामान्य से हटकर विशिष्ट बनती है, उपन्यास की कथा को पसारा देते हुए, पर लेखिका के पास कथा कहने का यह हुनर है कि वह मूल कथा से कितनी ही दूर चली जाए पुनः उस पर लौट आती है अपनी उसी मजबूत पकड़ से—कथा के घोड़ों की रास कितनी ही ढीली छोड़ दे, पुनः खींचकर जब चाहे वह उन्हें वापस मोड़ जहाँ चाहे खड़ा कर देती है। कथा के प्रारम्भ में ही ग्लोबलाइजेशन पर बात करते हुए यदि वह वैश्विकरण के नाम पर अमेरिका की दादागिरी पर बात कर सकती है। ''यहाँ दुनिया का सबसे बड़ा दादा बिल क्लिंटन अपनी दादागिरी करने दिल्ली आया हुआ है। उसके स्वागत के लिए लेफ्ट हो या राइट सब रेड कार्पेट की तरह बिछे हुए हैं। उससे हाथ मिलाने के लिए पार्लियामेण्ट में धक्का-मुक्की तक हुई। आज दुनिया का सबसे पवित्र शब्द तुम जानती हो नानी क्या है ग्लोबलाइजेशन। मैं यही लिख रही हूँ—सबके दाता बिल क्लिंटन, सबको क्लिंटन रखे।''[4] तो कथा के बीचोंबीच वह 'कौन बनेगा करोड़पति' की 'फिक्सिंग' और जनता के 'लालच' पर भी बात कर सकती है। देवीदत्त मामा उसे बताते रहे हैं कि पैसे में बहुत ताकत है, पर लालच में उससे भी बड़ी ताकत है, ''तभी अमिताभ बच्चन पूरे देश की सड़कें, सिनेमा हॉल, रेस्टॉरेंट एक घंटे के लिए खाली करवा सकता है। वह देश का लालच भुना रहा है। अभी विदेशियों को लालच, नीम, हल्दी, बासमती बेचा जा रहा है, उसके बाद धूप बेची जाएगी। ...धूप भी बेची जा सकती है।''[5] टी.वी. की अपसंस्कृति पर बात करते हुए विभिन्न विज्ञापनों में 'सफाई' चाहे वह कपड़ों की हो, शरीर त्वचा की सफाई बताते साबुन, शैंपू, क्रीमों की हो, दाँतों की सफाई की बात हो—सारे देश की सफाई के पीछे पड़ने पर व्यंग्य करती है तो दूसरी ओर मानसिक प्रदूषण देते सीरियलों की कथा-श्रृंखलाओं पर तीखी टिप्पणी करती है, ''टी.वी. सीरियलों में जो बात रूबी दी को बिकाऊ लगी, वह थी शादीशुदा मर्दों-औरतों के गैर-औरत-मर्दों से सम्बन्ध या प्रेम का वही पुराना त्रिकोण...बाप रे, रूबी दी ने सोचा, इन्हें देखनेवाले बच्चे भी यही समझकर बड़े होंगे कि जीवन में कोई तीसरा हुए बिना जीवन में न कोई सनसनी है, न मजा और ऐसा होना आम बात है।''[6] ठीक है

इन टी.वी. कार्यक्रमों के प्रति प्रबुद्ध-वर्ग की यही सोच है किन्तु, कथा के माध्यम से एक सही सोच में सहभागिता द्वारा पाठक से और भी निकट तादात्म्य स्थापित होता है। टी.वी. के अगले चरण कंप्यूटर, इंटरनेट, इंटरनेट 'सर्फिंग', 'इंटरनेट चैट' पर भी बड़ी तीखी टिप्पणियाँ मिलती हैं। 'चेट' करते हुए बहत्तर साल की बुढ़िया अपनी उम्र सोलह साल भी बता सकती है, 'खूब मन लगा रहेगा' कि स्थतियों पर रूबी दी का यह कथन आधुनिक युग-जीवन पर एक त्रासद टिप्पणी है, "जीते-जागते, हाड़-मांस के चलते-फिरते लोगों से बात करने का ठिकाना नहीं, कंप्यूटर के स्क्रीन में आँखें घुसाए अनजाने-अनदेखे लोगों से बात करने की फुरसत तुम्हारी पीढ़ी को ही मुबारक हो।...क्या सचमुच इस देश के लोग अब इतने अकेले हो गए हैं कि उन्हें इस तरह खर्च करके टेलीफोन का सहारा लेना पड़े।" जबकि वास्तविकत्ता यह है कि "आदमी का अकेलापन ही उसकी नियति है—और गड़बड़ ऐसा होने में नहीं है, इस बात का मातम मनाने में है।"[7] सिनेमा आज के बच्चों और किशोरों के मस्तिष्क को किस प्रकार विकृत कर रहा है, नाती मृदुल और नातिन प्रीति के माध्यम से इस ओर भी इंगित की गई है।

विकास के नाम पर अपसंस्कृति के प्रसार पर तिलमिलाती हुई, झल्लाती हुई टिप्पणियों के साथ-साथ साहित्य-कर्म पर भी उपन्यासकार अपनी सोच प्रकट करती चलती है। इसके लिए बड़ी युक्तिपूर्वक अवसर निकाले गए हैं। नातिन कादम्बरी अलीपुर जेल में हुए उपद्रवों के इतिहास पर दुनिया के नामी-गिरामी प्रकाशक के लिए लेख तैयार करने कलकत्ता आई हुई है। इसी क्रम में वह नई पीढ़ी की प्रतिनिधि लेखिका बन जाती है जिसे देखकर कादम्बरी के विषय में कहे गए रूबी दी के ये शब्द पूरी नई पीढ़ी के साहित्य-कर्म के लिए एक कम्पलीमेंट है। अब की पीढ़ी और कुछ नहीं, तो ज्यादा ईमानदार जरूर है, अपनी पिछली और पिछली की पिछली पीढ़ियों से। उसके शब्दों पर विश्वास होता है।"[8] यहीं 'कथा', 'उपन्यास', 'आत्म-कथा' के अन्तर को बारीकी से समझने का अवसर निकाल लिया गया है। आत्मकथा के सच से हटकर कथा में जे एक 'मुखौटा' लगाने की स्थिति है, उसे आवश्यक मानते हुए लेखिका कादम्बरी के लिए अपनी सैद्धांतिकी प्रस्तुत करती है, "कथा का सच एक मुखौटे का सच है। मुखौटा यानी 'मास्क'—जो आपको कथा कहने के लिए लगाना ही पड़ता है। और यह सच बिल्कुल असली सच है, बल्कि यही असली सच है। इसे लगाए बिना आप सच बोल ही नहीं सकते। लेकिन यह सच एक प्रति-संसार का सच है, एक ऐसी दुनिया का जिसे सिर्फ आप रचते हैं, यहाँ आप प्रजापति ब्रह्मा है।...नई पीढ़ी और भविष्य की दुनिया में रूबी दी का विश्वास गहरा गया।"[8] सिनेमा जगत और साहित्य के रिश्तों पर भी प्रेमचन्द के फिल्मों में आने के प्रसंग के माध्यम से विचार किया गया है कि किस प्रकार 'वल्गैरिटी' को 'एंटरटेनमेंट वैल्यू' मानने वाले डायरेक्टरों से प्रेमचन्द का मोहभंग हो गया था, यही बात आज भी कमोवेश सही है। देवीदत्त मामा प्रेमचन्द

के आदर्शवाद पर भी टिप्पणी करते हैं।

वस्तुतः कथा में देवीदत्त मामा के चरित्र पर नियोजन एक बड़े उद्देश्य से और महत्त्वपूर्ण कड़ी के रूप में होता है। 'एक अदृश्य आदमी' शीर्षक अध्याय में देवीदत्त मामा के क्रिया-कलापों के बहाने पूरी शती की महत्त्वपूर्ण घटनाओं और शख्सियतों पर उपन्यासकार अपनी सोच प्रकट करती चलती है। यह अध्याय एक निष्ठावान गम्भीर परिश्रम और शोध का साक्ष्य बनता है, उसे शोध को, कच्चे माल को, जिस रूप में प्रस्तुत किया गया है, वह कथा-कहने का कौशल है, वह ऐतिहासिक सामग्री के सर्जनात्मक उपयोग और रूपान्तरण का बेहतरीन नमूना बनता है। इस 'एक अदृश्य आदमी' में पिछली शती से लेकर नई शती में संचरण करते हुए शती की जिन प्रमुख घटनाओं का उल्लेख होता है, उनमें लखनऊ के प्रसिद्ध कांग्रेस अधिवेशन से लेकर लार्ड चेम्सफोर्ड के निमन्त्रण पर प्रथम महायुद्ध की कान्फ्रेंस में गाँधीजी की शिरकत, रौलेट बिल पर गाँधीजी और देश की प्रतिक्रिया 13 अप्रैल, 1919 का जलियाँवाला बाग कांड, एम.एन. राय से भेंट और उनकी प्रखर बौद्धिकता, चितरंजन दास और एम. एन. राय के सम्बन्ध 1923-24 में कम्यूनिस्ट पार्टी की स्थापना (1924 में) का प्रयत्न, उसके लिए एम. एन. राय का कार्य, 1930 में गाँधीजी का नमक-सत्याग्रह आन्दोलन, नेहरूजी की माँ स्वरूपरानी का भाषण, 1936 ई. में कांग्रेस अधिवेशन में घोड़े पर सवार नेहरूजी की तस्वीर के लिए देवीदत्त के कैमरे का घूमना आदि प्रसंगों पर लेखिका का कैमरा तेजी से घूमता हुआ देश को तीसरी आजादी की बात पर आकर रुकता है। इस प्रकार उपन्यास का यह प्रसंग इसकी कथा के कैनवैस को एक व्यापकत्व प्रदान करता है। इसीलिए रूबी दी की वैयक्तिक कथा बृहत्तर सामाजिक सरोकारों से जुड़ जाती है।

उपन्यास की अन्तर्धारा (अंडर-करेंट) रूबी दी की ही कारुणिक-सी कथा है जिसमें मारवाड़ी समाज में स्त्री की स्थिति सामान्यतः और भारतीय परिदृश्य में नारी-जागृति के ऐतिहासिक विवेचन का प्रयत्न देखा जा सकता है, बीच-बीच में स्त्री-चेतना से सम्बन्धित कई-कई सवालों पर दृष्टि-निक्षेप मिलता है। इस रूप में रूबी दी का जीवनवृत्त हमारे लिए एक सामाजिक अध्ययन प्रस्तुत करता है। सत्तर वर्षीया रूबी दी 'छब्बीस सालों से तरह-तरह की दुखियारी, जमाने की मारी बेचारी औरतों के लिए', 'परामर्श' संस्था चलाती हुई औरों की जिन्दगी में झाँकते-झाँकते अपनी जिन्दगी के विगत में झाँकने लगती है। वस्तुतः रूबी गुप्ता उर्फ रूबी दी की एक ही समस्या है जिसे वासुमणि ने पहली मुलाकात में ही समझ लिया था, "उनकी समस्या उनके 'कोई न होने' की समस्या है—आइडेंटिटी क्राइसिस'। यह वह है जिसके लड़की रूप में "ग्यारह साल की उम्र में ही दूसरों के साथ अपने सम्बन्धों पर दोतरफा शक करने का बीज पड़ गया हो"—इसीलिए उसे अपने ऊपर विश्वास नहीं। उसमें एक ग्रन्थि-सी पड़ जाती है यह जानकर कि उसकी 'माँ' ने उसे जन्म नहीं दिया, अपितु भाभी से

लेकर अपनाया है। 'माँ' रूबी दी को अन्त तक नहीं अपना पाईं, मरते समय तक''। उन्हें अपने पति के परिवार के खून की, अपने अजन्मे बेटे की कमी–जो उनका क्रियाकर्म और श्राद्ध करता इस तरह खालने लगी थी कि अपनी देवरानी का लड़का और उसकी बहू उन्हें रूबी से ज्यादा अपने लगे।'' बाकायदा 'गोद' न लिए जाने के कारण ननद और भाभी(माँ) के झगड़े में वह 'मोहरा' मात्र बनकर रह जाती है। रूवी दी के व्यक्तित्व का अत्यन्त त्रासद पक्ष यह है कि उसे अपनी माँ और बेटी-दोनों का ही प्रेम नहीं मिला। बड़ी बेटी गौरी के यह कहने पर कि 'माँ तुझे मुझे कभी प्रेम ही नहीं किया' रूवी दी का यह उत्तर ''तुम्हें सिर्फ माँ का प्रेम ही नहीं मिला। मुझे तो न माँ का प्रेम मिला और न बेटी का''[9] एक संवेदना-भरा भाव उसके प्रति जगा देता है। रिश्तों की ओर से रूबी दी वस्तुतः कंगाल रहीं–पति सुधीर बीच मंझधार में छोड़ गए, 'छोटी लड़की जया अमेरिका से तीन-चार महीने में एक बार फोन करती थी और तब भी उसके पास बताने के लिए कोई बात नहीं होती थी, बड़ी बेटी गौरी (कादम्बरी की माँ) तंजानिया में जा बसी है 'नील नदी के पीछे पागल एक विदेशी प्रेमी के लिए।' वस्तुतः रूबी दी की बेटियों का स्वतंत्र जीवन नई पीढ़ी की उस जीवन-शैली का विद्रूपमय चित्रम है वो स्त्री-स्वातन्त्र्य के नाम पर एक स्वच्छन्द जीवन-शैली में ढलता है और जिसकी प्राप्ति केवल शून्य, महाशून्य है। रिश्तों की यह कंगाली रूबी दी के उम्र के अन्तिम पड़ाव पर आकर बुरी तरह सालती है जब शरीर भी साथ नहीं दे पा रहा है। इस शून्य में केवल कादम्बरी से जुडता तार उन्हें एक तस्कीन और सकून देता है। अभी कथा में विधर्मी आदिल से प्रेम में ठुकराया जाना, सुधीर द्वारा स्वीकार और विवाहिता रूप में सौतेली सास द्वारा के दिए जानेवाले तरह-तरह के त्रास, आखिर उन्हें मानसिक रूप से विक्षिप्त-सा कर देते हैं। उन्हें 'सतपीढ़िया शाह' की लड़की के रूप में तरह-तरह के ताने-तिसने सुनने पड़ते हैं। पिता ने रूबी के ऐश्वर्यमय जीवन दिया था–'कुक एण्ड केल्बी' की दुकान से नायाब घड़ियाँ, 'हैमिल्टन से अद्भुत कारीगरी के गहने, चौरंगी में फिरके रेस्तरां में खाना, आदि किन्तु इस दुनिया से ससुराल की दुनिया में आना उनके लिए किसी इलैक्ट्रिक शॉक से कम नहीं। रूबी की दुनिया का सच आज के समाज का भी सच सिद्ध होता है,''...क्यों नहीं सोचा कि सुधारक आज लड़के का ब्याह करते समय हो सकते हैं, लड़की का ब्याह करते समय नहीं। ऊपर दुनिया की रस्मों को न मानकर अपने को दुनिया से अलग और ऊपर समझते हैं, पर उससे आप दुनिया से बच नहीं सकते।''[10] 'सोलह छेदों वाली चलनी' शीर्षक, यह अध्याय बड़ा प्रतीकात्मक है जिसमें मारवाड़ी समाज का अन्तर्बाह्य अनेक रूपों में खुलता है। जीवन की ऐसी ही अनेक चोटें खाकर रूबी 'परामर्श' संस्था के द्वारा स्त्री-मात्र का दुख दूर करने का बीड़ा उठाती हैं।

अपने काम के सिलसिले में, 'परामर्श' संस्था में रूबी दो की मुलाकात जिन दुखियारी–दुख की मारी–औरतों से होती है उनमें माया बोस और सविता का प्रसंग

कथा में विशेष प्रयोजन रखता है। माया बोस वेश्या-कॉल गर्ल – के लिए 'रंडी की मंडी' शीर्षक से एक अध्याय ही उपन्यास में नियोजित हो जाता है। यूँ इस शीर्षक से जिस सस्तेपन, बाजारू भाषा का बोध होता है, उसका अहसास लेखिका को है तभी रूबी दी सोचती है कि कथा को अन्तिम बार पढ़ते हुए वे 'रंडी की मंडी' जैसा भद्दा और अश्लील जुमला कथा से बहिष्कृत ही कर देंगी। इस प्रकरण में कलकत्ते की पृष्ठभूमि में वेश्या-समस्या पर गम्भीरता से विचार किया गया है। वेश्याओं के बीच काम करती 'सोशल वर्कर्स'(?), संस्थाएँ, "किस तरह सिर्फ कागज़ पर हवाई रपटें तैयारकर, विदेशी फंड के पैसे पर पलनेवाली संस्थाएँ आए दिन आसपास उग रही हैं। सब हवाई जहाजों में सफर करते हैं सेमिनारों में जाने के लिए। किसके पैसे से? और क्या उनका काम एक भी औरत को वेश्या से औरत का दर्जा दिला सका है या एक भी लड़की को वेश्या बनने से रोक सका है?[11] माया बोस का नंगा और क्रूर सच यह है जिसे बताने के लिए वह दो साल से रूबी दी के पास आ रही है कि आठ साल की उम्र में उसका जीवन नष्ट कर, उसे इस पथ पर फेंकनेवाला कोई और नहीं उसका सगा बाप था, "मुझे उसने विष कन्या बना दिया रूबी दी"–एक खौफ़नाक सच---"आपको यह क्या मालूम है कि सृष्टिकर्त्ता ब्रह्मा अपनी पुत्री सरस्वती पर मुग्ध हो गए थे।" सहसा ही याद हो आया है प्रभा खेतान की 'छिन्नमस्ता' का वह प्रसंग जिसमें सगा भाई दस वर्ष की बहन से बलात्कार कर उसे छोटी उम्र में रजस्वला बना देता है और बी. ए. तक पहुँचते-पहुँचते उससे निरन्तर संभोग करता है। शेष कादम्बरी में सविता की कथा भी माया बोस से बहुत जुदा नहीं है। इसीलिए रूबी दी को विचित्र सपना आता है, "उन्होंने देखा कि सविता उन्हें एक घर में ले गई जिसमें नंगे ही नंगे लोग भरे थे। एकदम वस्त्रहीन। उसने रूबी दी से कहा," इनसे मिलिए! रूबी दी, ये मेरे पिता हैं। इससे मिलिए, रूबी दी, यह मेरा भाई है।" उसके बाद रूबी दी को एक पल के लिए भी नींद नहीं आती' और अलका दी उसके बाद पाठक को भी नींद नहीं आती–उसका चैन भी तार-तार हो जाता है। यही इस विमर्श की सफलता है। किन्तु अलका सरावगी यहाँ स्त्री के 'बेचारी' बनाकर ही नहीं छोड़ देतीं, वे सविता के चरित्र का रूपांतरण इस रूप में करती है कि वह अपने पति से बदला लेने के लिए कृत-संकल्प हो जाती है, "अभी तो मुझे उससे बदला लेना है, जिसने मुझे इस मोड़ तक पहुँचाया है। उसे कोर्ट में घसीटना है। उस पर बीस लाख रुपयों का दावा किया है मैंने। उसे देने में उसकी नानी मर जाएगी।"[12]

रूबी दी और सविता के प्रसंग में उपन्यासकार कितनी ही सामाजिक समस्याओं और विद्रूपताओं पर विचार करती हैं–नशाखोरों और नशीली दवाओं का धन्धा, साम्प्रदायिकता की समस्या, 'मिडिल क्लास' मैण्टेलिटि और 'अपर क्लास' मैण्टेलिटि की सोच, छूआछूत, राजनीति में राजनेताओं की सन्तति का वर्चस्व, आदि। वैयक्तिक कथा के इन्हीं व्यापक संदर्भों में उपन्यास अपने युग-जीवन के तीखे सवालों से

टकराता हुआ अपनी विशिष्ट दृष्टि– 'विजन' का परिचय देकर कथा के सार्वभौमिकता प्रदान करता है।

इस उपन्यास तक आते-आते अलका सरावगी ने अपने लिए उपन्यास की एक विशिष्ट शैली की निर्मिति कर ली है जो उनकी अपनी है, निजता लिए हुए। यही कारण है कि कलि-कथा : वाया बाइपास' और 'शेष कादम्बरी' दोनों की शृंखला एक ही लगती है। शैली की इस विशिष्टता में लगने लगता है कि हम एक ही उपन्यास का दूसरा खंड पढ़ रहे हैं। कथा के बीच-बीच में कभी वसीयतनामे, कभी 'एस. टी. डी' कॉल्स, कभी इतिहास का सीधे-सीधे हस्तक्षेप ('एन्ट्री'), कभी किसी अवान्तर प्रसंग का नियोजन वस्तुतः ये सब 'कथा लेखक' का अनिवार्य हस्तक्षेप' (कलिकथा कथा बाईपास में एक उपशीर्षक) बनकर कथा में आए हैं, कभी बांग्ला कविता पंक्तियों के शीर्षक हैं–ये सभी कथा कहने की नई-नई तदबीरें हैं जो अलका सरावगी ने अपने नए शिल्प के रूप में प्राप्त की हैं। औपन्यासिक शिल्प-संरचना में ये नए प्रयोग ही इन उपन्यासों को इतना पठनीय और 'जरूरी पाठ' बनाते हैं। अलका की कथा-भाषा में एक नया रचाव भी है जो हिन्दी ग़द्य का श्रेष्ठ नमूना बनता है। खुशवन्तसिंह ने अरूंधति राय के उपन्यास गॉड ऑफ स्माल थिंग्स' पर लिखते हुए उसकी भाषा को उपन्यास की सफलता में बहुत तरजीह दी थी, किन्तु यदि हम इस दृष्टि से सोचें कि क्या वैसा गद्य हिन्दी में है तो मैं निस्संकोच कहना चाहूँगा कि आज हिन्दी गद्य उससे भी बेहतरीन है और उसके साक्ष्य में 'शेष कादम्बरी' (और 'कलि-कथा वाया...' भी) जैसी कई कृतियों को रखा जा सकता है। कुल मिलाकर यह मानना होगा कि अलका सरावगी के पास कथा की दृष्टि और कथा कहने का हुनर दोनों हैं जो उन्हें हिन्दी उपन्यासों की अग्रिम पंक्ति में स्थान दिलाते हैं।

संदर्भ :

1. शेष कादम्बरी पृ. 17
2. वही, पृ. 34
3. वही, पृ. 162
4. वही, पृ. 13
5. वही, पृ. 117
6. वही, पृ. 121
7. वही, पृ. 145
8. वही, पृ. 147
9. वही, पृ. 108
10. वही, पृ. 82
11. वही, पृ. 63
12. वही, पृ. 189

जिन मूल्यों और आदर्शों से अनुप्राणित, खालसा राज्य की स्थापना हुई थी, वे सत्ता और व्यवहार की चट्टानों से टकराकर भी चूर-चूर नहीं हो गये थे। बहुत से कार्य अभी भी उनके आलोक में किये जाते थे। साधारण नागरिक के हृदय में वे अभी भी उदारता, सद्‌भावना, आत्म-बलिदान की भावना का संचार करते थे, और सद्‌व्यवहार की प्रेरणा देते थे और मनुष्य के राग-द्वेष पर भी अंकुश लगाये रहते थे।''

....

''जमाना बदल गया था। कस्बे की गलियों में चलते हुए अब वह छाया-से प्रतीत होते थे, किसी बीते गौरव की छाया से। वह न तो वर्तमान के साथ कहीं जुड़ते नज़र आते थे, न भविष्य के साथ। उन्हें देखकर लगता जसे कोई व्यक्ति किसी प्रवाह में से छिटकर रहा हो। हर दिन घटने वाली नयी-नयी घटनाओं में उनका कहीं कोई स्थान नहीं था।''

....

''व्यापार के अतिरिक्त हमारा एक दायित्व भी है। पुरातनपंथी भरत को खींचकर आधुनिक युग में ले आना। जैसें बच्चे का हाथ पकड़कर मध्ययुग से आधुनिक युग में ला रहे है। वरना आप क्या सोचते हैं, हम वहाँ रेलों का जाल क्यों बिछा रहे हैं? मशीनी कपड़ा क्यों भेज रहे हैं? ...और फिर, यह मत भूलिए कि भारत एक पिछड़ा हुआ कृषि-प्रधान देश है।''

....

'' पढ़ाई क्या बुरी चीज है? लड़कियाँ पढ़-लिख जायेंगी तो चिट्ठ-पत्री तो पढ़ लिया करेंगी, पोथी तो पढ़ लेंगी।'' ''बेशक पढ़ाई क्या बुरी चीज़ है। सुत्र है, बिलायत की मलिका मुअज़्ज़मा भी पढ़ी-लिखी है। इसमें क्या बुराई है।'' ''जा-जा, अपना काम देख। देख लेंगे तू कैसे स्कूल खोलता है। अच्छे घरों की लड़कियों को बेपर्द करने आया है... ।''

पंजाब के एक युग का मुकम्मल इतिहास

('मय्यादास की माड़ी' : भीष्म साहनी)

"समाज के भीतर अनेक प्रबल तत्त्व, परिवर्तनों के कल घुमाते रहते हैं, कभी-कभी बाहर से ऐसे प्रबल दबाव पड़ने लगते हैं कि व्यक्तिगत राग-द्वेष गौण हो जाते हैं और उन बाहरी दबावों के अधीन जीवन का कायाकल्प होने लगता है। पर उस समय कस्बे के जीवन की इस स्थिरता के पीछे बहुत हद तक के मूल्य और आदर्श भी थे जिन पर सिक्ख अमलदारी की स्थापना हुई थी। इन्सान भले ही इन्सान रहते हैं, और उनके राग-द्वेष उनके कार्य-कलाप का निर्धारण करते हैं, पर साथ-ही-साथ वे ऐसे परिवेश में भी रहे होते हैं। जिसमें कुछ मूल्य और आदर्श वायु-मंडल में रचे-बसे रहते हैं जो जन-जीवन को भी प्रभावित करते है, उन मूल्यों और आदर्शों से अनुप्राणित, खालसा राज्य की स्थापना हुई थी, वे सत्ता और व्यवहार की चट्टानों से टकराकर भी चूर-चूर नहीं हो गए।"—'मय्यादास की माड़ी' (पृ. 82)

सामाजिक परिवर्तनों के मूल में निहित प्रबल तत्त्व, बाहर से पड़ने वाले दबाव, मूल्य और आदर्शों का बदलाव और इन सबके बीच जीवन का काया-कल्प किस रूप में होता है—ये सब प्रश्न, चिन्ता और सरोकार हैं जिनसे भीष्म साहनी का रचनाकार अपने नए उपन्यास 'मय्यादास की माड़ी' (राजकमल प्रकाशन, नई दिल्ली-2, 1988, मूल्य 75/-) में जूझता हुआ पंजाब के एक युग का, स्वतन्त्रता से पहले के प्रायः सौ बरस का, एक मुकम्मल समाज-इतिहास प्रस्तुत करता है; इतनी विश्वसनीयता, प्रामाणिकता और रोचकता के साथ कि इससे भीष्म के उपन्यासकार का कद बहुत बड़ा हो जाता है। भीष्म साहसी के तीन ही प्रमुख उपन्यास कहे जा सकते हैं। 'तमस' 'बसन्ती' और 'मय्यादास की माड़ी' (प्रथम दो 'झरोखे' और 'कड़ियाँ, तो प्रारम्भिक प्रयास—से नगण्य ही है) —इन तीनों में निश्चिततः 'मय्यादास की माड़ी' सर्वश्रेष्ठ रचना है। यह एक महज़ इत्तफ़ाक है कि उनका प्रस्तुत उपन्यास उस समय प्रकाशित हुआ है जब वे 'तमस' पर बने दूरदर्शन धारावाहिक के कारण सर्वाधिक चर्चा में हैं।

महत्त्वपूर्ण बात यह नहीं है कि भीष्म साहनी 'तमस' धारावाहिक की विवादास्पदता के कारण अथवा हाल के विश्व पुस्तक मेले में 'तमस' उपन्यास पर विशेष 'फोकस' रहने से इन दिनों बहुत चर्चा में हैं महत्त्वपूर्ण बात यह है कि वे 'मय्यादास की माड़ी' को एक अविस्मरणीय कृति का रूप दे सके हैं। भीष्म साहनी घोषित रूप से प्रगतिशील प्रतिबद्धता के लेखक हैं और पिछले दोनों औपन्यासिक कृतियों के 'तमस' तथा 'बसन्ती' में वे अपनी राजनीतिक विचार-धारा से पूर्णतः मुक्त नहीं हो पाए हैं—'तमस' के विवादास्पद होने का यही कारण है। किन्तु साहित्यिक कृति में यदि रचनाकार अपने को राजनीतिक विचारधारा से मुक्त रख कर सृजन-रत होता है तो वह उसके लिए एक उपलब्धिपूर्ण बात होती है। विश्वम्भरनाथ उपाध्याय अपने उपन्यास 'जाग मछंदर गोरख आया' में ऐसा कर सके हैं—इसीलिए वह एक उपलब्धिपूर्ण उपन्यास कहा जा सकता है। 'मय्यादास की माड़ी' में रचनाकार रचनाकार रहा है। उसकी राजनीतिक विचारधारा कहीं भी कृति पर हावी हो उसकी कथा-संवेदना को क्षत नहीं करती है। दूसरे भीष्म साहनी के उपन्यासकार की यहाँ एक और दृष्टि से दाद देनी होगी कि (इतनी सघन छपाई, प्रति पृष्ठ 40 पंक्तियाँ) 273 पृष्ठों के वृहदाकाय उपन्यास को लेखक इतनी कुशलता से निभा ले गया है कि कथाओं के अनेक सूत्र होते हुए भी, कैनवेस की इतनी विस्तृति में भी, वह गज़ब की रोचकता और पठनीयता बनाए रख सका है। कथा-विन्यास, घटनाओं और प्रसंगों का सचेत चयन और नियोजन इतना सुगठित और संगुफित है कि एक भी पृष्ठ फालतू का नहीं लगता। मध्य के साथ-साथ शिल्प और भाषात्मक संरचना दोनों स्तरों पर उपन्यास अपने पाठक को आद्योपांत बाँधे रखता है।

उपन्यास का कथा-क्रम प्रथम भारतीय स्वतन्त्रता संग्राम 1857 ई. के लगभग एकदम बाद से प्रारम्भ होता है और इसकी परिसमाप्ति उस समय होती है जब हमारी स्वतन्त्रता का आन्दोलन पूरे जोश में उस दौर तक पहुँच जाता है कि वह स्वतन्त्रता की देहरी पर दस्तक देने को है, जब देश के कोने-कोने से राष्ट्रीयता के ऐसे स्वर फूट रहे थे—

"असाँ ते साइयाँ, साडा करम कमा दे,
साडा गुलामी कोलों देस छुड़ा दे।"

(उपन्यास की अन्तिम पंक्तियाँ)

दीवान मय्यादास की माड़ी तो कथाकार के लिए एक माध्यम-भर रही है, वास्तव में उसमें आज़ादी से पहले के पंजाब का सौ वर्षों का इतिहास, उसकी सामाजिक गतिविधियाँ, समाजार्थिक (सोशियो-इकॉनामिक) बदलाव की प्रत्येक स्थिति

का गहरी सामाजिक अन्तर्दृष्टि से अंकन हुआ है। समाजार्थिक बदलाव की यही कमोबेश स्थितियाँ पूरे देश की रही हैं। इस दृष्टि से उसमें तत्कातीन पूरे देश के समाज का हृत्-कंपन सुना जा सकता है। दीवान मथरादास—दीवान मय्यादास—दीवान घनपतराय—और अन्तिम या कहें चौथी पीढ़ी का दीवान हुकूमतराय, की चार पीढ़ियों के माध्यम से उस वृहद् समाजार्थिक परिदृश्य को उपन्यास में प्रस्तुत किया गया है। चारों पीढ़ियों का वर्णन होते हुए भी कथा के केन्द्र में दीवान घनपतराय की पीढ़ी और युग ही है। सबसे पहली पीढ़ी-मथरादास की—का तो उल्लेख भर ही है। दीवान मय्यादास उस अतीत-गौरव और मूल्यों के प्रतीक बनकर उपस्थित हुए हैं जिनका ब्रिटिश-राज के दिनों में क्रमशः क्षरण हुआ है और हुकूमतराय तक आते-आते वे पूरी तरह विलुप्त हो जाते हैं, वह तो गाड़ी के निचले हिस्से में अपने लिए छोटा-सा इंग्लैण्ड बना'' लेता है। ''गाड़ी करीब सौ साल पुरानी तो रही होगी। उसका ऊँचा फाटक, फाटक के ऊपर बना छोटा-सा छज्जा, और सबसे ऊपरवाली मंजिल पर बनी छतरी, ये सब सिक्ख अमलदारी या उससे भी पहले की मुगल अमलदारी की देन हैं। उसकी खिड़कियों-रोशनदानों में हरे, पीले, लाल, नीले रंग के शीशे अंग्रेज़ों की अमलदारी के चिन्ह हैं। कुछेक दरवाजों पर अभी भी मध्ययुगीन नक्काशी देखने को मिलती है, जबकि अधिकांश मध्ययुगीन दरवाज़ों की जगह, अंग्रेजी चलन के सपाट और सीधे दरवाज़े लगा दिए गए हैं'' (पृ. 80)। गाड़ी का इतिहास तीन-तीन अमलदारियों—मुग़ल, सिक्ख एवं अंग्रेजों के जीवन का प्रत्यक्षदर्शी रहा है, उसकी रूप-सज्जा में परिवर्तनों पर पंजाब के स्वतन्त्रता से पहले के सौ वर्षों के तीन चरणों की स्पष्ट छाप है। इन तीनों चरणों में पंजाब के समाज का ही नहीं अपितु सम्पूर्ण भारतीय समाज के रूपांतरण की प्रक्रिया का लेखक जीवन्त आँकलन करने में सफल हो सका है।

उपन्यास की कथा तीन खंडों में खंड 1, 2 तथा 3 शीर्षकों से बँटी हुई है। प्रथम खंड में दीवान धनपत का तेजस्वी रूप दिखाया गया है जब उसके प्रताप का सूरज पूरे ताप पर था, पंजाबी लहजे में कहें तो जब वह अपनी 'चढ़दी कलाँ' पर था और अपनी तिकड़म से बड़ी शान और ठसक से अपने पगलैट बेटे को भी ब्याह लाता है। पूरे कस्बे के लिए यह एक आश्चर्य, कौतूहल का विषय है। कथा-क्रम में लेखक ने कुशलता से पंजाब में विवाह के पुराने रीति-रिवाजों का बड़ा रसपूर्ण चित्रण किया है। इस खंड का अन्त होते-होते टहलुवे के माध्यम से उपन्यास की कथा को माड़ी के अतीत और इतिहास को ओर मोड़ा गया है। दूसरे खंड के प्रारम्भ से ही कथा माड़ी के इतिहास का सूक्ष्म विश्लेषण करती हुई उन स्थितियों का निरूपण करती है जिनके द्वारा मय्यादास के छोटे भाई गोकुलदास की रखैल का बेटा धनपत्त, 'दीवा धनपत' के रूप में माड़ी का स्वामी बन बैठा और उसका वास्तविक हकदार लेखराज तो पहले

फौज में और फिर इधर-उधर मारा-मारा फिरता हुआ अन्त में स्वराज्य की लड़ाई का सिपाही हो जाता है। दीवान धनपत किस प्रकार अंग्रेजों की मदद से सत्ता हथियाने में सफल हुआ इस कथा-सूत्र को लेखक-कुशलता से उस पूरे युग और समय का चित्रण करने वाला बना देता है कि किस प्रकार सिक्ख फौजें अंग्रेजों की फौजें से हारीं और उन्होंने अपनी सत्ता की स्थापना की। बहादुर सिक्ख क़ौम की फिरंगियों के सामने हार होती है, इसलिए नहीं कि अंग्रेज-फौजें उनसे अधिक वीर और पराक्रमशाली थीं। अपितु इसलिए कि सत्ता की भूख में कुछ सिक्ख सिपाहसालार अंग्रेजों से जा मिले थे। लाहौर-दरबार की शक्ति को जन-जन का सहयोग धन-जन के रूप में पूरे पंजाब से मिला था किन्तु अपने ही सिपहसालारों के द्वारा गद्दारी करने के कारण तीन बड़ी लड़ाइयों के बाद खालसा राज्य की कमर टूट गई। यह लेखक की कल्पना-मात्र नहीं है अपितु अपने कथन की पुष्टि में वह इतिहास ग्रन्थों से प्रामाणिक साक्ष्य जुटाता है।[1] लड़ाई की घटनाओं के बीच भी उपन्यासकार रचनाकार के दायित्व से बीच-बीच में अपनी मूल्य-परक दृष्टि से स्थितियों का विश्लेषण करता चलता है और ऐसे प्रश्नों पर विचार करता है जो इस लड़ाई के ही नहीं अपितु किसी भी लड़ाई में चिरन्तन प्रश्न से खड़े होते हैं...कोई भी लड़ाई मात्र हार-जीत की लड़ाई नहीं होती। हर लड़ाई मात्र शक्ति का प्रदर्शन भी नहीं होती, हर लड़ाई एक संघर्ष होता है, जिसके साथ कहीं स्वार्थ तो कहीं हित और कहीं आदर्श जुड़े होते हैं''।[2] इसी प्रकार युद्ध के पीछे की घिनौनी राजनीतिक चालों पर लेखक विचार करता है, सैनिक जिससे बेखबर हो अपने पूरे प्राण-पण से युद्ध करता है।'' जंग का एक स्तर यह है जिस पर सैनिक जान की बाजी लगाता है; अपनी क़ौम और अपने राजा का नाम लेकर, ललकारता हुआ रणभूमि में उतरता है दूसरा स्तर वह है जहाँ कूटनीति अपनी चालें खेल रही होती है, जहाँ साधारण सैनिकों के दस्तों को शतरंज के मोहरे बनाया जाता है, जहाँ षड्यन्त्र रचे जाते हैं। यह स्तर साधारण सैनिक की ही नज़र से क्यों, पूरी क़ौम की नज़र से छिपा रहता है और कभी-कभी तो इतिहास की परतों के नीचे सदा के लिए दब कर रह जाता है।...इतिहास की ये दबी परतें बहुत-से रहस्य छिपाए रहती हैं। अनेक रहस्यों को कभी भी उद्घाटन नहीं हो पाता''।[3] सजग रचनाकार के रूप में भीष्म साहनी ने प्रस्तुत कृति में ऐसे ही अनेक रहस्यों का उद्घाटन कर तत्कालीन समय की सही पहचान देने की कोशिश की है। लड़ाई के इन्हीं दिनों में धनपत ने अंग्रेजी फौजों को रसद पहुँचाने का (लगभग ठेकेदारी जैसा) काम करके खूब धन कमाया था और अमलदारी बदलने के साथ-साथ ऐसी चालें चलीं कि दीवान मय्यादास की माड़ी का मालिक बन बैठता है। दीवान मय्यादास अब बीते गौरव की छाया से लगने लगे थे।'' वह न तो वर्तमान के साथ कहीं जुड़ते नज़र आते थे, न भविष्य के साथ। उन्हें देखकर

लगता जैसे कोई व्यक्ति किसी प्रवाह से छिटककर बाहर फेंक दिया गया हो, और वह उत्तरोत्तर पीछे छूटता जा रहा हो'' जब कस्बे में राजा अमीरचन्द और दीवान मय्यादास का रौब और दबदबा खालसा राज्य के प्रतिनिधि रूप में था। अब फिरंगियों के प्रतिनिधि रूप में दीवान धनपत का सूरज उगकर दिपदिपाता है। ''परम्परा भी यही कहती थी कि जो हाकिमे-वक्त है, वही सिर का साहिब है, उसी के सामने सिर नवाओ, उसी की नमक हलाली करो''।[4]

उपन्यास के दूसरे खंड में उन स्थितियों का बड़ा सूक्ष्म विश्लेषण हुआ है जिनके कारण किसान गरीब से गरीबतर होता गया। खेती की व्यवस्था बदलकर किस प्रकार एक नया वर्ग, साहूकार वर्ग, किसान का खून चूसने के लिए अस्तित्व में आया इन सब स्थितियों पर प्रकाश डाला गया है। पहले किसान सारे गाँव के रूप में मिलकर साँझी रूप से लगान का भुगतान करता था किन्तु अब हर काश्तकार खुद लगान देगा, जिंस के रूप में नहीं नकद। फसल अच्छी न होने पर कोई लगान-माफी या रियासत नहीं। साहूकार से कर्ज़ लेकर लगान चुकाओ। साहूकार मनमाना ब्याज लेता और ब्याज न चुका पाने की स्थिति में गिरवी रखी चीज़-बस्त को हज़म करने से लेकर जमीन नीलाम करवाने तक की सुविधा तहसीलदार-कारिंदों की मिली-भगत के नीचे किसान किस बुरी तरह पिस रहा था। साहूकार अपना कर्ज़ ओर अधिक बढ़ाने के लिए विलायती माल-कपड़ों आदि, को किस प्रकार निकालकर चाँदी चीर रहा था। इन सब स्थितियों का अत्यन्त प्रामाणिक अंकन एक दृष्टि ('विजन') के साथ लेखक करता है। एक उदाहरण द्रष्टव्य होगा गोविन्दराम साहूकार की पौड़ी पर ''एक किसान स्त्री आई। बीस सेर गेहूँ की बोरी सिर पर उठाए हुए थी। लाला गोविन्दराम ने पहले तो जिन्स लेने से इन्कार कर दिया। बोला—बेचेगी तो ले लूँगा पर इसे लेकर बदले में तुम्हें भी कुछ लेना होगा। अठन्नी पसेरी के हिसाब से गेहूँ खरीद लिया, जबकि मंडी में भाव ऊँचा था और विलायती छींट का कपड़ा दुगने मोल पर उसे बेच दिया''।[5] जब मय्यादास ने इसका विरोध करते हुए इसे ठगी बताया तो गोविन्दराम का उत्तर था ''ठगी नहीं दीवान जी, यह व्यापार है।'' ऐसी व्यापारिक मनोवृत्ति के राज्य में किसान और सामान्य प्रजा की हालत वद से बदतर होती चली गई। साहब बहादुर अंग्रेज शासक जिस रूप में इस देश का शोषण कर रहे थे उसका भी बड़ा सूक्ष्म और प्रामाणिक अंकन उपन्यासकार प्रस्तुत करता है। 'अंग्रेज साहिब बहादुर' का कहना है कि हिन्दुस्तानियों के ''पिछले बीस साल से (हम इन्हें) बरगला ही तो रहे हैं, कभी इनके हाकिमों को बरगलाओ, इनके सबसे बड़े खैर-ख्वाह बनो, फिर इनके सालारों को बरगलाओ, और अब इनके सेठ-साहूकारों को बरगलाओं...बरगलाओ...बरगलाओ, खूब बरगलाओ'' —यह वह अंग्रेज नीति है जिसके चलते उनका सूरज हिन्दुस्तान में

ऊँचा चढ़ता ही गया। उनका बरगलाने का यह क्रम कभी नहीं रुका, दीवान मय्यादास की तीसरी पीढ़ी के प्रतिनिधि हुकूमतराय को भी वे आजादी के सिपाहियों के खिलाफ़ बरगलाते हैं।

रेल, डाक-तार, आदि के सुधार तो यहाँ अंग्रेज ला रहे थे किन्तु उनके पीछे उनकी जो वणिक बुद्धि और व्यापारी मनोवृत्ति—कर्म कर रही थी उसकी कलई खोलने के लिए भीष्म साहनी ने अत्यन्त कुशलता से भारतीय रेल के 'शेयर होल्डरों' की मीटिंग इंग्लैंड में दिखाई है और मिनिस्टर के द्वारा शेयर होल्डरों को दिए गए सम्बोधन में उन सब नीतियों को साफ किया गया है जिनके द्वारा रेल आदि के सुधार भी उनके लिए किस प्रकार पूँजी-निवेश के लाभकारी साधन बन गए थे। "आपने जो पूँजी भारतीय रेलवे में लगाई है, वह आपने भारत को कर्ज़ दिया है। इसका मतलब है कि आपके दिए गए कर्ज़ पर आपको सूद भी मिलेगा, और शेयरों पर जो मुनाफा होगा, वह अलग रहा"।[6] लार्ड डलहौज़ी के ज़माने से भारत के व्यापारिक शोषण का जो क्रम प्रारम्भ हुआ था, उसका बड़ा सूक्ष्म और आँकड़े देकर तथ्य-सम्मत विवेचन किया गया है, वह उपन्यास की बहुत बड़ी उपलब्धि तो है ही, उपन्यासकार में उस गहन अध्ययन को भी सूचित करता है जो उसने उस युग की आर्थिक स्थिति को जानने के लिए किया है। सन् 1813 फिर 1833 ई., 1844 ई. आदि वर्षों में भारत से कपास-निर्यात के आँकड़े-प्रस्तुत किए गए हैं जिनको देखकर हम अपने देश के इतिहास को सही परिप्रेक्ष्य में जानते हैं शेयर-होल्डरों की इसी बैठक में मंत्री महोदय भारत में मँगवाए गए गेहूँ और चावल का ब्यौरा इस प्रकार प्रस्तुत करते हैं—

1849 में 8 लाख 58 हज़ार पौंड दाम का अनाज
1858 में 3 करोड़ 80 हज़ार पौंड दाम का अनाज
1877 में .7 करोड़ 90 हज़ार पौंड दाम का अनाज
1901 में 9 करोड़ 30 लाख पौंड की आशा है।"[7]

उपर्युक्त समस्त आँकड़े में ये सूचित करते हैं कि अंग्रेज़ भारत को किस प्रकार खोखला कर रहे थे। "पै धन विदेस चलि जात इहै अति ख्वारी" का तथ्यात्मक विश्लेषण यहाँ कुशलता से हुआ है। यह भी उपन्यासकार का कौशल है कि उसने इस मीटिंग में उन्हीं के देश का एक विद्रोही स्वर उठने दिया है जो मन्त्री को इस बात के लिए बाध्य करता है कि वे भारत में इस बीच पड़े दुर्भिक्षों का भी ब्यौरा प्रस्तुत करें। "गत शताब्दी के पहले पचास वर्षों में भारत में 7 दुनिया पड़े थे। " " पर बाद के, पिछले पचास वर्षों में 24 दुर्भिक्ष पड़े।" इन दुर्भिक्षों में मरनेवाले भारतीयों की संख्या "पहले 50 सालों में पन्द्रह लाख, पिछले पचास सालों में दो करोड़" थी। किन्तु फिर

भी मज़ा यह है कि इस देश का सामान्य व्यक्ति यही समझा रहा था कि अंग्रेज़ जैसा प्रजा-पालक राजा दूसरा है ही नहीं। इसीलिए तो मय्यादास के कस्बे की लड़कियाँ भी यह लोक गीत गुनगुनाती हैं—

"शाबा शाबा वे फिरंगिया,
अटल होवी राज!
शाबा शाबा करयाँवालिया वे
तू समजा दा सरताज!
शाबा शाबा वे फिरंगिया,
अटल होवी राज।"

लोकगीत की इन पंक्तियों को भारतेन्दु की इन पंक्तियों से मिलाने को जी चाह रहा है "प्यारी अमी की कटोरिया-सी चिरजीवो विक्टोरिया रानी।"

आर्थिक स्थितियों के साथ-साथ विवेच्य उपन्यास में उन सामाजिक परिवर्तनों और आधुनिक जीवन के साधनों पर भी जन-मानस की प्रतिक्रिया प्राप्त होती है जिन्हें अंग्रेज़ ला रहे थे। उदाहरणार्थ जब कस्बे में पहले-पहल रेल चली तो लोगों को कितना अजीब लगा था, उसके प्रति कैसे-कैसे अविश्वास घर कर रहे थे, इसका बहुत रोचक चित्रण किया गया है। "लाहौर-लायलपुर में, जहाँ रेलगाड़ी चलते लगी है, गाय-भैसों का दूध सूखने लगा है।...वह तो इस नस्ल की बात है, अगली नस्ल देखना।" "तुम तो गाय-भैंस की बात करते हो, मैंने सुना है, ज़मीन की उपज भी आधी रह जाएगी। ज़मीन जल जाएगी तो उसमें पैदा क्या होगा बड़े-छोटे सभी किसान ज़मीनों पर से भिखारी बनकर निकलेंगे"[8] आदि बातें और रेल के पहली बार देखने का अजूबा, सब बातें उस युग के लोक-मानस को स्पष्ट करती हैं। इसी प्रकार पहले-पहल चली सिगरेट-की डिबिया भी एक अजूबा-सी है। ऐसी ही नई फैशन की अनेक वस्तुएँ जन-जीवन में पहली बार आकर मध्यकालीन युग से निकलते भारतीय जन-मानस के लिए विचित्रता लेकर आ रही थीं। लेखक ने लोकगीतों के माध्यम से उपन्यास में उस समाज को पुनर्मूर्त्त किया है।

उपन्यास के तीसरे खंड में भीष्म साहनी कथा को पूरी तरह अंग्रेज़ी शासन-तन्त्र में भारतीय समाज की दशा का चित्रण करने के लिए इस्तेमाल करते हैं, साथ ही स्वतन्त्रता का आन्दोलन और उसमें पंजाब के प्रसिद्ध कूका विद्रोह आदि की भूमिका पर विचार किया गया है। पारिवारिक कलह में दीवान धनपतराय का सितारा भी धीरे-धीरे विलुप्त होता है और अन्त में यह नौबत भी आती है कि मय्यादास की पुरानी माड़ी को नीलामी में वह ठेकेदार मंसाराम खरीदता है जो विलायती माल बेच-बेचकर

नया रईस बना है, जिसका न आगा न पीछा, न नाम न धाम, न ज़मीन, न ज़ायदाद; पर जो सभी को ललकारने की हिम्मत रखता है (यह प्रसंग दूसरे खंड में ही चित्रित हुआ है)। भारत में उपजे नव-पूँजीपति वर्ग की कदाचित् यही तो कहानी है। माड़ी का असली हकदार लेखराज तो पहले ही कूका विद्रोह का सिपाही बन गया था जो अब आकर पुरानी हवेली पर कब्ज़े के लिए कुछ हाथ-पैर भी मारता है पर वह इतना जीवट वाला नहीं क्योंकि उसके मूल्य और आदर्श दूसरे हैं। असल बात यह थी कि ''कस्बे में पिछले घटना-क्रम के किरदार कब के मंच से ओझल हो गए थे, और नए किरदार प्रगट हो गए थे।'' दीवान हुकूमत राय पूरी तरह अंग्रेज़ों का पिट्ठू बनकर स्वतन्त्रता के दीवानों को कुचलवा रहा था। धीरे-धीरे पिछला सब कुछ समाप्त हो रहा था, नए को लाने के लिए एक पूरी पीढ़ी संघर्ष कर रही थी।

नए युग को लाने की पेशकश में जो अनेक सामाजिक आन्दोलन हो रहे थे, उनमें नारी शिक्षा का आन्दोलन भी अत्यन्त महत्त्वपूर्ण था। नारी-शिक्षा के लिए खोले गए वानप्रस्थी के स्कूल को पहले किस रूप में सामाजिक विरोध का सामना करना पड़ता है, इसका बहुत प्रामाणिक चित्रण उपन्यास में हुआ है। लोग यह स्वीकार करने को तैयार नहीं हैं कि उनकी बहू-बेटियाँ बेपर्द हो कर घर से बाहर पढ़ने को जाए किन्तु इस सबके खिलाफ वानप्रस्थी और रुक्मणी संघर्ष करते हैं। रुक्मणी की चर्चा आई तो देखना पड़ता है कि उसकी मृत्यु को लेखक ने कुछ अस्वाभाविकता के साथ चित्रित किया है, लगता है लोक-प्रचलित किंवदन्तियों का आश्रय लेकर ही वह यह दिखाता है कि किस प्रकार झील में भगवान श्रीकृष्ण प्रकट हुए और उन्होंने रुक्मणी को अपने में लीन कर लिया है। भीष्म साहनी जैसा प्रगतिशील सोच का रचनाकार कैसे इतना आस्थापूर्ण चित्रण कर सका है, जो अविश्वसनीय सा है, यह आश्चर्य की बात है। किन्तु इससे उपन्यास का यह बहुत बड़ा सशक्त, पक्ष कमतर नहीं हो जाता कि उसमें एक पूरे युग का समाज इतिहास अत्यन्त प्रामाणिकता, सूक्ष्मता और रोचकता से प्रस्तुत हुआ है।

उपन्यास का अन्तिम अंश जिसे समापन अंश कहा जा सकता है, जहाँ लेखक उपन्यास में फैलाई अपनी कथाओं के जाल को समेट रहा है, वहाँ जोगा बालक के माध्यम से माड़ी पर उल्लू बैठा दिखाकर माड़ी के धूमिल होते पतनोन्मुखी गौरव की तो भविष्यवाणी की ही है। देश के एक कोने से लेकर दूसरे कोने तक आज़ादी की लड़ाई की जो व्यापक चेतना फैली हुई आज़ादी की लड़ाई की जो व्यापक चेतना फैली हुई थी, उसका भी परिचय अन्तरंग रूप में दिया गया है। यद्यपि चारों ओर जुलूस, सत्याग्रह आदि का बोलवाला है किन्तु अंग्रेज़ों द्वारा आन्दोलन को निर्ममतापूर्वक दबाए जाने, देशवासियों के हितों के रक्षक बने जमींदार, दीवानों आदि के द्वारा अंग्रेज़ों की

भरपूर सहायता से जनता के मन में शंका है कि क्या "इस तरह अंग्रेज़ यहाँ से चले जाएँगे अंग्रेज़ों को निकालना खाला जी का घर समझ रखा है क्या?" किन्तु तिलकराज 'आनन्द' जैसे देश-भक्तों में ही लेखक को स्वतन्त्रता-आन्दोलन की सफलता दिखाई देती है और इस प्रकार एक आशावादी दृष्टिकोण के साथ उपन्यास का अन्त होता है कि देश बहुत जल्दी ही गुलामी से आज़ाद होगा।

विवेच्य उपन्यास का शिल्प अत्यन्त कसा हुआ है और एक अत्यन्त सशक्त कलाकार के रूप में भीष्म की कथानक पर पूरी पकड़ है। इतने बड़े काल-खंड को पूरी तरह से प्रस्तुत करने का चुनौतीपूर्ण कार्य उन्होंने किया है। प्रथम खंड की कथा दूसरे से और फिर दूसरे की तीसरे से इस प्रकार अन्तर्ग्रन्थित ('इन्टर-वोविन') हैं कि पाठक को लगता है कि तीन पीढ़ियों के विभिन्न कालखंडों का एक सम्पूर्ण चित्र अपने पूरे विवरणों में आ रहा है। कथा पूर्व-दीप्ति पद्धति में बार-बार पीछे लौटती है किन्तु पुनः वर्तमान से स्वाभाविक रूप में जुड़ जाती है। इतिहास, कल्पना, लोक-प्रसिद्ध अनुश्रुतियों का भरपूर प्रयोग किया गया है, किन्तु प्रत्येक को वांछित मिकदार में। सधे शिल्प के साथ-साथ भाषा भी अत्यन्त सहज और मन में रच-बस जाने वाली है, आंचलिकता का रंग आन्दोलन धर्मी प्रवृत्ति के अनुरूप न होकर पंजाबी जनजीवन से मुहावरे, लोकोक्तियाँ और तर्जे-वयाँ अपनाकर उपन्यास की भाषा को उस मिट्टी की गन्ध से महकाया गया है जो उसकी कथा-भूमि है, एक उदाहरण, "पुरोहिता, आज पुरोहितायन नहीं आई?" जहाँ वर्णनों के बहुत विस्तार से कहने की छूट कहानी देती है, वहाँ भी लेखक शब्दों की मितव्ययिता से भाषा को एक अद्‌भुत अर्थ-क्षमता प्रदान करता है, यथा "क्या यही पिछला ज़माना होता है। टूटे-फूटे तख्त, पुराने कपड़े-लत्ते, दीवार पर लटकती तलवार, कालीन, साज-सामान जिसपर धूल की परतें चढ़ी हैं, जालों से अटी छतें, टूटे-अधटूटे खिड़कियों के शीशे, जिनमें कबूतर बैठकर गुटरगूँ-गुटरगूँ करते हैं। कबूतरों की बीट से भरा फ़र्श और हवा में घुटन—क्या इसी के पिछला ज़माना कहते हैं"।[9] इसी प्रकार सभी जगह भाषा का सशक्त प्रयोग किया गया है।

भाषा-प्रयोग को लेकर मुझे दो छोटी-छोटी शिकायतें हैं किन्तु ये इसलिए महत्त्वपूर्ण हो जाती हैं कि समस्त साहित्य-रचना में भाषा-प्रयोग की वे नीति विषयक बातें हो जाती हैं। इंग्लेंड से लौटा बैरिस्टर दीवान हुकूमत राय हेनरी से उपन्यास में पूरा अंग्रेज़ी में ही बोलता दिखाया गया है, यथा "Seem a bit of the Indian mole, haven't you ? They have as guts, I tell you. You had only to wield your baton and they are running for thier lins"।[10] इसी प्रकार हेनरी और अंग्रेज़ डिप्टी कमिश्नर हुकूमतराय का कन्धा छड़ी से ठकोरते हुए अंग्रेज़ी के ही वाक्य बोलते हैं। ठीक है कथानक की माँग है कि ये पत्र इस समय अंग्रेज़ी ही

बोलते किन्तु इन संवादों को देवनागरी लिपि में भी लिपिबद्ध किया जा सकता था अथवा फिर उनके संवादों का लहज़ा अंग्रेज़ीदाँ अंग्रेज़ों का ही रखा जा सकता था। स्वयं भीष्म ने 'तमस' में ऐसा किया था। भावावेश में अंग्रेज़ी कवियों के काव्यांश तो अज्ञेय के पात्र भी नदी के द्वीप' में उद्घृत करते हैं किन्तु जब उपन्यास हिन्दी का ही है तो संवादों को इस प्रकार पूरी तरह अंग्रेज़ी में नहीं होना चाहिए था, मैं ऐसा सोचता हूँ। दूसरी शिकायत यह है कि परिनिष्ठित हिन्दी के गद्य में 'प्रकट' शब्द ही अब स्वीकार्य है ('प्रगट' अब कविता में भी प्रायः नहीं लिखा जा रहा है) किन्तु कथा-भाषा में भी इधर काफ़ी लोग 'प्रगट' का प्रयोग कर रहे हैं। भीष्म साहनी जैसे वरिष्ठ साहित्यकार को 'प्रकट' ही गद्य-भाषा में प्रयुक्त करना चाहिए था किन्तु विवेच्य कृति में अधिकांशतः 'प्रगट' का ही प्रयोग मिलता है। इन दो छोटी कमियों के होते हुए भी 'मय्यादास की माड़ी' समकालीन उपन्यास में एक अविस्मरणीय कृति है।

संदर्भ

1. मय्यादास की झंड़ी, पृ. 111 की पाद-टिप्पणी
2. वही, पृ. 109
3. वही, पृ. 110
4. वही, पृ. 119
5. वही, पृ. 125
6. वही, पृ. 163
7. वही, पृ. 169
8. वही, पृ. 114
9. वही, पृ. 74-75
10. वही, पृ. 259

"मन में यह विचार आते ही काली को कुछ ढाढ़स बँधी कि गाँव के लोग इस शहर तक कहाँ सफर करते हैं। वे तो आस-पास के गाँवों तक ही रिश्तेदारों के पास आते-जाते हैं। थाने-कचहरी में काम हुआ तो टांडा उड़मुड़, दसूहा या ज़्यादा से ज़्यादा होशियारपुर हो आए। हाँ, गाँव का लाला कभी-कभार शायद यहाँ सौदा लेने मंडी में आता होगा। बहुत से लोगों ने तो जालन्धर देखा तो दरकिनार शायद इसका नाम भी नहीं सुना होगा। काली दीवार से हट एक बार फिर बसों के आस-पास मँडराने लगा।"

....

"काली की आँखें हैरानी से फैल गईं। मनसुख जैसे रोमांचित हो उठा, "मैं इस दुकान पर दूध-जलेबी खाने के लिए तीन महीने बाद आया हूँ। तब भी इसी तरह आखिरी टैम पर भारी सामानवाली सवारी मिल गई थी।... शायद चौदह आने मिले थे। जिसे भी आखिरी टैम में अच्छी सवारी मिल जाती है, वह उस शाम ज़रूर ऐश करता है। सारे दिन की कमाई से अड्डा-इंचार्ज के लिए फीस निकाल बाकी रकम हम चार हिस्सों में बाँट लेते हैं। कई बार तो रोटी के पैसे भी नहीं मिलते और कभी-कभार फुल ऐश करने का मौका मिल जाता है।"

....

"जो आदमी इतने समय तक पूरा-पूरा दिन नमक और चूने के पानी में रहा हो, दिन-रात बदबू सूँघी हो, हर समय कच्ची खालों से जूझता रहा हो, खुजली के कारण जिसका शरीर भूरी रेत-सा बन गया हो वह आदमी दूर जगह सींग फँसाएगा ही। रस्सी तुड़ाकर भागने की कोशिश भी करेगा। लेकिन जाएगा नहीं। खुजली से घबराकर भाग भी जाए लेकिन पेट की अन्दर की खुजली से तंग पड़ते ही फिर लौट आएगा। हम गन्दी नाली के कीड़े बन गए हैं।"

....

"जब अपना पिछोकड़ (अतीत) याद आता है तो ऐसी हालत हो जाती है। आदमी गहरी सोच में डूब जाता है। अपने-आप में ही हँसता है, रोता है, कुढ़ता है, मरता है, जीता है, डरता है, लड़ता है।"

दलित चेतना का एक उपन्यास

('नरक कुण्ड में वास' : जगदीश चन्द्र)

जगदीश चन्द्र राष्ट्रीय स्तर पर पंजाब के सर्वाधिक प्रतिष्ठित उपन्यासकार हैं। उनके उपन्यासकार ने पर्याप्त ख्याति अर्जित की है किन्तु फिर भी मुझे लगता है कि प्रचार-तन्त्र के इस युग में हिन्दी समीक्षा में उनके उपन्यासों का सम्यक् मूल्याँकन नहीं हो पाया है। सर्वप्रथम वे 'धरती धन न अपना' (1972) के द्वारा चर्चा में आए और उनका यही उपन्यास प्रमुखतः चर्चा में रहा। उसमें डॉ. इन्द्रनाथ मदान ने 'कला का मानवीकरण' बताया तो डॉ. रमेश कुन्तल मेघ ने 'जनवादी चेतना' खोजी जिससे कला की दृष्टि से उनके इससे भी सशक्त उपन्यास 'आधा पुल' और 'कभी न छोड़ें खेत' की ओर समीक्षा का ध्यान नहीं गया। मेरी दृष्टि में प्रेमचन्द के बाद ग्रामीण जीवन का अत्यन्त सशक्त और प्रामाणिक चित्रण चन्द लेखकों ने प्रस्तुत किया। उनमें जगदीश चन्द्र का नाम अत्यन्त महत्त्वपूर्ण है। जगदीश चन्द्र की अपने कथ्य पर इतनी मजबूत पकड़ और कथा कहने की शैली, सलीका इतना प्रभावी रहता है कि वह कहीं भी ड्राइंग रूम से निरीक्षित चित्रण भर नहीं रहता अपितु वे जिस परिवेश को अपनाते हैं उसमें पूरी तरह रच-बस कर उसके अंग बनकर उसके अन्तरंग का सूक्ष्म और प्रामाणिक चित्रण दस्तावेजी रूप में करते हैं। यद्यपि उनका कथा परिवेश होशियारपुर-जलन्धर के क्षेत्र का है किन्तु यह चित्रण इतनी विराटता के लिए होता है कि वह इस अंचल का चित्र होते हुए भी 'आँचलिक' मात्र नहीं रहता अपितु पूरे भारतीय परिवेश को साक्षात् कर देता हैं। 'धरती धन न अपना' तथा 'कभी न छोड़ें खेत' का ग्राम—समाज पूरे भारत का ग्राम—समाज है। उनकी उपन्यास यात्रा 1966 ई. में 'यादों के पहाड़' नामक उपन्यास से प्रारम्भ हुई और उसके पश्चात् 'धरती धन न अपना' (1972 ई.), 'आधा पुल', 'टुण्डा लाट', 'मुट्ठी भर कांकर', घास गोदाम (1985) 'कभी न छोड़ें खेत' (1976 ई.), 'नरक कुण्ड में वास' (1994 ई.) तक आती है। हर बार इतने महत्त्वपूर्ण उपन्यास का दाय देनेवाला उपन्यासकार निश्चय ही हिन्दी का महत्त्वपूर्ण उपन्यासकार है।

ऊपर 'धरती धन न अपना' से अधिक महत्त्वपूर्ण उपन्यास 'कभी न छोड़ें खेत' को कहा गया है। साहित्य के इतिहास की यह बड़ी भारी विसंगति है कि उसमें कभी-कभी कुछ कृतियों को इतना अधिक महत्त्व दे दिया जाता है, उस पर इतना अधिक 'फोकस' हो जाता है कि उसी लेखक की शेष कृतियाँ अनदेखी रह जाती हैं। जगदीश चन्द्र की भी 'कभी न छोड़ें खेत' तथा 'आधा पुल' के साथ ऐसा ही हुआ। 'धरती धन न अपना' भी एक श्रेष्ठ कृति है जिसमें ग्रामीण समाज अपनी पूरी कमजोरियों और खूबियों में अत्यन्त सूक्ष्म विवरणों (डिटेल्स) में चित्रित हो सका है किन्तु उसमें एक बड़ी भारी विसंगति मुझे यह नजर आती है कि काली जैसे ऊर्जावान सशक्त चरित्र का लेखक ठीक निर्वाह नहीं कर पाता है। काली के जीवन के पूर्व पक्ष का जो विद्रोह और व्यवस्था को बदल देने का आक्रोश, समाज से लड़ने की ऊर्जा और चुनौतीपूर्ण मुद्रा है, वह उपन्यास के आखिरी पन्नों में ज्ञानों की प्रीति में उलझकर फुस्स हो जाती है। इतने सशक्त नायक की यह दुर्गति यथार्थ से भले ही मेल खा जाए किन्तु साहित्य में चाहे उसे जनवादी सोच कहें या लेखकीय दृष्टि, 'विजन' अथवा अन्य कोई कला प्रतिमान यह उससे मेल नहीं खाती। घर से काली का भाग जाना उसके व्यवस्था को बदलने के शिल्प को झूठा कर उसे उस व्यवस्था का अंग तो बना ही देता है, उन मूल्यों की भी हत्या हो जाती है जिनके लिए वह जीवन-भर लड़ता रहा है। दूसरी ओर 'कभी न छोड़े खेत' की जसवन्त कौर ढलती उम्र में भी माँ बनकर अपने उस संकल्प को पूरा करती है, "उन्हें औंतड़े नहीं बनने दूँगी। उनकी जायदाद का हकदार तुम्हें नहीं बनने दूँगी।" न केवल जसवन्त कौर जैसी जिजीविषा से भरी पात्र है वहाँ अपितु 'कभी ने छोड़े खेत' में पंजाब के जट्ट किसानों के घर-परिवार बल्कि उन्हीं के सन्दर्भ में शेष भाग ग्राम-समाज का अत्यन्त जीवन्त चित्रण हुआ है। जरा-जरा सी बात पर लड़कर सिर फोड़ देना, बात ही बात में कत्ल और कत्ल के बाद मुकदमेबाजियाँ, कोर्ट-कचहरी की भाग-दौड़, मुकदमे की पैरवी के लिए अनपढ़ और रूढ़ियों की गुंजलक में कसे किसान का जमीन जायदाद लुटा देना, कर्ज़ देने के लिए गाँव के साहूकारों द्वारा तरह-तरह की जोड़-तोड़ और किसान का शोषण, पुलिस से लेकर अस्पताल के कर्मचारियों तक जरा-जरा से काम के लिए भेंट-पूजा चढ़वाने का उपक्रम, पुलिस तन्त्र का काम करने का अपना तरीका, अदालत-कचहरी का ढर्रा, किसान के शोषण के ये विविध साधन ही नहीं, थोड़ा सा भी कोर्ट-कचहरी का काम जाननेवाले उसके अपने तथाकथित 'सगे' सभी मिलकर उसे जिस रूप में खाते हैं—इन सबका उपन्यास में अत्यन्त प्रामाणिकता से अंकन हुआ है। बचन्तसिंह, नत्था सिंह, जगत सिंह, जैलदार दसोंधर सिंह, शाह फेरूमल, जसवन्त कौर आदि सभी पात्र अपनी व्यक्तिगत विशिष्टताओं में भी वर्गीय चरित्र हैं जो अपने वर्ग के कार्य व्यवहार का प्रतिनिधित्व करते हैं। सब कुछ लुटाकर भी बचन्त सिंह द्वारा मुकदम में लगभग हार का मुँह देखना, उपन्यास की त्रासदी को और भी घहरा देता है। अपनी शैल्पिक,

संरचना में जगदीश चन्द्र का यह सर्वश्रेष्ठ उपन्यास कहा जा सकता है। 'आधा पुल' सैन्य जीवन पर लिखा गया हिन्दी का अद्वितीय उपन्यास है। सैन्य जीवन का इतना सूक्ष्मदर्शी और प्रामाणिक चित्रण अभी हिन्दी के किसी उपन्यास में नहीं हुआ है। सैनिक जीवन की शब्दावली, दिनचर्या, नयाचार (प्रोटोकॉल) सम्बन्धी सैन्य शिष्टाचार, सैन्य फील्ड-क्राफ्ट का इतना सूक्ष्म और सही विवरण, बैटल-क्राफ्ट के विभिन्न दाँव-पेंच, मोर्चों पर लड़े जा रहे युद्ध की बारीकियों में कहीं कोई चूक नहीं, फौजी-पात्रों की रहन-कहन में उसी मुहावरे को जीवन्त रखना और इन सबके बीच कैप्टन इलावत और सेमी की टीस भरी एक कसक छोड़ देने वाली प्रेम कथा 'आधा पुल' को हिन्दी का एक अद्वितीय उपन्यास बना देती हैं।

जगदीश चन्द्र के उपन्यासकार की यह बहुत बड़ी सफलता है कि उनकी कला कहीं भी उतार पर नहीं आती है। उपन्यास के क्षेत्र में प्रायः ऐसा हुआ कि एकाध या कुछ ही अच्छी कृतियाँ देकर उपन्यासकार की प्रतिभा चुक जाती है किन्तु जगदीश चन्द्र निरन्तर अच्छे उपन्यास लिख रहे हैं, उनका 'नरक कुण्ड में वास' (1994 ई.) उपन्यास भी यही प्रतीति देता है। 'नरक कुण्ड में वास' में जगदीश चन्द्र एक बिल्कुल अछूता कथ्य अपनाते हैं। रेहढ़ा चलानेवाले मज़दूरों तथा मुख्यतः पशुओं की कच्ची खाल को साफ करने का काम करनेवालों, कच्चा चमड़ा कमाने वाले, मज़दूरों की जिन्दगी की तकलीफों को उजागर करना इस उपन्यास का कथ्य है। दोनों ही रूपों में पशुवत् जिन्दगी को जी रहे दलित वर्ग, चमारों के टोले का, अत्यन्त सूक्ष्म, प्रामाणिक और गहरी संवेदनशीलता से चित्रण करता हुआ लेखक हिन्दी में कथा की एक नई ज़मीन तोड़ता है। धरती धन न अपना में भी इसी वर्ग की जिन्दगी से साक्षात्कार होता है और यह उपन्यास भी इसी कड़ी में उसी वर्ग की जिन्दगी को अपनाता है। इस रूप में जगदीश चन्द्र को हिन्दी में दलित चेतना को महत्त्वपूर्ण पुरोधा उपन्यासकार माना जा सकता है। नरक कुण्ड में वास की कथा का प्रारम्भ वहाँ से होता है जहाँ '—धरती धन न अपना' का अन्त होता है। यह इस उपन्यास का अगला खंड भी कहा जा सकता है किन्तु अपने में पूर्ण स्वतन्त्र, बिना किसी पूर्वापर क्रम के इसे एक स्वतन्त्र कृति के रूप में पढ़ा जा सकता है (लेखक ने एक व्यक्तिगत बातचीत में बताया कि इसका तीसरा खंड भी अभी आना है) '—धरती धन न अपना के कालीचरन उर्फ़ काली को ज्ञानों की प्रीति के कारण गाँव छोड़ना पड़ा था। उसके भागने को लेकर तीन महीने तक गाँव में तरह-तरह के किस्से होते रहते हैं, वहीं काली काम की तलाश में भटकता जलन्धर शहर आ जाता है। यहीं से उसकी जीवन-यात्रा के अगले पड़ाव के रूप में नरक कुण्ड में वास की कथा का प्रारम्भ होता है। काम की तलाश में शहर में सिर छिपाने लायक आधार खोजने के संघर्ष में काली की जिन्दगी का 'नरक कुण्ड में वास' का अटूट सिलसिला प्रारम्भ हो जाता है। यूँ तो काली को शहर में सिर छिपाने लायक जगह खोजने के प्रयास से ही एक नरक वास की यन्त्रणा से गुज़रना

पड़ता है किन्तु उसकी जिन्दगी के आन्तरिक नरक दो हैं—प्रथम रेढ़ा खींचने में 'भींडी' बनने में और दूसरा कच्चे चमड़े के कारखानों में खालों की सफ़ाई करने में। इस प्रकार एक नरक से निकलकर दूसरे नरक में पड़ते चले जाना काली की नियति ही बन जाती है, 'नरक कुण्ड में वास' शीर्षक को पूर्ण सार्थकता प्रदान करती हुई।

गाँव छोड़कर काली जब शहर में पाँव टिकाना चाहता है तो उसे कोई किसी भी काम पर रखने को तैयार नहीं है। बिना जान-पहचान, बिना सिरनामे के कोई भी उसे किसी छोटे-मोटे काम पर भी रखने को तैयार नहीं है। लेखक ने शहर की बेमुरवती की ओर बार-बार संकेत किया है। उसकी जेब में पैसे नहीं और आदमी तो क्या शहर के कुत्ते भी उसके पाँव नहीं जमने दे रहे। भिखारी भी बाहर के भिखारियों को शहर में आने नहीं देना चाहते, यह दृष्य काली मंडी में पहुँचते ही देखता है। इन स्थितियों में पड़े काली को बारम्बार गाँव याद आना स्वाभाविक ही है। काली के बहाने उपन्यासकार उन स्थितियों को संकेतित करता है जिनके कारण नवयुवकों को गाँव छोड़ना पड़ता है। सोमा, बरकत, मीत सिंह, तोरक, मनसुख, छिब्बू आदि सभी युवकों की ही कहानी है। खुशी से शहर में कोई नहीं आता। तंगी-तुर्शी ही गाँव छोड़ने पर मजबूर करती हैं। ये लोग तन से शहर में रहकर भी मन से गाँव में ही रहते हैं। "हम तो अभी तक गाँव और शहर के बीच में ही लटक रहे हैं। काम शहर में करते हैं... सोते गाँव में हैं।"[1] शहर में जब इन युवकों के पाँव टिक भी जाते हैं तो भी संघर्षों से घबराकर या आत्मीय रिश्तों की ऊष्मा का स्मरण कर गाँव उन्हें बारम्बार याद आता है, काली को लगने लगता है कि "उसने तो गाँव पूरी तरह त्याग दिया है लेकिन गाँव उसका पीछा नहीं छोड़ रहा है"[2] शहर आए ग्रामीण नवयुवकों को बेकारी का जो आलम भुगतना पड़ता है, कभी-कभी तो ये इतने निराश हो जाते हैं कि इन्हें लगने लगता है कि कोई काम इन्हें मिल ही नहीं पाएगा, काली के माध्यम से ये स्थितियाँ बार-बार साक्षात् होती है। रेढ़े में जुतने या कच्चे चमड़े के कारखाने में खालों की सफाई के घिनौने कामों में लगना काली की मजबूरी है। "जरूरत बड़ी चीज है। माँ-बाप तो क्या, रब से भी बड़ी है। सब कुछ सिखा देती हैं"[3] इसी विवशता में पड़ा काली रेढ़ा खींचने में काम में लग जाता है।

रेढ़ा खींचना, उसमें 'भींडी बनना' कोई आसान काम नहीं। पशु 'बैल' के समान रेढ़े में जुटना (इसे ही भींडी लगना या बनना कहा जाता है) और फिर पूरी तरह पशुवत् जीवन व्यतीत करना रेढ़ा खींचनेवालों की क्रूर नियति है। उपन्यासकार ने रेढ़ा खींचने वालों की जिन्दगी तथा कार्य—पद्धति आदि का अत्यन्त सूक्ष्म निरीक्षण कर उनकी बहुत प्रामाणिक तस्वीर अंकित की है। हत्थे को छाती से लगाकर रस्से की दोनों लड़ों को पकड़ना, उतार-दबाव का अन्दाज बिल्कुल पशु की तरह पसीने से सराबोर हो हाँफ जाना, पशु की तरह गटागट पानी पी जाना, उनकी दोपहर की रोटी, इस मशक्कत के काम को करने के लिए अफीम की गोलियाँ खाना, अधिक बोझा ढोने से

प्रायः सभी को खूनी पेचिश होना और इनके पाँव टेढ़े होना। इन सभी स्थितियों को लेखक ने बहुत बारीकी से चित्रित किया है, पूरी संवेदनशीलता के साथ। काली को लगता है कि कुछ ही दिनों में उसकी हालत भी ऐसी ही हो जाएगी, "काली जमीन पर बैठ एक बार फिर पल्लेदारों, रेढे और ठेलेवालों को देखने लगा। कई लोगों की टाँगे तो इतनी टेढ़ी हो गई थीं कि अगर वे पाँव जोड़कर भी खड़े हों तो उनके घुटनों में इतना फर्क रह जाता था कि उसमें छोटी ढ़ोलक को आसानी से फँसाया जा सके। उसको अपने बारे में फिर से चिन्ता होने लगी।"[4] किन्तु यह काम उससे छोड़ते भी नहीं बनता था। यदि कोई अपने गाँव भी जाता है तो अपनी जगह किसी को एवज़ी लगा जाता है और काम पर लौट आने पर उस एवज़ी को हटना पड़ता है। काली भी ऐसे ही एवज़ी लगा था और अब उनके अपने काम पर तैनात हो जाने पर काली को वहाँ से हटना पड़ा था। काली की इस जिन्दगी के बहाने लेखक ने मज़दूरों की जिन्दगी का एक अछूता पक्ष चित्रित किया है। बाहर-बाहर से रेढ़ा मज़दूरों को सब देखते हैं किन्तु उनकी जिन्दगी में ऐसी अन्तरंग पैठ केवल जगदीश चन्द्र का-सा उपन्यासकार ही कर पाया है।

रेढ़ा खींचने का काम छूट जाने पर काली अपने वहीं के मित्रों की सहायता से जलन्धर की बूटा मंडी में कच्चा चमड़ा कमाने के काम लग जाता है। उसकी बेकारी की जिन्दगी की विवशता उसे उस पहले नरक से भी बड़े नरक में धकेल देती है। इस जिन्दगी का घिनौना वातावरण, भरे पशुओं की खालों को उठाना, उनमें नमक लगाना, फिर उसे साफ करना, पैरों से रगड़ना आदि कामों का रूप इतना भयावह, गलत, वीभत्स और कुत्सित है कि बिना पढ़े कल्पना भी नहीं की जा सकती कि उन्हें इतनी अमानवीय जिन्दगी जीनी पड़ती है। जगदीश चन्द्र के उपन्यसकार की भूरि-भूरि प्रशंसा करनी होगी उसने प्रथम बार युग-युग से प्रताड़ित इस दलित वर्ग, चमार जाति, की घिनौनी जिन्दगी का यह सच पहली बार इतनी प्रामाणिकता से उभारा है। गहरे सरोकारों और संवेदनशील के साथ लेखक हमें इस बस्ती में प्रवेश कराता है, कारखाने में घुमाता है। कमरे के बाहरी दीवार के साथ दालान की ओर ताज़ा खालों का ढेर था। उनमें नमक लगा हुआ था और चरबी के छोटे-छोटे टुकड़ों का बोझा उठाए हुए पानी आँगन में फैल गया था। इन खालों में तेज बदबू उठ रही थी। खालों और चारों ओर फैले हुए चरबी मिश्रित पानी पर इतनी ज़्यादा मक्खियाँ बैठी हुई थी कि खाल और पानी कहीं-कहीं ही दिखाई दे रहे थे।[5] यह काम इतना गन्दा है कि हर समय इसमें काम करनेवाले आदमी को गन्दी बदबूदार नाली का कीड़ा बनकर ही रहना पड़ता है। जिस आदमी को दिन-रात नमक, चूने या क़ीकर की छीलन में खड़े रहना पड़ता हो, उसे तरह-तरह के रोग, चर्म रोग हो जाना एक आम बात ही है। ...यह काम अच्छे भले आदमी को कुछ साल में ही खा जाता है। खुजली-खारिश तो दो-तीन महीने के बाद ही शुरू हो जाती है। जिस आदमी के हाथ-पाँव, बाजू-टाँगे, नमक, शीरे, चूने और

छीलन के पानी में रहेंगे सारा दिन मोटा मक्खी-मच्छर काटेगा, उसकी जिन्दगी क्या होगी?[6] इस घिनौने नरक कक्ष के भोगी की जिन्दगी में जो मायूसी तारी रहती है उसका अहसास उपन्यासकार ने माझा नामक पात्र के इस कथन में एक दार्शनिक अन्दाज़ में कराया है, ''हम लोगों की जन्म से मरण तक सारी जिन्दगी ही गन्दगी में गुज़रती है। रुके हुए सड़ान्ध भरे पानी में मच्छर, मक्खियों की तरह हम भी पलते हैं। चार दिन भीं-भी करके मर-खप जाते हैं।''[7]

इन मजदूरों की पशुवत् जिन्दगी का यह चित्र पाठक के लिए तभी मुकम्मिल हो पाएगा जब वह इस कच्चे चमड़े के कारखाने में काली के पहले दिन के अनुभव में सहभागिता करे। एक ओर तो उस गन्दे काम का घिनौना रूप है, दूसरी ओर उसकी मजबूरियाँ हैं जिनसे त्राण पाने के लिए दो रुपए दिहाड़ी का लालच है जिससे महीने बाद साठ रुपए मिलने की मृग-मारीचिका है—इन दोनों के बीच उसके मन में संघर्ष होता है। इस विवशता में वह खालों को उठाने में जिस बदबू को झेलता है, उससे उसे उल्टी होने लगती है। पहला दिन है और काली को बदबू को झेलने का अभ्यास अभी नहीं है। उसकी विवशता का यह चित्रण अत्यन्त सूक्ष्म और प्रामाणिक है, ''काली ने खाल को ऊपर उठाया तो बदबू का एक बड़ा झोंका उमड़ पड़ा और साथ ही मक्खियों का भरपूर हल्ला भी हुआ। उसके हाथ एक बार फिर काँप गए लेकिन उसने दिल को कड़ा बनाए रखा। मरे हुए पशु की खाल का ख्याल आते ही काली को झुरझरी महसूस हुई। खाल को लिजलिजाहट और नमक मिली चर्बी से गिरते बदरंग और बदबूदार खून मिले पानी से काली का मुँह नमकीन और खट्टे पानी से भर गया। उसने पानी की पीक थूक दी और आँखें मूँद लीं।''[8] काली के पहले दिन का अनुभव अत्यन्त विस्तार में चित्रित होता हुआ पाठक के मन और बुद्धि दोनों पर बदबू का एक ऐसा तीखा अहसास छोड़ देता है कि देर तक वह बदबू पीछा करती लगती है। वास्तव में काली का यह काम इतना कठिन है कि, ''नर्क के भोगी भी ऐसे गन्दे काम नहीं करते होंगे।'' काली ही नहीं बंसा और किशना जो भी अपने किसी भतीजे या अन्य रिश्तेदार को इस घिनौने काम पर लगाते हैं, उनके सामने मजबूरियों का ऐसा पहाड़ है कि न चाहते हुए भी उन्हें इस काम पर लगना पड़ता है।

काली के इस नारकीय जीवन का एक पक्ष यह भी है कि कारखाने में मज़दूरों को जिस तरह रखा जाता है, उनके पीने के पानी तक की ठीक व्यवस्था नहीं है, दिन भर गन्दा काम करने के बाद भी नहाने धोने के लिए नल नहीं हैं आदि स्थितियों का सूक्ष्म चित्रण किया गया है। जिस छप्पड़ (पानी इकट्ठा होकर छोटी सी तलैया सी बन गई हो जहाँ) में वे लोग नहाते हैं उसमें पशु भी नहाना पसन्द नहीं करते। काली इस छप्पड़ में नहाने से इन्कार करता हुआ अकड़ पड़ता है, ''जिस छप्पड़ में पशु नहीं नहाते, पानी को मुँह तक नहीं लगाते, कुत्ते झाँककर भी नहीं देखते, पक्षी नहीं मँडराते, कीड़े-मकौड़े नहीं सरसराते, जिसकी तह में कुछ भी नहीं उगता वह पानी जहर से भी

बुरा है।''[9] उनके सोने, खाने आदि का चित्रण उपन्यासकार पूरी संवेदनशीलता से करता है। इन स्थितियों से विद्रोह करता काली मालिकों के प्रति सुलग रही विद्रोह भावना और आक्रोश को एक दिशा देना चाहता है। विडम्बना यह हैं कि मालिक भी इसी दलित वर्ग के वे लोग हैं जो अपने पैसे के बल पर एक ओर तो काली जैसे मज़दूरों का शोषण करते हैं, दूसरी ओर राजनेताओं के साथ मिलकर अपनी राजनीतिक गोटियाँ भिड़ाते हैं। जन-चेतना का प्रतिनिधि बनकर काली अपने कारखाने के सेठ रामप्रकाश से बात करता है। प्रथम बार वह यह साहस जुटाता है कि कोई मजदूर सीधे-सीधे सेठ से बात कर सके, शेष तो जब-तब फोरमैन के ही अपनी तकलीफ़ बताकर चुप हो जाते हैं। मालिक की चालें काली को कारखाने के फोरमैन के द्वारा ही उसे प्रोन्नत कर इस रूप में इस्तेमाल करती हैं कि उसके मजदूर साथी ही उसके खिलाफ होने लगते हैं। किन्तु काली के चरित्र में यह राजनीतिक सुगबुगाहट देकर लेखक उसे इस ओर बढ़ा नहीं पाता है। उसका हाल 'धरती धन न अपना' की ही तरह होता है। वहाँ भी जन-चेतना का संवाहक बनने की चेतन से सक्षम पात्र ज्ञानों की प्रीति में उलझकर अपना यह रूप छोड़ देता है। 'नरक कुण्ड में वास' में भी काली अपने ये तेवर दिखा कर टांय-टांय फिस्स हो जाता है। यह उपन्यासकार का बड़ा अभाव रहा है कि वह अपने इस ऊर्जावान समर्थ चरित्र का ठीक निर्वाह नहीं कर पाता है, यद्यपि उसके लिए यहाँ पूरी स्थितियाँ प्राप्त थीं। उपन्यास में अमीर और गरीब के बीच की खाई को बहुत बार रेखांकित किया जाता है, इसी वर्ग-संघर्ष की भावना को शाणित कर काली को उसका नेता प्रकल्पित किया जा सकता था, किया जाना चाहिए था, मैं ऐसा सोचता हूँ। रेढ़ा खींचनेवाले जीवन और इस कारखाने में काम करते हुए काली को गरीबी और अमीरी का यह अन्तर बार-बार खलता है। कारखाने का फोरमैन जब काली से उसका पता पूछता है तो माँझे का यह कथन गरीबी की इसी पीड़ा को वाणी देता है, ''फोरमैन जी, गरीब आदमी का क्या अता-पता हो सकता है। अता-पता तो ज़मीन जायदाद से बनता है। पंछियों का अता-पता कौन बताएगा। जहाँ दाना-दुनका, रोटी-टुक्कड़, काम-काज मिल गया वहीं अता-पता बन जाता है।''[10] गरीब आदमी को यह बड़ी भारी पीड़ा रही है कि आजादी के बाद भी उसकी दशा नें अपेक्षित सुधार नहीं हो पाया है। एक मजदूर साथी मजदूरों के इस दर्द को इन शब्दों में व्यक्त करता है, ''कहते हैं कि देश आज़ाद हो गया है। लेकिन लगता है कि आज़ादी सेठों, अफसरों और बड़े-बड़े चौधरियों की कोठियों और हवेलियों में ही फँसकर रह गई है। उसे छोटी-छोटी गलियों और कच्चे मकानों का रास्ता नहीं मिला।''[11] उपन्यास का अन्त होते-हाते काली का चाचा नन्द सिंह भी अमीर-गरीब के इस फासले को शिद्दत से महसूस करता है। वह मानता है कि गरीब आदमी को बुढ़ापा बहुत तंग करता है क्योंकि वह बहुत लम्बा होता है, छोटी उम्र से ही शुरू हो जाता है। गाँव के परिवेश को अच्छी तरह से देख-भालकर ही नन्द सिंह यह निष्कर्ष देता है, ''गाँव में कुछ भी

हो जाए, कसूर गरीब आदमी का ही होता है। सजा भी उसे ही दी जाती है। तूने कसूर किया। तुम्हें गाँव छोड़ना पड़ा क्योंकि तू गरीब था। अपना कसूर सँभाल नहीं सकता था।''[12] काली इन स्थितियों से थोड़ी देर ही लड़ पाता है, अन्त में तो वह चाचा नन्द सिंह के साथ किसी गाँव के बस-अड्डे पर जूते सिलने, मरम्मत करने का पुश्तैनी धन्धा अपनाने चल पड़ता है। अपने इस रूप में वह अपनी परम्परा प्राप्त नियति को ही स्वीकार कर लेता है। इस अभाव के होते हुए भी यह उपन्यास अपने सर्वथा नवीन कथ्य के लिए देर तक याद रखा जाने वाला महत्त्वपूर्ण समकालीन उपन्यास है।

'नरक कुण्ड में वास' का परिवेश होशियारपुर जलन्धर का क्षेत्र है। उस क्षेत्र का जन-जीवन अपनी पूरी रंगत में यहाँ चित्रित हुआ है। इस जन-जीवन को साक्षात् करने में लेखक ने वहाँ के जन-समाज के रहन-सहन को बहुत बारीकी से प्रस्तुत करने में सफलता प्राप्त की है। उपन्यासकार के पास कथा कहने का शैल्पिक कौशल तो है ही किन्तु अपने परिवेश को पूरी सच्चाई में उतारने की कला ने कथा को आद्यंत अत्यन्त रोचक बनाए रखा है। पात्रों की कहन; भाषा शैली में ऐसी स्वाभाविकता और जीवन-धर्मी गन्ध है कि वे सब अपनी मिट्टी से जुड़े पात्रों के रूप में सामने आते हैं। इस समृद्ध भाषा शैली के कुछ जीवन्त उदाहरण यूँ ही कहीं से भी उठा कर देखे जा सकते हैं :

—''सज्जना, तूने रोटी खा ली है या नहीं?'' (पृ. 37)

—''यार, मेरा भतीजा भी बेकार घूम रहा है। लफंटरी कर रहा है।'' (पृ. 139)

—''यार, बहुत जतन किया। उसे स्वड्डी का काम सिखाने का...लेकिन नहीं सीख पाया। फिर बर्फ के कारखाने में भेजा। वहाँ से भी भाग आया। जिस्न के कारखाने में किसी की मारफत खरादिए का काम सीखने के लिए शार्गिद रखवाया। कुछ रुपए भी खर्च किए। पगड़ी, लड्डुओं का डिब्बा और ग्यारह रुपए उस्ताद को नजर-न्याज दिए, मत्था टिकाई के ...।'' (पृ. 139)

—''दोस्त मित्तर अपनी ही बिरादरी के हैं या...।''

''ना भा जी, अपनी बिरादरी के नहीं है। एक तो नाइयों का लड़का है। मेरा पक्का दोस्त है। दूसरा दर्जी का काम करता है। वे दोनों एजन्ट को मार्फत वलैत जाने की एंटी-संटी लगा रहे हैं।'' (पृ. 208)

—''तकदीर बुरी न हो तो काम औखे-सौखे बन ही जाता है।...मैं भी कोशिश करूँगा। कहीं नाखून फँस गया तो तुम्हारी ज़रूर मदद करूँगा।'' (पृ. 210)

इस प्रकार 'नरक कुण्ड' में वास' कथ्य और शिल्प दोनों दृष्टि से एक सफल और समकालीन साहित्य की महत्त्वपूर्ण कृति कही जा सकती है।

सन्दर्भ

1. नरक कुण्ड में वास, पृ. 38
2. वही, पृ. 109
3. वही, पृ. 90
4. वही, पृ. 99
5. वही, पृ. 125
6. वही, पृ. 132
7. वही, पृ. 128-29
8. वही, पृ. 135
9. वही, पृ. 156
10. वही, पृ. 131
11. वही, पृ. 155
12. वही, पृ. 312

"दो साल से बिरखा हुई नहीं, फसल के नाम पर बाजरा, कीकर, कैर फली। इस बार तो मतीरे की बेल भी सूख चली। मतीरे नहीं फलेंगे, नहीं तो कार्तिक में खेत में जब मतीरे पकते तो एक वक्त तो मतीरों से ही पेट भर जाता था। गायों के थन सूखने लगे। दूध कम होने लगे बछड़े मांडे हो गए। किसान खेती करें तो किससे करे।"

....

"लेकिन पीछे छूटा हुआ गाँव उजाड़ हो जाता है। हम बाजिए तो कमाने निकले, कमाकर अपने देश हो जाएँगे ना और ये राजा रजवाड़े से सामन्त? हमारा ही धन सीखेंगे। इनके मन में कोई ग्लानि? इनकी आँख में कभी तुमने आँसू को एक बूँद भी देखी है? अपनी विलासिता से, अपनी करनी से ये खुद हिजड़े हैं, हिजड़े। लुगाइयों के घाघरे में छिपकर बैठे रहते हैं।"

....

"चाचा, अपने तो घर में दस सेर आटा नहीं लगता और आपने ढाई मन गेहूँ का हिसाब लिख रखा है। यह बात जरा मेरे कम समझ में आई। और फिर यह पिश्ता-बादाम का भाव, गाय का भाव।" "माधो, आने वाली पीढ़ी हमारे बेटे-पोते हमें गरीब नहीं समझें, परिवार में बेटे-पोतों के सामने यही कहानी रखना कि हमारें दादा जी बहुत रईस थे। कि घर मुनीम-गुमाश्तों से भरा रहता था। घर में दूध-दही की कमी नहीं थी, मुफ्त का बासा चलता था।"

....

"समाज को, तुम्हारे इस समाज को, हमारे बारे में सोचने की फुर्सत भी है? यह तो निजी जीवन का व्यक्तिगत मामला है। गौतम, तुम किस समाज की बात कर रहे हो? वह जिनसे तुम पार्टियों में मिलते हो? वह जो कला-मंदिर में बैठकर तालियां बजाता है? वह जो न्यू मार्केट में शापिंग करता है? वह समाज नहीं गौतम। वह तो बस पैसे वालों का समूह है, एक जत्था। बात यह है गौतम, कि तुम लोगों ने कभी ज़मीन की तलाश ही नहीं की, खैर, मुझे मेरी अदना जिन्दगी से प्यार है। बस!"

मरुभूमि की पीड़ा और जीवट का आख्यान

('पीली आँधी' : प्रभा खेतान)

"राजस्थान के दस लाख लोगों पर सूखे की मार", 17 लाख 60 हजार मवेशी प्रभावित, 77 लाख 580 हेक्टेयर भूमि पर फसल नष्ट"—अप्रैल 2000 के अन्त में खबरों की सुर्खियाँ न केवल 'दैनिक जागरण' की है, आए दिन सभी अखबारों, विभिन्न समाचार बुलेटिनों में, टीवी के पर्दे पर सूखा और अकाल के कारुणिक दृश्य—पानी के गढ़े से अंजुलियों से घड़ों में पानी इकट्ठा करती औरतें-लड़कियाँ, पलायन करते ऊँट और भेड़-बकरियों-गायों के झुंड के झुंड, पशुओं की ठठरियाँ बनकर उनकी कंकालों में परिणति और खबरों के ये विवरण—"राजस्थान के बीकानेर जिले में 614 गाँवों के करीब दस लाख लोग तथा 17 लाख 16 हजार पशु भयंकर सूखे की मार झेल रहे हैं, जिले के 37 गाँवों में अनेक ग्रामीण अपनी ऊँट गाड़ियों से पानी ढो रहे हैं, इस वर्ष बरसात कम होने से 77 लाख 580 हैक्टेयर भूमि में वारानी फसल नष्ट होने के कारण पशुओं के लिए उगा मोंठ, बाजरा तथा ग्वार का चारा भी मरूस्थल की तेज तपन से झुलस गया। जिले के कोलायत क्षेत्र में सैकड़ों परिवारों के अपने जानवरों के साथ पड़ौसी राज्यों से पलायन की खबर है।"

और इन खबरों को पढ़ते-पढ़ते जेहन में प्रभा खेतान का उपन्यास 'पीली आँधी' (1996) बार-बार पूरे विवरणों में उतरने लगता है। लगभग पौने दो सौ बरस पीछे ले जाता कथा समय बताता है—"गाय-बछड़ों की ओर तो देखा नहीं जाता, उनकी पीठ पर जगह-जगह घाव हो गए हैं। उस पर अपनी धोलती गाय तो उठकर खड़ी नहीं हो पा रही। घाव पर मक्खियाँ भिनभिनाती रहती हैं. बिना चारे-पानी के वह कितने दिन जीएगी? उसकी पूँछ में ताकत ही कहाँ बची होगी कि, भिनभिनाती मक्खियों को परे सरकाए।" और थोड़ा आगे... "पानी तो कहीं नहीं है, ढोर-डंगर तड़फड़ा रहे हैं...प्यासी धरती की छाती फटी जा रही है, कौल तावड़ा तापता है कि आँख नहीं खुलती और आकाश से तो लाय बरस रही है, लाय! यह गाँव सुजानगढ़ है भी ऐसा, वहाँ चुरू में तो कितने कुएँ हैं, बीकानेर महाराजा गंगासिंहजी के नहर बनाने से तो काफ़ी समस्या सुलझ गई।"

थोड़ा और आगे कथा के क्रम में यह बात दर्ज है, "लेकिन सेठ नाथूरामजी कलकत्ता कब आए" "बहुत पहले, 1835-50 के आसपास छप्पनियाँ का अकाल तो तुमने देखा नहीं होगा।"

1835 ई. के आस-पास से, अर्थात् प्रायः पौने दो सौ वर्षों से अकाल, सूखा और पलायन का यह सतत सिलसिला और इसके बीच बनता-बिगड़ता-बनता कलकत्ते का मारवाड़ी समाज अपनी पूर्ण जीवंतता, प्रामाणिकता और पूरे ऐतिहासिक परिप्रेक्ष्य में, पूरी ऐतिहासिक समझ और इस रूझान की समाजार्थिक (सोशियो-इकॉनोमिक) संरचना की पूरी समझ के साथ प्रभा खेतान के उपन्यास 'पीली आँधी' में चित्रित हुआ है। आश्चर्य यह देखकर होता है कि इतना सशक्त उपन्यास पिछले कुछ बरसों के उपन्यासों में अपना अपेक्षित गौरव और सम्यक् रेखांकन क्यों नहीं कर पाया, कहीं कथा-आलोचना की विसंगति तो नहीं जिसमें कुछ कृतियों को आवश्यकता से अधिक 'फोकस' प्रदान किया जाता है और कुछ को चलताऊ ढंग से ही 'चलता' कर दिया जाता है? जिन दिनों 'कलि-कथा : वाया बाई पास' (अलका सरावगी) का चर्चा थी, तब तो तुलनात्मक दृष्टि से भी इस उपन्यास की ओर ध्यान जाना चाहिए था? 'पीली आँधी' के प्रकाशित हुए प्रायः चार बरस ही हुए हैं, सही साहित्यिक मूल्यांकन के लिए कुछ ज़्यादा समय भी गुजर नहीं गया है, बहरहाल, यह उपन्यास अपने गम्भीर पुनर्पाठ और पुनर्मूल्याँकन की अपेक्षा रखता है।

'पीली आँधी' राजस्थान के सुजानगढ़, रतनगढ़, चुरू, बीकानेर क्षेत्र का ऐसा जीवन्त चित्रण प्रस्तुत करता है कि उसे रूढ़ अर्थ में 'आँचलिक उपन्यास' की संज्ञा से भले ही अभिहित न किया जाए, किन्तु उस अँचल का सूखा, अकाल, राजे-रजवाड़ों द्वारा शोषण, मारवाड़ी 'बाणियों' (बनियों) की संस्कृति, जन-जीवन, उस समाज की रीति-नीति, तीज-त्योहार, लाक-व्यवहार, अपनी जाति की पत रखने के लिए व्यापार और कारोबार को बढ़ाते रहने का जातीय जीवट, उनकी बोली-बानी, खान-पान, चौका-चूल्हा, वेश-भूषा, विशेषतः आभूषण प्रेम, आदि जितने प्रामाणिक, सूक्ष्म और जीवन्त रूप में गहरे रंगों में यहाँ उकेरे गए हैं वह हिन्दी उपन्यास की एक महत् उपलब्धि है। हिन्दी में जाति और समाज विशेष पर उपन्यास लेखन के प्रयत्न पहले भी हुए हैं, यथा नागार्जुन (*वरुण के बेटे*), शिवप्रसाद सिंह (*शैलूष*), रांगेय राघव (*कब तक पुकारूँ*) आदि द्वारा, किन्तु इतने चटख रंगों और सूक्ष्म तथा पूर्ण विवरणों (फुल डिटेल्स) में किसी जाति या समाज का ऐसा चित्रण पहले नहीं हुआ है। कथा की इस मुख्य धारा के साथ-साथ उपन्यास कलकत्ता के बड़े-बड़े मारवाड़ी सेठों की संघर्ष कथा कहता हुआ यह अत्यन्त प्रामाणिक रूप से चित्रित करता है कि किस प्रकार आज के 'रूंग्टा' (रूंग्टयाज), 'कानोड़िया' (कानोड़ियाज), आदि ने धन, पद, प्रतिष्ठा अर्जित की है। 'पीली आँधी' के डर से राजस्थान के छोटे-छोटे गाँवों, कस्बों से दिसावरी के लिए निकल पड़ी पीढ़ियों ने कलकत्ते के बड़ा बाज़ार की अँधेरी गलियों और कोठरियों से

निकल अलीपुर जैसी संभ्रान्त जगहों में अपनी आलीशान कोठियाँ कैसे निर्मित कीं, इसकी दास्तान कहता उपन्यास मारवाड़ी समाज के प्रायः पौने-दो सौ सालों के इतिहास की बड़ी जीवन्त गाथा कहता है। यह समाज अपनी पूरी ख़ामियों और खूबियों के साथ उपन्यास में उपस्थित है, पूरी विविधताओं, अपने सम्पूर्ण लोकाचारों-रीति रिवाजों और अपनी अनख के साथ। पाकिस्तान से आए शरणार्थियों की जीजिविषा और पुरुषार्थ की तो प्रशंसा की ही जाती है, किन्तु इनसे पहले सामन्ती शोषण-व्यवस्था तथा अकाल और सूखे की मार से अपनी धरती से उखड़ी 'बागियों' की इस कौम ने किस प्रकार अपने को धनबाद, झरिया, रानीगंज, रूईडांगा की कोयला खदानों से लेकर कलकत्ते के बड़ा बाजार की गलियों में लाखों-करोड़ों के ब्यारे-न्यारे करते हुए न केवल कलकत्ता बल्कि आसाम में गुवाहाटी और पूर्वी बंगाल के ढाका आदि अनेक स्थानों में अपने को पूरी समृद्धि एवं शान-औ-शौकत में स्थापित किया, इसी की कथा बनकर आता है, प्रभा खेतान का यह उपन्यास, 'पीली आँधी'। मारवाड़ी बनियों की यह कथा चलती है—अंग्रेजों की ईस्ट इंडिया कम्पनी के समय से जब अंग्रेज साहब कहता है—"तुम मारवाड़ी बनिए हमें लूट रहे हों, सर यह लूटना तो हमने अंग्रेजों से सीखा है। हमको व्यापार करना कहाँ आता था। कभी राजस्थान गए हैं? भूख और गरीबी देखी है? मेरे डूंगरगढ़ में साल में एक फसल होती है—ज्वार, बाजरा, ग्वार की और वह भी बारिश हुई तो फसल होगी, नहीं तो अकाल! महामारी और भूख है, नंगी जलती हुई भूख। हम राजस्थानी स्वभाव से बहुत भावुक और सीधे होते हैं। जबान के पक्के, यह तो आपके बनाए टेढ़े-मेढ़े रास्ते पर चलने के लिए हमें टेढ़ी-बॉकी चाल सीखनी पड़ी है'[1] (पृ. 290.91)

अद्भुत जीवट वाले मारवाड़ी बनियों के जातीय चरित्र का प्रतिनिधि चरित्र 'पीली आँधी' में सुजानगढ़ के किशन के रूप में चित्रित हुआ है जो राजस्थान में हो रहे सामन्ती शोषण और सूखा-अकाल के दैवी प्रकोप की मार से घबराकर, विद्रोह करता हुआ 'अब इस धरती पर पाँव नहीं रखूँगा' की प्रतिज्ञा के साथ पढ़नेवाला बाल-सखा सुजानगढ़ के राजा रतनसिंह का कुँवर मानसिंह, किशन के सगे बड़े भाई रामेश्वर को गोली मारकर उन दोनों द्वारा दिसावरी से कमाया सारा माल हड़प कर भाग जाता है। किशन का गर्म खून भाई का बदला लेने के लिए दौड़ पड़ना चाहता है, किन्तु उनका समझदार जोशी केशरदेव उन्हें बचा-खुचा धन-जेवर लेकर बीवी-बच्चों के साथ रातों-रात सुजानगढ़ की सीमा से बाहर जाने का निर्देश देता है। फलतः अपनी बीनणी (पत्नी), अपने पुत्र और बड़े भाई के पुत्र माधो के साथ किशन, सुजानगढ़ छोड़ देता है—पीछे जो छोड़ता है वह है—"बूढ़ा बाप/पीछे छूट गई रोती हुई, माँ/पीछे छूटी. ..अनाथ असहाय, विधवा भाभी.../ घर में रखवाली के लिए रह गया घर का जोशी/घर में बची रह गई। अनाज की दो बोरी/गुड़ की चार भेली/भाभी और माँ के बदन का जेवर/घर की तिजुरी में थोड़ा बहुत सोना...जो कि किसी समय भी लूटा जा

सकता था।"[2] ऐसी विषम परिस्थितियों में घर-वतन छोड़ना सिर पर कफन बाँधने जैसा ही हौसले का काम था। यह वह समय था जब 'जर्मन-जापान की लड़ाई तो खत्म हो गई थी। किन्तु देस भर में भूख और गरीबी से लोग बेहाल हो रहे थे। जाट अंग्रेजी सेना में भरती होने जा रहे थे और मारवाड़ी 'बाणिए' पेट के लिए दिसावर जा रहे थे। राजपूताने के महाराजा, सामन्त, राजा-रजवाड़े, हों या कम्पनी सरकार, कहीं कोई सुनवाई नहीं—लूट खसोट, स्त्रियों-लड़कियों को जबरन उठा ले जाने की आए दिन की घटनाएँ सभी कुछ उपन्यास में इस रूप में चित्रित है कि पूरा तत्कालीन परिवेश प्रामाणिकता में जीवन्त हो उठता है। चुरू स्टेशन से शुरू हुई किशन और उनके परिवार की यात्रा न केवल उस समय की रेलगाड़ियों और स्टेशन के रख-रखाव को साक्षात् प्रस्तुत करती है बल्कि मारवाड़ी व्यापारी किस प्रकार खाने-पीने की चीजें लेकर दिसावरी को निकलते थे यह भी चित्रित है—मोंठ, बाजरे की रोटी के साथ केर-सांगरी का अचार, मेथी की लूंजी, घी से तर बाटियाँ, चीनी का चूरा, खाने-पीने का सामान टीन के पीपों में भरा हुआ। चुरू से दिल्ली और दिल्ली से कलकत्ते के लिए रवाना हुई रेलगाड़ी से धनबाद तक की किशन (किशनचन्द्र रूंगटा) की यात्रा न केवल उस समय के रेलगाड़ियों के माहौल से परिचित कराती है अपितु किशन जैसे दिसावरी पर जाते अनेक मारवाड़ी बनियों का पूरा अतीत और वर्तमान सह-यात्रियों की बातचीत के माध्यम से उघाड़कर उन परिस्थितियों से परिचित कराती है जिनके कारण यह कौम इतनी तीव्र जिजीविषा के साथ धनबाद, गुवाहाटी और विशेषतः कलकत्ता पलायन करती थी। 'न कुछ से' 'सब कुछ' तक अर्जित करने की यह संघर्ष यात्रा न केवल एक किशनचन्द्र रूंगटा की कहानी बनती है, बल्कि कलकत्ते के बड़ा बाजार की गद्दियों-हवेलियों, धर्मशालाओं से लेकर अलीपुर की शानदार, राजसी ठाट-बाट और शान-औ-शौकत वाली कोठियों तक, प्रायः तीन-तीन, चार-चार पीढ़ियों की रोचक और उत्प्रेरक कथा बन जाती है। प्रायः तीन सौ पृष्ठों (299 पृ.) के इस उपन्यास के लगभग बीच में पहुँचकर, माधोदास जो किशनचन्द्र के भतीजे थे की मृत्यु तक की कथा, अर्थात् किस प्रकार माधोदास ने अपना व्यापार साम्राज्य खड़ा किया था, को लेखिका ने अपनी माँ से सुनी हुई कहानी के आधार पर लिखा बताया है, किन्तु उपन्यासकार ने अपनी कल्पना, अध्ययन, जनश्रुति और उस समाज के बीच रहते हुए जितने सूक्ष्म विवरणों में, जितने प्रामाणिक और जीवन्त रूप में बुना है उसे पढ़कर आश्चर्य होता है, सारी कथा में जो रचाव है वह सुना हुआ नहीं अपितु प्रत्यक्ष अनुभव का हिस्सा लगता है, तीन पीढ़ियों की कथा, प्रायः सवा सौ वर्ष की कालावधि, पूरी तन्मयता और प्रामाणिकता में उकेरी गई है। अपने वतन, जमीन से उखड़कर कलकत्ता में स्थापित होने की यह कथा न केवल किशनचन्द्र रूंगटा की कहानी है अपितु इसी प्रकार के अनेक म्हाली चाचाओं, नाथूरामों की कहानी भी है जो उन्नीसवीं शती के पिछले समय में अथवा बीसवीं सदी के शुरू होते-होते कलकत्ता आकर अपनी संघर्ष यात्रा में पिल

पड़े थे, पूरे जी-जान से, पूरा जोर लगकार व्यापार किया और स्थापित, प्रतिष्ठित हुए, सबसे बड़ी बात यह कि कलकत्ता के बड़ा बाज़ार इलाके में पूरी तरह प्रतिष्ठित हो जाने पर भी ये लोग अपनी जमीन का मोह नहीं छोड़ पाए, राजे-रजवाड़ों ने वहाँ की जनता की जो हालत कर दी थी, रह-रहकर उसकी याद उन्हें कचोटती है, ''लेकिन पीछे छूटा हुआ गाँव उजाड़ हो जाता है। हम बाणिये तो कमाने निकले, कमाकर अपने देश ही जाएँगे ना और और ये राजा-रजवाड़े, ये सामन्त? हमारा ही धन सोखेंगे। इनके मन में कोई ग्लानि, या इसकी आँख में कभी तुमने आँसू की एक बूँद भी देखी है? अपनी विलासिता से, अपनी करनी से ये खुद हिजडे हैं हिजड़े! लुगाइयों के घाघरे में छिपकर बैठे रहते हैं। मैं नहीं मानता कि, अंग्रेजी संगीन ने इनकी तलवारों को पराभूत और अर्थहीन बना दिया, अरे इन रजवाड़ों के पेट में रोटी है, सर पर छत है, इनको क्या पड़ी थी कि, लूटपाट मचाएँ, हमें सताएँ, दूसरों की इनको बिल्कुल चिन्ता नहीं''।[3] अपनी जमीन का यही दर्द और मोह है कि अपने पीछे छोड़े उजाड़ गाँवों में भी मारवाड़ी अपनी हवेलियाँ, आलीशान हवेलियाँ, धर्मशालाएँ, स्कूल, कॉलेज बाप-दादों के नाम की प्रतिष्ठा के लिए बनवाते रहे, कूप, बावड़ियाँ खुदवाते रहे। कलकत्ता में रहकर भी कुल देवता की प्रसन्नता के लिए वहीं जाकर कितने-कितने मन (मण) का चूरमा प्रसाद रूप में बँटवाते रहे, भंडारा करते रहे।

तो कथा का क्रम, किशनचन्द्र रूंगटा के धनबाद में आकर टिक जाने के साथ आगे बढ़ता है। इस क्रम में बीच-बीच में स्वराज्य आन्दोलन की धमक और देश में चल रही गाँधी की आँधी की भनक-सी पड़ती रहती है, किन्तु पैसा कमाने में जुटी यह मारवाड़ी जाति राजनीति से दूर-दूर ही रहती आई, उसकी इस नीति की घोषणा उपन्यास में एकाधिक बार मिलती है कि 'बाणिए' को तो पैसा कमाने से मतलब, उसे राजनीति के पचड़े से क्या लेना-देना। धनबाद में मारवाड़ी भाई, लाला बिसेसर लाल की सहायता से किशन का काम जमा, उसने कपड़ों की फेरी तक की, उसका भतीजा माधो इस संघर्ष यात्रा में उसके साथ कन्धे से कन्धा मिलाकर चला। दोनों की मेहनत से व्यापार इतना तो चल निकला कि माधो कलकत्ते का रुख कर लेता है और बाद में वहीं अपने चाचा किशन और शेष परिवार को बुला लेता है। कलकत्ते की गद्दियों पर काम करने वाले मुनीम आदि जिस रूप में बड़ा बाजार में रहते थे उसका एक चित्र द्रष्टव्य है, ''कलकत्ते में ये लोग जिन नारकीय परिस्थितियों में रह रहे थे। उन परिस्थितियों में वे कभी नहीं रहना चाहते थे। वह जीवन उन्हें 'दोजख' का जीवन लगता है, बड़ा बाज़ार में रहना भी कोई रहना है, एक-एक कमरे में चार-चार, छह-छह लोग, बेटवा का ब्याह करेंगे तो इसी में पर्दा तानकर कमरा बना लेंगे। सुबह पाखाना के लिए लोटा लिए लाइन में खड़े रहो, सड़ांध और बदबू...आक्...थू यहाँ बड़ा बाज़ार में कौन-सा मामला निजी है? आप लोग साथ गद्दी पर सोते हैं, सुबह उठकर सब लोग साथ-साथ गंगाजी नहाने आते हैं। ननकू हलवाई के यहाँ सुबह का दूध-कलेवा साथ

करते हैं, फिर मेरे बासे में साथ भोजन करते हैं, फिर अलग क्या हुआ? निजी मामला क्या? गाँव अलग-अलग होगा, पर है तो यहाँ सभी परदेशी। बड़ा बाज़ार का यह रहना उन अरमानों और कल्पना-महलों के सामने और भी कारुणिक लगता है जो दिसावर पर निकले ये लोग कभी अपनी आँखों में पालते थे। किशन के बड़े भैया रामेसर (रामसेरा भाया) ने यह स्वप्न पाला था (जिसे उनका बेटा माधो और आगे चलकर उनकी दूसरी पत्नी पद्मावती ही पूरा कर पाती है)–"देख ये सारे मकराने के खम्भे बनाऊँगा और झरोखों की जाली बिल्कुल अलग डिजाइन की होगी। भाया दो-चार वर्ष जी-तोड़कर मेहनत मजूरी कर लेवें, अपनी पुरानी साख लौट आएगी। मैं खास आगरा से कारीगर बुलाऊँगा, भीतर की हवेली का सारा सामान दिल्ली जाकर खरीदूँगा। सुनते हैं वहाँ पर फ्रांस के झाड़फानूस बहुत सुभीस्ते मे मिलते हैं। बहुओं के लिए अलग कमरे बनाऊँगा, बच्चे तो और भी होंगे। सन्तान नहीं होगी तो अपना व्यापार कैसे फैलेगा?"[5], इस महत्त्वाकाँक्षा के बरअक्स बड़े बाजार की तंग कोठरियों का निवास एक पीड़ा बोध देता है। इसीलिए ये लोग चुरू जैसी जगहों में 'अप्सरा की तरह सजी-सँवरी खड़ी 'हवेलियाँ' बनवा रहे थे।

व्यापार में एक जाति अकरा-मन्दा जिस रूप में झेल रही थी इसका परिचय भी लेखिका ने प्रामाणिक रूप मे संजोया है, माधो अपने चाचा की बही में सन् 1930 के बाद की मन्दी का हिसाब इस रूप में दर्ज पाते हैं, यह "घर खर्चे का हिसाब (है)। गेहूँ-तीन रुपया मन, चना, मोठ, बाजरा-डेढ़ रुपया मन, मूँग, उड़द, अरहर-ढाई से तीन रुपया मन बहुत कीमती बासमती चावल-दस रुपया मन एक रुपया देशी घी, देशी चीनी चार आने सेर, दूध रुपया में सोलह सेर, काजू-तीन आना सेर, धोती जोड़ा सवा रुपए से डेढ़ रुपए तक, मलमल और लट्ठा-आठ आना गज, रेशमी बोस्की सवा बारह आना गज, अच्छी गाय का खरीद दाम पच्चीस रुपया से चालीस रुपया तक।"[6] लाला किशनचन्द्र रूंगटा की बही में उन कीमती चीजों के भाव इसलिए दर्ज हैं जिन्हें उन्होंने कभी खाया क्या दर्शन तक नहीं किए हैं कि आने वाली पीढ़ी हमारे बेटे-पोते हमें गरीब न समझें, परिवार में बेटे पोतों के सामने यही कहानी रखना कि हमारे दादाजी बहुत रईस थे, कि घर मुनीम-गुमाश्तों से भरा रहता था। घर में दूध-ही की कमी नहीं थी। मुफ्त का बासा (भंडारा) चलता था।[7] कहना न होगा कि ऐसी 'पत' रखनेवाली जीवट की जाति ही मारवाड़ी सेठों, 'रूंगटाज', 'कानोड़ियाज', 'खेतानूस' आदि के रूप में प्रतिष्ठित हो सकती थी। किशनचन्द्र के भतीजे माधो बाबू (दूसरी पीढ़ी) ने दूसरों की नौकरी को लात मारकर कोयला खान का व्यापार कर जिस रूप में अपने को प्रतिष्ठित किया, वह इसी जीवट की यशस्वी गाथा है।

माधो बाबू की वह संघर्ष गाथा इस दृष्टि से और भी महनीय हो उठती है कि उसके चाचा ने उसे बेटे से भी बढ़कर माना था और उसका पालन-पोषण किया था, उसी प्रकार निस्संतान माधो बाबू अपने चाचा के बेटे सांवरमल और उसकी घर-गृहस्थी,

बच्चों का लालन-पालन उसी पितृ-भाव से करते हैं। माधो बाबू की उम्र से आधी उनकी दूसरी पत्नी पद्मावती भी सांवरमल के बच्चों को उसी सगी माँ की ममता से पालती है और घर पर अपना अंकुश रखती है, तिल-तिलकर तपस्या-सा गलता माधो बाबू का जीवन, कभी चाची राधा बाई के लिए बनारस में कोठी बनवाता है, कभी झरिया की खानों में रात-दिन एक करके कोयले की खानों से 'हीरा' निकालता है। (कोयले की खानों से हीरा खरीदा जा रहा था, धन बरस रहा था।) उसे पैसा कमाने की 'लत' ही पड़ गई थी जिसके लिए उसने न दिन देखा न रात, झरिया में कोयला-खादानों के बीच ही झोंपड़ी में रहना, कभी कोठरी का बास और वही "कोठरी के सामने मूंज की खटिया पर बैठकर हरजस गायन, फिर व्यापार की बढ़ोहत्तरी में 'राई डांगा' में नई कोलियारी लेना—धन ही धन!! ऐसा धन जिसका परिचय बाद में सुराणा जी की डायरी से मिलता है या फिर पद्मावती के निधन के पश्चात् उस भंडार से मिलता है जिसमें जेवरों-कीमती वस्त्रों सोने-चाँदी के बर्तनों के ढेर भरे पड़े है। सांवरमली के तीन बेटों की बहुएँ आ जाने पर जिस रूप में ठेठ मारवाड़ी ठाट के माधो बाबू की दिनचर्या का रूपांतरण होता है, वह समस्त मारवाड़ी समाज के रूपान्तरण की प्रक्रिया को स्पष्ट करता है। किस प्रकार चौके में खाने की रीत से हटकर खाने की मेज उस मेज को भी 'यू शेप' में बनवाकर मारवाड़ी रीति से खाना परोसने की प्रथा की, किसी प्रकार रक्षा करने से प्रयत्नों के उदाहरणों में यह प्रक्रिया देखी जा सकती है। मारवाड़ी जीवन-पद्धति में बदलाव की यह प्रक्रिया माधों बाबू को लंग-कैंसर से मृत्यु के पश्चात् और तेज होती चली जाती है। वस्तुतः माधो बाबू के निधन के साथ ही इस मारवाड़ी समाज के अतीत की कथा समाप्त हो जाती है जिसे उपन्यासकार ने अपनी माँ से सुना और जाना था। आगे की पीढ़ी की कथा उसके समकालीन समय की कथा है, यद्यपि उसमें भी सुराणाजी की डायरी या विगत के कथा प्रसंगों के माध्यम से अतीत बार-बार झाँक जाता है। माधो बाबू अपनी मृत्यु से पूर्व अपनी पत्नी पद्मावती के नाम व्यापार में हर जगह आधा हिस्सा कर गए थे। अब तक यह मारवाड़ी परिवार अलीपुर में इस हैसियत में आ गया था, "मकान क्या इन्द्रपुरी है। रजवाड़ों का ठाट है। लाख रुपया महीने की पैदा है। कोयले में काले धन की कमी है क्या?" किन्तु इन्दिरा गाँधी के समाजवाद के चलते, कोलियारी का जब राष्ट्रीयकरण हुआ तो इस परिवार के आय के स्रोत बन्द हो चले थे।

परिवार की बागडोर एक निरंकुश शासक के समान 'ताई जी' (पद्मावती) के हाथ में थी, जिनके अनुशासन में साँवरमल के तीनों बेटों की बहुएँ थीं। 'ताई जी' के चरित्र के माध्यम से प्रभा खेतान ने मारवाड़ी परिवारों की रहन-सहन, तीज-त्योहार, व्रत-उपवास और परिवार में नित्य-प्रति की दिनचर्या आदि का अत्यन्त सूक्ष्म चित्रण कर, उस बन्द समाज के आदर्शों, निष्ठाओं एवं शान-ओ-शौकत, वैभव, सभी का जीवन्त परिचय दिया है, कदाचित् हिन्दी में दूसरा उपन्यास ऐसा नहीं है जिसने किसी

समाज विशेष का ऐसा गहरा परिचय दिया हो। अपनी इसी विशिष्टता में उपन्यास अपने प्रकार की अलग 'आँचलिकता' लिए हुए है। पारिवारिक परम्पराओं से विरोध का प्रथम विस्फोट साँवरमल के सबसे छोटे स्त्रैण समलिंगी पुत्र गौतम की पत्नी सोमा करती है, ताई जी की एकछत्र सत्ता को पग-पग पर गम्भीर चुनौती देती हुई। दिल्ली के मारवाड़ी परिवार की दून के वैल्हम पब्लिक स्कूल में दीक्षित, पूरी तरह अंग्रेजियत में डूबी सोमा जब कलकत्ते के इस बन्द मारवाड़ी समाज' की बहू बनकर आती है तो वह किस प्रकार प्रत्येक पग पर अपने को पाती है, उसका ताई की सत्ता को चुनौती देना, 'पुजारी भैया' के आशिक अपने पति का समलैंगिक शारीरिक सम्बन्ध देखकर अपने विद्रोह को तेज कर, अपने शिक्षक सुजीत से न केवल प्रेम करना अपितु उस प्रेम को विवाह की परिणति तक पहुँचाना, न केवल 'सोमा सेन' का परिवर्तन है अपितु उस समाज में आ रहे भारी बदलाव का भी रेखांकन बनता है। उपन्यास की चारित्रिक संरचना में बहुत बड़ी उपलब्धि यह है कि ताई जी जैसा पारम्परिक चरित्र अपने परिवार की दूर चली गई, दूसरे की होकर चली गई बहू को अपनी पूरी ममता देतीं है। ताई अपनी धरोहर की हकदार केवल इस छोटी बीनणी को मानती है, इसीलिए अपने अन्तिम समय उसे बुलवा भेजकर भंडार गृह, अपने सम्पत्ति कक्ष, की चाबी उसें ही देने या उसका अधिकार केवल सीमा को ही देकर अपनी ममता प्रदान करती है। सोमा सेन और उसके वर्तमान पति सुजीत सेन दोनों उस धन को लात मारकर अलग खड़े हो जाते हैं। सोमा बीनणी का धन, आभूषणों और कीमती वस्त्रों को इस प्रकार उन सबके लिए छोड़ आना जो उसके लिए चील-कौओं की तरह लड़ रहे थे। मारवाड़ी समाज की नई पीढ़ी के मानसिक परिवर्तन को लक्षित करता है।

सोमा (सेन) उस रूंगटा परिवार से गीता जैसी दिखनेवाली जिस चीज को लाई थी वह निकलती है परिवार के अनन्य सेवक, माधो बाबू द्वारा अपनी कोलियारी के लिए लाए गए सुराणा—पन्नालाल सुराणाजी की डायरी, उन सुराणाजी की डायरी जो माधो बाबू के लिए सगे भाई जैसे, दीवान की हैसियत को पहुँचे। अद्‌भुत व्यक्तित्व के स्वामी हैं और उनकी पत्नी निमलीबाई भी ताईजी की सेविका कम, सहेली और बहन के रूप में ज्यादा रही है, डायरी के पन्नों में जो पद्‌मावती-सुराणाजी प्रेम प्रसंग है, वह पूरी कथा को एक मार्मिकता प्रदान करता है। स्वयं माधो बाबू सुराणाजी को पद्‌मावती का पूरा ख्याल रखने का निर्देश देकर स्वर्ग सिधारते हैं किन्तु निरन्तर साहचर्य की प्रेम में परिणति अत्यन्त स्वाभाविक रूप में हुई है। पद्‌मावती और सुराणाजी अपने कर्त्तव्य की बेड़ियों में जिस रूप में जकड़े हुए इस प्रेम को पूर्ण गोपनीय रखने का 'कर्त्तव्य' निभाते हैं, वह भी इस प्रेमकथा का एक आवश्यक और स्पृहणीय घटक है। अपनी आजादी और स्वच्छन्द प्रवृत्ति में सुराणाजी के अंकुश को बाधक मानता हुआ साँवरमल उन्हें जिन्दा ही जलती हुई कोलपीट में फेंककर मरवा देता है। मृत्यु से पूर्व इसकी सूचना मिलने पर भी सुराणाजी के राजस्थानी रक्त को

कायरों की तरह भागना उचित नहीं बनता। कदाचित् साँवरमत को सुराणाजी और पद्मावती के परवान चढ़ते पेम की भनक भी रही हो, इसीलिए वह अपनी पूजनीय भाभी को "चुप रहो रांड! नहीं तो तुम्हारा झोंटा पकड़कर घर से बाहर कर दूँगा।" जैसे कटु अपशब्द कहता है। सुराणाजी 'सौभाग्यवतियों' की चुनड़ी ओढ़ाकर अपने प्रेम को विवाहिता का गौरव प्रदान करते हैं, केवल सिन्दूर वह लोक-लाज के भय से नहीं लगा पाती है। इस प्रकार मरू-भूमि के लोगों के संघर्ष में यह प्रेम-प्रसंग एक मीठी-सी टीस छोड़कर कथा को विराम प्रदान करता है।

आँचलिक उपन्यास की बहुत बड़ी शक्ति उसकी जनपदीय भाषा, लोक-भाषा है। 'पीली आँधी' में भी भाषा की यह आँचलिकता उसके परिवेश को तो जीवंत करती ही है, जनपदीय शब्दों की अर्थवत्ता और शक्ति भी आकर्षित करती है। मारवाड़ की बोली—बानी बोलते ये पात्र अपने रूप-रंग की गहरी पहचान के साथ कथ्य की पूरी पकड़ का भी परिचय देते हैं, 'रूपवती बीनणी', रूप का कामण (प्रभावी, जो एकदम काम कर जाए), 'एकली लुगाई', 'डुसका मारना' जैसे प्रयोग और उपमा-उत्प्रेक्षाओं आदि का लोक-गर्भित प्रयोग भाषा को एक नया रचाव और सामर्थ्य प्रदान करते हैं, कुछ उदाहरण द्रष्टव्य है—'ऐसा रूप तो भरोख से आके तो चील झपट कर ले जाए', 'बोलती है तो कोयल टुहका लेने लगती है', "पाका पान है, छिन में चिणक जाएँगे", "दोनों छोरियों का कावा ढीचा सलटाना है", "हाँ बहुत ठाया साहब है, उनके रहते टाबरी की चिन्ता नहीं करनी पड़ती", आदि-आदि, राजस्थानी वेश-भूषा, आभूषणों तथा खान-पान की अनेक वस्तुओं एवं पदार्थों के नाम, गणगौर सिंधारे, जैसे त्योहारों-लोकाचारों, रीति-रिवाजों आदि ने उपन्यास की भाषा को एक क्षेत्रीय निजता प्रदान की है। सभी दृष्टियों से 'पीली आँधी' समकालीन दौर का एक विशिष्ट और अत्यन्त महत्त्वपूर्ण उपन्यास है।

संदर्भ

1. 'पीली आंधी', पृ. 290-91
2. वही, पृ. 14
3. वही पृ. 37
4. वही, पृ. 34, 35
5. वही, पृ. 26
6. वही, पृ. 48
7. वही, पृ. 49

महामहिम में स्वाभिमान शेष था। उन्होंने भृकुटि वक्र की, राजदंड उठाने के लिए सोचा पुनः विक्षुब्ध और तेजेकर के हाथ जोड़ने और अनुराधा की ओर से क्षमा माँग लेने पर राज्यपाल शान्त हो गए? तड़पे और बोले, ''आप निश्चिन्त रहें, एक्शन लिया जाएगा।''

....

विक्षुब्ध को अपनी कोई चिन्ता नहीं थी। वह जानता था कि अन्त में यही होगा। सुरक्षा इसमें है कि व्यक्ति बुराई के प्रति तटस्थ रहे। हस्तक्षेप किया और खतरा आया। लेकिन अब तो पीछे नहीं लौटा जा सकता... ''मेरी नियति यही है किन्तु जब तक हूँ, तब तक लड़ूँगा, निर्भय, निर्द्वन्द्व, 'न दैन्यं न पलायनम्'... ।''

....

''ये वे ही तत्त्व हैं जिन्होंने सोवियत रूस में, पूर्वी यूरोप के साम्यवादी देशों में क्रान्ति को विफल कर दिया...ये तत्त्व क्रान्तिकाल में अपने को सुखी और सम्मानित रखते हैं, कभी खतरे में नहीं पड़ते, ये बूर्ज्वाभद्र वर्ग के अंग बन कर रहते हैं, और क्रान्ति के बाद ये वह नमूना पेश करते हैं कि जनता भी इनका अनुसरण कर खराब हो जाती है।''

....

''जिन्हें वामपन्थी संगठन कहा जाता है वे किसी समर्थनहीन, वोट विहीन व्यक्ति के लिए जान की बाजी नहीं लगाते...सिद्धान्त तो सिर्फ बकने के लिए होते हैं, वे राजनैतिक पादरी हैं, प्रवचन देते हैं, कुछ करते नहीं हैं।''

संपूर्णतः एक राजनीतिक उपन्यास

('विक्षुब्ध' : डॉ. विश्वम्भर नाथ उपाध्याय)

मैं प्रायः ही किसी कृति की भूमिका कृति को पढ़ने के बाद ही पढ़ता हूँ क्योंकि होता यह है कि रचना में वह सब नहीं होता जिसके दावे किए जाते हैं। कृति को पढ़ते हुए फिर उन सब अपेक्षाओं को पाने की चेष्टा कहीं न कहीं अदृश्य रूप में विद्यमान रहती है जिन्हें भूमिका ने जगाया था। डॉ. विश्वम्भरनाथ उपाध्याय का उपन्यास 'विक्षुब्ध' (1991 ई.) जब समाप्त किया तो उसकी भूमिका पढ़ी, इस बात से प्रसन्नता हुई कि 'विक्षुब्ध' उपन्यास में वह काफी-कुछ है जिसको लेखक ने भूमिका में बताया है। प्रारम्भ में ही लेखक कहता है, 'विक्षुब्ध' शीर्षक यह उपन्यास मेरी चेतना के सम्पूर्ण उद्वेलन को व्यक्त करता है। इसमें प्रचलित सामाजिक-प्रयोगों से उत्पन्न मोहभंग, विक्षोभ और तज्जन्य वेदना भी है और एक नए विकल्प की खोज भी।'' कथा-साहित्य में जब यथार्थ-चित्रण की प्रतिबद्धता के तहत 'यथातथ्यवाद' को ही प्रमुखतः प्रश्रय मिल रहा है, उस समय 'विक्षुब्ध' अपने समय के हर जलते सवाल पर उंगली रख अपनी सामाजिक स्थितियों से गहन साक्षात्कार करता हुआ उनके निराकरण के लिए एक दृष्टि-विजन-भी प्रस्तुत करता है। इस उपन्यास में 'आदर्श साम्यवाद का भारतीय नमूना' खोजने के प्रयास में लेखक ने वैचारिक मन्थन किया है और अपने समाजवाद को वह 'जनतान्त्रिक समाजवाद' और 'सोवियत व्यवस्था' का एक नया प्रारूप (मॉडल) कहता है। इस नए प्रारूप की संरचना में लेखक ने जिस प्रकार अपनी समृद्ध कल्पना को वैचारिक ऊहापोह के पश्चात् कथा-क्रम को नियोजित करने में प्रयुक्त किया है, उसे देखकर आश्चर्य होता है कि इतनी गम्भीर राजनीतिक विचार-सरणि को किस प्रकार कथा के रचनात्मक धरातल पर प्रस्तुत किया गया है। उपन्यासकार 'विक्षुब्धता' को 'जनतान्त्रिक समकालीनता का औपन्यासिक थीसिस या प्रलेख' कहता है। वस्तुतः यह अपने प्रकार का प्रथम राजनीतिक उपन्यास है जिसमें आद्यन्त अपने 'राजनीतिक सिस्टम' की पड़ताल और एक आदर्श व्यवस्था का स्वप्न बुना गया है। इस रूप में 'विक्षुब्ध' एक गम्भीर सोच का उपन्यास है। प्रस्तुत उपन्यास इस कथन को भी गलत सिद्ध करता है कि साहित्य प्रत्यक्षतः सामाजिक क्रान्ति का कारगर

हथियार नहीं बन सकता, यहाँ तो कथा के द्वारा ही क्रान्ति का 'विजन' दिया गया है। हिन्दी के राजनीतिक कोटि के उपन्यासों में (यथा 'सबहि बचावत राम गुसाईं', 'महाभोज' आदि) अनेक राजनीतिक सरोकार तो हैं किन्तु अपने राजनीतिक सिस्टम की पड़ताल करते हुए राजनीति को एक वैचारिक संकल्पना से परिचालित करने का आदर्श प्रस्तुत करनेवाला यह प्रथम विशुद्ध राजनीतिक उपन्यास कहा जा सकता है। यद्यपि समकालीन यथार्थ इतना जटिल (कॉम्प्लेक्स) है कि उसे राजनीतिक, सामाजिक, आर्थिक आदि खातों में नहीं खतियाया जा सकता, इसीलिए उपन्यासों का यह वर्गीकरण—सामाजिक, राजनीतिक, सांस्कृतिक, आदि बेमानी हो जाता है किन्तु 'विक्षुब्ध' को पढ़कर इसे विशुद्ध राजनीतिक उपन्यास कहा जा सकता है। 'विक्षुब्ध' अपने कथ्य और शिल्प से उपन्यास के प्रचलित 'ढाँचे' को तोड़ता हुआ औपन्यासिक विधा को एक नया आयाम देता है, और साथ ही यह अहसास भी कि नौवें दशक का अन्त होते-होते हिन्दी उपन्यास वैचारिक दृष्टि से कितना परिपक्व और प्रौढ़ (मैच्योर्ड) हो जाता है। अपने इस रूप में यह उपन्यास हिन्दी के औसत पाठक के लिए नहीं है। 'कामायनी', 'उर्वशी', 'शेखर एक जीवनी', 'नदी के द्वीप', आदि से लेकर 'विक्षुब्ध' तक यही सिद्ध होता है कि ये श्रेण्य साहित्यिक कृतियाँ साहित्य के सामान्य पाठक के लिए नहीं हैं, एक विशेष बौद्धिक वर्ग के लिए ही है। यह कोई चिन्ता का विषय नहीं है कि उपन्यास जैसी जनप्रिय कथात्मक विधा भी केवल विशिष्ट वर्ग तक ही सीमित रह जाए।

कथानायक 'विक्षुब्ध' लेखक की वैचारिकता का वाहक पात्र है या कहें वह उपन्यासकार का ही प्रतिरूप बन गया है। विक्षुब्ध के चरित्र की धुरी है, "जो नाराज़ हो, क्रुद्ध हो, जो बुराई पर बिगड़ उठे, लड़े वह विक्षुब्ध...[1], "मेरी नियति यही किन्तु जब तक हूँ, तब तक लड़ूँगा, निर्भय, निर्द्वन्द्व, 'न दैन्यं न पलायनतम्'... ।"[2] जीवन और समाज में व्याप्त हर बुराई से वह लड़ता है, अपनी सम्पूर्ण शक्ति से, अपने समस्त साधनों से। बाबा धरती पकड़ के नेतृत्व में लड़ा जानेवाला इसका युद्ध काफ़ी सीमा तक सार्थक भी होता है किन्तु उसका दर्द यही है कि अनेक प्रयत्न करने पर भी स्थितियाँ जस की तस हैं—

"मैं लोगों की ऐंठ निकालते-निकालते
लहुलुहान हो गया हूँ
और उनके कड़वे बोल सहते-सहते
न जाने क्या-क्या भुगता है मैंने
मैं अभी भी अपने आक्रोश से गरम कर
आदमी को अपनी निहाई पर
धन से पीट रहा हूँ

लेकिन ठण्डाते ही उसकी पूँछ
पुनः टेढ़ी हो जाती है।" –पृ. 120

डॉ. विश्वम्भरनाथ उपाध्याय वामपन्थी चिन्तन से जुड़े हुए घोषित रूप से प्रगतिशील लेखक हैं जिसका आधार मार्क्स का साम्यवादी दर्शन है किन्तु हाल के वर्षों में रूस जैसे देश में साम्यवादी व्यवस्था का ढाँचा चरमराकर टूट जाने और अपने यहाँ विभिन्न वामपन्थी दलों की अवसरवादिता की राजनीति से उनका मोहभंग हुआ है। इसलिए वे इस व्यवस्था के पारम्परिक रूप को खुलकर चुनौती देते हैं। वस्तुतः उनकी मान्यता है कि मार्क्स-दर्शन आज भी प्रासंगिक है, आवश्यकता उसकी नई व्यवस्था की है। समय-समय पर मार्क्स की जो व्याख्याएँ की गई हैं, वे आज सन्दर्भ-च्युत हो चुकी हैं। लेखक को विश्वास है कि "साम्यवाद की वापसी होगी किन्तु स्टालिनीय साम्यवाद की नहीं जनतान्त्रिक साम्यवाद की वापसी होगी।" वह परम्परा को विवेक से ग्रहण करने का पक्षधर है। इसीलिए वह उन्मुक्त होकर मार्क्स, एंगिल्स, लेनिन, स्टालिन आदि की विचार-सरणियों के अभावों पर खूब विस्तार में विचार करता है। उद्धरण किंचित् लम्बा हो जाएगा किन्तु बात को पूरी तरह स्पष्ट करने के लिहाज से उसे देने का लोभ संवरण नहीं किया जा रहा है। प्रो. मेहता से कहलाया गया है, "मार्क्स-एंगिल्स-लेनिन ये सब मनुष्य की चेतना को, उसके क्रियेशन्स, उसकी सर्जनाओं को, कला-साहित्य को, दर्शन और अनिवर्च अनुभवों को, सबको उपघटना रूपी फिनोमेनन बना देते हैं, और यह मानव-चैतन्य का दर्जा गिराना या उसका गौणीकरण है, उसे गौण बना देना है अतः वह जड़वाद बन जाता है। तीसरे मार्क्स के इतिहासवाद की व्याख्या में, पहले से ही एक अभिप्राय, एक अर्थ मान लिया गया है कि वह प्रगतिशील है या यह कि वह साम्यवाद की ओर जा रहा है या अनिवार्यतः उधर जाएगा। मार्क्स मानता है कि इतिहास कभी-कभी नीचे जा सकता है (रीग्रेशन) किन्तु अन्ततोगत्वा वह प्रगतिशील हो जाएगा और चतुर्थ तथ्य यह है कि समाज में आर्थिक आधार को मूलाधार और ज्ञान-कला-साहित्य-राजनीति धर्म आदि को ऊपरी आधार मानने से अनेक असंगतियाँ पनपती हैं जिन्हें कोई मार्क्सवादी नहीं सुलझा सका और अब तो साम्यवादी शिविर पूँजीवाद की ओर उन्मुख हो गया है, "लौट के बुद्ध घर को आए' वाली बात हो रही है अतः क्रान्ति में व्यर्थ रक्तपात हुआ...स्टालिन मार्क्सवाद के आधार पर बलात् समाज को बदलना चाहता था पर हुआ क्या? आज वहाँ रूस में न सोवियत या पंचायत व्यवस्था सफल हुई न सामूहिक कृषि और उद्योग, वहाँ निजीकरण हो रहा है अब, पूँजीवादी जनतन्त्र आ रहा है, साम्यवादी शीराज़ा बिखर गया है वहाँ और तब भी आप ऐतिहासिक दृष्टि से पराभूत हो जाने पर भी मार्क्सवाद को प्रासंगिक सिद्ध कर रहे हैं...आश्चर्य है"।[3] लेखक को इस बात की कतई परवाह नहीं है कि कोई उसे (और उसके मानसपुत्र विक्षुब्ध को) मार्क्सवादी नहीं माने तो क्या

स्थिति होगी,'' वे मुझे मार्क्सवादी नहीं मानें कोई चिन्ता नहीं, किन्तु जो सत्य है, वह यही है कि मार्क्सवाद विकासशील है और इसीलिए मैं अपने को मुक्त मार्क्सवादी मानता हूँ यानी जो सच्चा मार्क्सवादी होगा, वह मुक्त मानस होगा और वैचारिक 'ग्लासनोस्त' तथा 'पुनर्रचना (पेरेस्त्रायका) को मानेगा।''[4] इस प्रकार 'विक्षुब्ध' में मार्क्सवाद एक घुटन में नहीं अपितु भारतीय सन्दर्भ में पहली बार एक स्वच्छ वायु में साँस लेता है--कम-अज-कम रचनात्मक धरातल पर पहली बार।

भारतीय राजनीतिक परिदृश्य में 'कामरेडों' कम्यूनिस्टों की क्या भूमिका रही है, इस पर भी लेखक ने जितनी खुली दृष्टि से विचार किया है इसके लिए उसके साहस की दाद देनी होगी। बिना किसी की परवाह किए वे वस्तुस्थिति को नंगा करते हैं, तिलमिला देने वाली चोंटे देकर। चोटें सिर्फ चोट करने के लिए ही नहीं अपितु यथार्थ से और गहरे साक्षात्कार के लिए। किसी गैर 'कम्युनिस्ट' से यदि यह आलोचना आती तो किन्हीं खास हल्कों में खूब हंगामा मचने की सम्भावना होती किन्तु एक भुक्त-भोगी तटस्थ द्रष्टा की आँख खोलनेवाली ये बेबाक और निडर टिप्पणियाँ बहुत महत्त्वपूर्ण हैं। यह आत्मालोचन भारतीय कम्यूनिस्ट आन्दोलन और उससे जुड़े लोगों को अन्तरावलोकन के लिए प्रेरित करता है। विक्षुब्ध और तेजेकर के बीच हुआ वार्तालाप इस दृष्टि से महत्त्वपूर्ण है। 'कामरेडों और प्रगतिशील' लोगों को लेखक तेजेकर के माध्यम से लताड़ता है कि वे 'संघर्ष को स्वार्थ के लिए भुनाते हैं। ''वे सरकार के एजेंट बनकर पद, सुख-सुविधा पाते हैं, वे मजदूरों को मूर्ख बना कर सत्ता से, सेठ से सौदा करते हैं,'' तथा ''तुम्हारे कामरेड, कम्युनिस्ट देशों के प्रचारक हैं, पदानुगामी, उनके हितों के अभिकर्त्ता, उनके विचार के अन्धविश्वासी, उनकी पुस्तकों के विक्रेता, उन देशों के यात्री...सुख-सुविधाभोगी और अनैतिक, अमानवीय, सैक्टेरियन, लानत है, थुड़ी है।'' किन्तु कम्युनिस्टों के पतन के कारण साम्यवाद-मार्क्सवाद बेमानी नहीं हो जाता, ''व्यक्ति और संगठन के पतन से, किसी वरेण्य विचारधारा का पतन कैसे माना जा सकता है।'' तथाकथित मार्क्सवादियों की असफलता मार्क्स या मार्क्सवाद की असफलता नहीं है, ऐसी लेखकीय मान्यता है। साम्यवाद जिस भ्रष्ट व्यवस्था से लड़ने, उस ढाँचे को आमूल-चूल परिवर्तित करने का उपक्रम था, छद्म मार्क्सवादी उसी भ्रष्ट-व्यवस्था का हिस्सा बनते जा रहे हैं। वे स्वयं एक कदाचारी संस्कृति के विकास के लिए उत्तरदायी हैं, ''...ये जो साम्यवादी हैं, समाजवादी हैं, प्रगतिशील हैं, जनवादी इनमें से कोई संघ/संगठन, सामाजिक-सांस्कृतिक कदाचार के विरुद्ध कुछ नहीं करता, बस सभा में मार्क्सवाद बूँकते हैं और जहाँ अधिकार है, प्रभाव है, वहाँ जाकर उसके साथ सटते हैं, स्वयं प्रभावशाली बनते हैं और तेवर दिखाते हैं गोया क्रान्ति कर रहे हो...ये भी व्यक्तियों और संस्थाओं के संगठनों को बिगाड़ रहे हैं, सभाओं में पाखंड फैला रहे हैं।'' विक्षुब्ध की मान्यता है कि ऐसे 'सड़े हुओं' को संस्थाओं से निकालकर बाहर कर देना चाहिए। 'मुहल्ला सोवियतों' की स्थापना द्वारा ही जनहित के कर्म साधे जा सकते

हैं, और इस कदाचारी संस्कृति के खिलाफ खड़ा हुआ जा सकता है। भ्रष्ट-व्यवस्था के खिलाफ सही जनान्दोलनों की सबसे बड़ी विशेषता और शक्ति यह है कि वे किसी भी बात के लिए सरकार के मुखापेक्षी नहीं हैं, व्यापक जन-चेतना और मुहल्ला-संगठन ही इन सबसे निपट सकते हैं। जिस लेखकीय सूझ-बूझ से इस उद्देश्य में सफलता प्राप्त की गई है, उससे ये उपाय केवल आदर्श ही नहीं दीखते—थोड़े से प्रयत्नों से ही इन्हें कार्यान्वित होते देखा जा सकता है। आवश्यकता सही और निस्वार्थ नेतृत्व की है। बाबा धरतीपकड़, विक्षुब्ध, पत्रकार प्रफुल्ल और विक्षुब्ध की सहयोगी अनुराधा इसी सही नेतृत्व के दृष्टान्त बनकर उपन्यास में आए हैं। लेखक इस बात का भी कायल है कि "राजनैतिक क्रान्ति के साथ-साथ सामाजिक सांस्कृतिक भी साथ-साथ चले तो आदमी का स्वभाव बदल सकता है।"[5]

'विक्षुब्ध' उपन्यास का बहुत महत्त्वपूर्ण हिस्सा उसका पाँचवाँ परिच्छेद है जहाँ लेखक ने वामपन्थी लेखक संगठनों—प्रलेस-जलेस आदि की उठा-पटक की राजनीति, मिथ्याचारिता तथा गुरुडम पर करारी चोट की है। समाज के सच्चे सेवक धरतीपकड़ मार्क्सवाद के नाम पर खेती कर रहे बुद्धिजीवियों को अच्छी तरह पहचानते हैं, "मैं तथाकथित वामपंथियों/साम्यवादियों को, प्रगतिशील और जनवादियों को, जन-संस्कृति वालों को उनकी गन्ध से पहचान जाता हूँ।" विक्षुब्ध लेखक संघ के उद्घाटन सत्र में नहीं साधारण सत्र में ही जाना चाहता है क्योंकि उद्घाटन सत्र में तो विशिष्ट नेता महज़ कुछ लफ़्फ़ाबाज़ी कर, उत्सव के अलंकार बन, चले जाते हैं, ये लोग "सत्य को नहीं, अपने को प्रतिष्ठित करते हैं।" लेखक संघ की बड़ी प्रामाणिक तस्वीर उसके अधिवेशन के माध्यम से प्रस्तुत की गई है। 'लेखकों, पत्रकारों, टिप्पणीकारों, अध्यापकों और सामान्य साहित्य प्रेमियों' के हजूम का नेपथ्य से निर्देशन साम्यवादी दल के नेता और कार्यकर्त्ता कर रहे हैं। मंच पर 'व्यवस्थित' और 'प्रतिष्ठित' तथा 'सम्पन्न लेखक' थे, 'अधिकतर रूस-रिटर्न्ड' जिनमें 'कईयों के वस्त्र भी रूसी', उच्च पदासीन, कई प्रकाशकों के परामर्शदाता और संपादक। इस अधिवेशन में 'नामधारी सिंह' नामक लेखक नेता भी हैं जिनका खाका इस रूप में खींचा गया है और जिनकी समकालीन साहित्यिक-राजनीति में पहचान कोई मुश्किल काम नहीं है, "यह नामधारी है न, यह इस प्रगतिशील प्रकाशन-गृह का सलाहकार है। पारिश्रमिक पाता है। वही इसकी पत्रिका का संपादक है। यह नामधारी है न, यह इस प्रकाशन-गृह की किताबों को कोर्स में लगवाता है...जी हाँ और इस प्रकाशन-गृह की किताबों को पुरस्कृत कराता है. ..यह यहीं से रूसी दूतावास से प्रकाशित पत्र-पत्रिकाओं का हिन्दी अनुवाद छपाता है और साम्यवादी देशों को पुस्तकें यहीं से बिकवाता है...इसीलिए यह प्रगतिशील-पूँजीपति है। इस निजी प्रकाशन-गृह का मालिक भूतपूर्व कामरेड है, अब सेठ है...इसकी कोठी इतनी ऊँची है कि भले ही सिर पर लाल टोपी हो गिर पड़ेगी, करोड़ों का मालिक है ...यह कार्यक्रमों के लिए मदद देता है...यह एक रैकिट है, व्यावसायिक प्रपंच है...

प्रगतिशील साधारण लेखक के लिए मिशन है, जनक्रान्ति का माध्यम किन्तु इन खास हज़रात के लिए व्यवसाय है।''[6] ये चेहरे साफ़ जाहिर हैं, उपन्यासकार बधाई का पात्र है कि उसने इन लेखक-संगठनों की कार्य-पद्धति को साहसपूर्वक बेनकाब किया है। ये रोजाना की जानी स्थितियाँ उपन्यास के यथार्थ को एक विश्वसनीयता का रंग देती हैं। इन लेखक-सम्मेलनों में यदि कोई विरोधी स्वर उठता भी है तो छुटभइयों और सिपहसालारों की फौज़ उससे 'अच्छी तरह निपटने' के लिए पूरी तरह तैयार बैठी रहती है। विक्षुब्ध (लेखक) का मानना है कि ऐसे ही तत्त्वों ने सोवियत रूस तथा पूर्वी योरोप के 'साम्यवादी देशों में क्रान्ति को विफल कर दिया।'' भविष्य में होने वाले प्रधानमन्त्री को भी ऐसे ही नेता लेखक सम्मेलनों में बुला अपनी गुड्डी चढ़ाते हैं, ''यह प्रगतिशील लेखक सम्मेलन साधारण लेखकों के लिए है। विशिष्ट लेखक नेताओं के लिए तो यह 'आत्मप्रगतिशील सम्मेलन' है...खुद की तरक्की का जरिया है।'' सम्मेलन के बाहर 'प्रगतिशील प्रकाशन' की दुकान पर बिकने वाले साहित्य की भी खूब खबर ली गई है। भाषण के दौरान साहित्यकार नेता किस प्रकार अपने ही ग्रुप के कुछ नामों को उछालते हैं, कितनी पूर्वाग्रहपूर्ण बात किसी सही लेखक और लेखन के बारे में कहते हैं क्योंकि वह उनकी गुटबन्दी से मेल नहीं खाता—यह सब बहुत प्रामाणिक विवरण है। भाषा के प्रस्ताव पर बहस और उसको पास कराने के पीछे की राजनीति की भी खूब बखिया उधेड़ी गई है। ''कामरेड, मैंने सुना है कि सरकार से रुपया लिया गया है कि प्रस्ताव पास कर दो कि उर्दू भाषा को द्वितीय राजभाषा बना दिया जाए...समझ में नहीं आता. ..ये प्रगतिशील नेता किसके विरुद्ध लड़ रहे हैं?'' कम्युनिस्ट बुद्धिजीवी नेता किसी भी प्रकार के भ्रष्टाचार के खिलाफ नहीं लड़ते हैं अपितु वे केवल भाषण करते हैं, वे 'मूर्त विकृति का विरोध नहीं करते, वे सिर्फ कुछ अवधारणाओं पर आक्रमण करते हैं'', ''साहित्य में ये प्रतिक्रियावादी विचारधारियों को कला के नाम पर स्थापित करते हैं और सम्मेलनों में प्रगतिशील कथ्य का समर्थन करते हैं...ये मुख देखकर बोलते हैं।'' इस रूप में 'प्रगतिशील लेखक कौतूहल और कला की वस्तु—कलाबत्तू' बनकर रह गए हैं। कहना न होगा कि ये हमारे समसामयिक साहित्यिक परिदृश्य की जगजाहिर कुत्सितताएँ हैं जिन पर इतना खुलकर आज तक नहीं लिखा गया है।

चुनाव के हथकंडों और पूरे तन्त्र ने जिस प्रकार राजनीतिक व्यवस्था को प्रदूषित किया है, 'विक्षुब्ध' में न केवल उनका चित्रण हुआ है अपितु उससे निजात पाने के प्रयत्नों को भी रेखांकित किया गया है। बाबा धरतीपकड़ का 'धरती नगर' यदि एक ओर उपन्यासकार के स्वप्नों की आदर्श व्यवस्था का प्रारूप (मॉडल) बनता है तो दूसरी ओर भ्रष्टाचार से संघर्ष, जन-संघर्ष, का भी आदर्श रूप प्रस्तुत करता है। अपने लोकोपकारी कार्यों से प्राप्त जनप्रियता के द्वारा धरतीपकड़ जी ने अपनी वह धाक बना ली है कि कोई भी प्रत्याशी उनके प्रत्याशी के सामने जीत ही नहीं सकता। वे स्वयं प्रत्याशी नहीं हैं, उनमें सत्ता-लोलुपता या और किसी प्रकार का स्वार्थ बिल्कुल

ही नहीं है। वे अपने स्वरूप में गाँधीजी के नए संस्करण लगते हैं, किन्तु विशुद्ध गाँधीवादी नहीं। उनकी जनप्रियता से प्रत्येक राजनीतिक दल तथा पुलिस और पूरा शासन तंत्र बौखलाया हुआ है, "...वह गाँधी तो मुल्क का बाप था, मगर यह साला तो गाँधी का बाप बन बैठा...लानत है पुलिस के दबदबे पर...जब तक यह है, तब तक मौज-मजा, रौब-दाब खत्म समझो...।" किसी भी 'सियासती पार्टी का कोई नेता, इस एरिया से जीत नहीं सकता।' बाबा धरतीपकड़ पत्रकार प्रफुल्ल को अपना प्रत्याशी बनाते हैं। बाबा का अपहरण कर लिया जाता है। राजनीतिक दल, विशेषतः शासक दल, पुलिस, गुंडों, शासन-तन्त्र ने मिलकर राजनीति का जो अपराधीकरण किया है, उसका ऐसा प्रामाणिक चित्रण 'विक्षुब्ध' में प्राप्त होता है कि वह हमारे समसामयिक जीवन के राजनीतिक पक्ष का जीवन्त दस्तावेज बन जाता है। धरती बाबा को कम्बल डालकर उठा ले जाना, फिर सत्ता की पाली हुई अपराध ऐजेंसो ईश्वरलाल उर्फ 'ईसुर जी' द्वारा उनको तलघर में बन्दी की तरह रखना और फिर उससे प्रफुल्ल तथा विक्षुब्ध के प्रयत्नों से मुक्ति के इस प्रसंग में कुछ फिल्मी टच आ गया है, लगता है कि कोई बम्बइया अपराध फिल्म देख रहे हैं। समस्त बाधाओं एवं बन्धनों के होते हुए भी 'हीरो' को जिस प्रकार साबुत बचा लिया जाता है, उसी प्रकार धरती बाबा भी बचा लिए जाते हैं। यद्यपि उपन्यासकार ने छह फुटिए जाटों की सशक्त टोली के एक जाट को बाबा की मुक्ति का साधन बनाकर प्रसंग को विश्वसनीयता देने का प्रयास किया है किन्तु यह प्रसंग कुछ फिल्मी-सा हो ही गया है। या फिर पाठक राजनीति के इस हद तक अपराधीकरण से परिचित न होने के कारण इसे फिल्मी टाइप का प्रसंग मान लेता है।

चौधरी साधूराम गोदारा के कृषि फार्म के कमरे में कैद बाबा धरतीपकड़ राजनीति में जातिगत आधार के अपनी जड़ें जमा लेने से चिन्तित होकर इस समस्या पर अपनी गम्भीर सोच को अभिव्यक्ति देते हैं। उन्हें इस बात की चिन्ता थी कि किस प्रकार देश आजादी के इतने वर्षों बाद भी जातिवाद के कुत्सित चक्र में फँस गया है। 'वर्ग-युद्ध को जाति-जमात के संघर्ष में बदलते देखकर' उन्हें चिन्ता होती है। इसी समस्या का एक रूप साम्प्रदायिक वैमनस्य है जिसके कारण आए दिन दंगे होते रहते हैं। धार्मिक अन्धविश्वास ईरान से लेकर पंजाब, कश्मीर, उत्तरपूर्व के ईसाई मत के प्रांतों में 'इक्कीसवीं सदी की प्रातः बेला में' मनुष्य को जितना अविवेकी और वहशी बना रहे हैं, यह समकालीन इतिहास की दारुण सच्चाई है। राजनीति का 'लट्ठमार' और लट्ठ-हाँक चरित्र इन स्थितियों को और जटिल बना रहा है।

आतंकवाद, पंजाब का धर्मप्रेरित आतंकवाद, आज पूरे देश के लिए एक भयंकर समस्या है। 'विक्षुब्ध' का कथा-नायक विक्षुब्ध आतंकवाद के खिलाफ संघर्ष में ही समाप्त भी हो जाता है। उपन्यासकार इस समस्या पर बहुत गम्भीरता से विचार करता है। उसकी मान्यता है कि तीसरी दुनिया के पिछड़े देशों और विशेषतः भारत

को विशृंखलित देखते में औद्योगिक दृष्टि से समुन्नत, पूँजीवादी, राष्ट्रों की बहुत गहरी राजनीतिक चाल है। 'नया सिखों' का राज्य खालिस्तान' जैसी मुहिम चलाए रखना उनके आर्थिक हितों का संरक्षण है, "धर्म के नाम पर एक और राज्य ...एशिया में कितनी दरिद्रता, गन्दगी, अशिक्षा, अभाव और कलह है...साम्राज्यवादी देश, ब्रिटेन, फ्रांस, जर्मनी, जापान, अमेरिका...ये एशिया-अफ्रीका-लैटिन अमेरिका के देशों के महाजन बने हुए हैं। महाजनों से कर्ज लो, उस ऋण से उनके यहाँ से मशीनें और उपभोग के सामान खरीदो...नवीनतम तकनीक के लालच में उनके अनुगामी बने रहो...हथियार लो उनसे और आपस में लड़ो, धर्म के नाम पर, भाषा के नाम पर, क्षेत्र के नाम पर अपने काले लोगों को मारो, गोरों की खुशामद करो, उनके कर्जदार रहो, उसे न चुका सको तो कर्ज़ लो, पहला चुकाओ, यही करते चलो...। नया आर्थिक साम्राज्यवाद सुखदायी है। इसका मूल मन्त्र है कि तृतीय विश्व के देश पिछड़े हुए रहें, विज्ञान और तकनीक में पर निर्भर रहें...इसीलिए गोरे पाकिस्तान के जरिए भारत के टुकड़े करा रहे हैं। वही मज़हब के नाम पर, कश्मीर आजाद हो, पंजाब, नागालैंड, मिजोरम, तमिलनाडु, बंगाल, असम, गोरखालैंड, दलिस्तान...देश के टुकड़े करने का कितने बड़े पैमाने पर प्रयत्न हो रहा है...,"[7] आतंकवाद से लड़ने के लिए विक्षुब्ध जनएकता को सबसे बड़े हथियार के रूप में देखता है। हिन्दू-सिखों में अभी एकता है, इसी शक्ति का प्रयोग कर विक्षुब्ध सिख नवयुवक नवज्योति सिंह के साथ आतंकवादियों के खिलाफ जूझने के लिए प्रयत्नशील हो उठता है। काफी हद तक वे सफल भी होते दिखाए जाते हैं किन्तु इसी मुहिम में विक्षुब्ध मार दिया जाता है। विक्षुब्ध भ्रष्टाचार, राजनीतिक छल-छन्द, कदाचार के विरुद्ध शेष ज़रूर हो जाता है किन्तु उनकी यह लड़ाई यहीं समाप्त नहीं होती, अगली पीढ़ी जो अनुराधा के गर्भ में पल रही है और वही इस क्रान्ति, 'जन-ज्वाला' की मशाल को आगे ले चलनेवाले मजबूत हाथ सिद्ध होंगे।

इस प्रकार यह उपन्यास अपने विस्तृत कथाफलक पर समसामयिक राजनीतिक स्थितियों का प्रामाणिक अंकन, उन पर गहरी चिन्ता, राजनीतिक विचार-दर्शनों की ऊहापोह, वर्तमान की गलाजत से निजात पाने के जन-आन्दोलनधर्मी प्रयत्नों को अभिव्यक्ति देता हुआ एक गम्भीर उपन्यास है। किन्तु इस सब चर्चा में उपन्यास का एक कोमल पक्ष, विक्षुब्ध-अनुराधा प्रेम-प्रसंग अभी बिल्कुल चर्चित नहीं किया गया है, जान-पूछ कर ही। विक्षुब्ध की विक्षुब्धता ही उसका मुख्य चरित्र-धर्म है किन्तु क्या इस सघर्ष-यात्रा में मानव-मन की कोमल अनुभूतियों के लिए किंचित् भी स्थान नहीं है? इसीलिए उपन्यास में यह प्रेम-प्रसंग बुना गया है। विक्षुब्ध-अनुराधा का आकर्षण यूँ ही प्रथम परिचय में नहीं हो जाता है। विक्षुब्ध के गुणों से आकर्षित हो एक साहचर्यजन्य प्रीति का प्रस्फुटन अनुराधा में होता है। अनुराधा को इस शुष्क व्यक्तित्व को प्रेम-मार्ग में दीक्षित करने में समय लगता है। विक्षुब्ध से "आय लव यू अनु" सुनने

के लिए अनुराधा को बहुत प्रयत्न करना पड़ता है, क्योंकि प्रेम जैसी चीज़ विक्षुब्ध की वरीयताओं में कहीं है ही नहीं। इस प्रसंग में विक्षुब्ध के द्वारा लम्बी कविता[8] की नियोजना आवश्यक नहीं थी और न ही वह 'विक्षुब्ध' उपन्यास के समस्त संवेदना-तन्त्र से मेल खा रही है। इसीलिए यह वर्णन यथार्थ न रहकर बहुत बौद्धिक व्यसन-सा हो गया है। न ही उसमें सूरदास के 'निस दिन बरसत नैन हमारे' के उद्धरण की आवश्यकता थी, व्यर्थ ही उसे एक मध्यकालीन बोध का प्रेम बनाने का असफल प्रयास!! हाँ इस प्रेम-प्रसंग द्वारा लेखक ने विवाह-संस्था की सार्थकता को प्रश्नांकित किया है। विक्षुब्ध विवाह को 'रूढ़ि' और 'व्यक्तियों को बंधुआ' बना देने वाली संस्था मानता है, वे 'मित्र' और 'आत्मबन्धु' के रूप में रहना चाहते हैं और अपनी इस सोच के अनुरूप ही उन दोनों की 'रहन', जीवन-पद्धति, बनी रहती है। बिना विवाह के ही वह 'विक्षुब्ध की' होकर रहती है, उसके शिशु की धात्री भी बनती है।

यदि उपन्यास के शिल्प पर थोड़ा विचार करें तो प्रारम्भ के लगभग तीन परिच्छेदों में कथा-विकास की मन्थर-गति होने पर भी उसमें एक संगुम्फन है। इतने बड़े पैमाने पर कथा-वृत्त का फैलाव और उसको समेटना लेखकीय कौशल को प्रदर्शित करता है। गहन वैचारिक मन्थन की प्रक्रिया में भी उपन्यास अपने विशिष्ट पाठक वर्ग पर भारी नहीं पड़ता। उसमें एक पठनीयता बनी रहती है। आदर्श राजनीतिक-प्रारूप (मॉडल) की संकल्पना करने वाले गम्भीर वैचारिक विवेचना के उपन्यास को लेखक अपनी समृद्ध कल्पना और कुशल बुनावट से रोचक और विश्वसनीय बनाए रख सका है, यह बहुत बड़ी उपलब्धि है। कथानक का अन्त होते-होते विक्षुब्ध के अन्त की पूर्व प्रतीति हो चलती है, यह कथा-नियोजना का हल्का-सा अभाव है।

'विक्षुब्ध' का कथाकार एक कुशल कथा-शिल्पी है, भाषा के भी उसने अत्यन्त मानक रूप का प्रयोग किया है—मानक से तात्पर्य परिनिष्ठित या तत्सम-गर्भित भाषा से नहीं है। एक ऐसी भाषा जो कथा विधा के लिए 'मानक' है, जो सहज और मुक्त है। उसमें मार्क्स-चिन्तन से जुड़े तकनीकी शब्द भी आए हैं, फिर भी भाषा का रूप सहज ही बना रहता है। किन्तु जगह प्रमादवश प्रयुक्त शब्दों की वर्तनी चौंकाती है, यथा 'परिवेष' (पृ. 61) तथा 'निस दिन बरसत नैन हमारे' में 'निस' के लिए 'निशि' का प्रयोग हो सकता है यह प्रूफ रीडिंग की भी कृपा हो।

समग्रतः 'विक्षुब्ध' समकालीन हिन्दी उपन्यास में ही नहीं, अपनी गहरी सोच, प्रभावान्विति और राजनीतिक समझ के कारण हिन्दी उपन्यास की सुदीर्घ परम्परा में मील का एक बड़ा पत्थर सिद्ध होगा। कोई लेखक अपनी रचना-यात्रा में बहुत पड़ाव पार करने, घिसाव और मँजाव के बाद ही ऐसी कृति दे सकता है।

''कथा लेखन के साथ कक्षा-गोष्ठियों का ऐसा क्रम शुरू हुआ जो आज तक जारी है। यह कहना भी गलत न होगा, मैंने जीवन में जो कुछ भी पाया है कथा लेखन के कारण, जितना भी भारत देखा है कहानी ने दिखा दिया। जिन्दगी में शादी से लेकर नौकरियाँ और छोकरियाँ, गर्ज यह कि जो कुछ भी मिला, कहानी के माध्यम से ही। कहानी ओढ़ता-बिछौना होती गई, जरियामाश बन गई। कहानी ने नौकरियाँ दिलवाईं तो छुड़वाई भी। कहानी ने ही प्रेस के कारोबार में झोंक दिया। कहानी के कारण घाट-घाट का पानी पीने का ही नहीं, घाट-घाट का दारू पीने का भी अवसर मिला। अपने बारे में मैं निस्संकोच कह सकता हूँ कि घाट-घाट का दारू पिया है। आजकल झटपट का जमाना है। झटपट वैभव, वित्त और सफलता का जमाना। साहित्य में भी लोगों ने झटपट नाम कमाया, चर्चा में आए मगर झटपट ही परिदृश्य से ओझल हो गए। संगीत की तरह साहित्य में लम्बे रियाज़ की जरूरत है।''

....

''विभूतिनारायण राय इलाहाबाद के शहर कोतवाल यानी एस.पी. होकर इलाहाबाद आए तो लेखक एकदम बेफिक्र हो गए। स्थानीय लेखकों में कोई सिद्धावस्था में आधी रात को जीप पर घर पहुँचता था, कोई स्ट्रेचर पर, कोई वहीं स्विस कॉटेज में ही पड़ा रह जाता था और घर पहुँचता ही नहीं था। उस महाकुंभ में कई रचनाकारों को जीते ही मोक्ष प्राप्त हो गया था। इक्कीसवीं सदी में लेखकों का पुनरुद्धार करने के लिए कोई विभूतिनारायण राय जन्म लेगा कि नहीं, कहा नहीं जा सकता।''

....

''लक्ष्मीधर ने जापान से उस यादगार शाम (जाहिर है मयनोशी की खुली शाम) के ढेरों चित्र भिजवाए थे। कुछ चित्र तो ऐसे थे जिन्हें लिफाफे के भीतर से एक और बन्द लिफाफे में प्रश्न-पत्रों की तरह हिफाजत से भेजा गया था कि बच्चों के हाथ न लग जाएँ। वे आचार्य रजनीश उर्फ भगवान ओशो के चित्र लगते हैं, उतने ही निकुंठ और पारदर्शी। वे मुक्ति के चित्र हैं, निर्वाण के चित्र हैं।''

हिन्दी गद्य की एक उपलब्धि

('ग़ालिब छुटी शराब' : रवीन्द्र कालिया)

जब हरिवंशराय बच्चन की आत्मकथा (चार खंड) आई तो कहा गया कि हिन्दी साहित्य के हज़ार वर्षीय इतिहास में यह एक घटना है। रवीन्द्र कालिया की 'ग़ालिब छुटी शराब' पढ़कर मैं पूरी जिम्मेदारी तथा लेखकीय, समीक्षकीय, विवेक से यह कहना चाहूँगा कि यह निश्चित रूप से बच्चन की आत्मकथा से आगे की चीज़ तो है ही, हिन्दी गद्य के इतिहास में यह कृति एक अभूतपूर्व घटना और न केवल रवीन्द्र कालिया की अपितु हिन्दी साहित्य की एक अद्‌भुत तथा महनीय उपलब्धि है। हिन्दी साहित्य ने कथा-साहित्य, विशेषतः कहानी के माध्यम से पिछले 30-35 बरसों में अत्यन्त तीव्र गति से समृद्धि और विकास के नूतन शिखर आयत किए हैं और रवीन्द्र कालिया ने इस एक ही कृति के माध्यम से हिन्दी गद्य को एक बहुत ऊँची और लम्बी छलाँग दी है।

'ग़ालिब छुटी शराब' पर बात करने से पहले हिन्दी गद्य के विषय में कुछ लोगों के कथन याद आ रहे हैं, यद्यपि वे प्रसंग विशेष में कहे गए हैं। 'इनकी भाषा और शब्द मानो गंगाजल में डुबो-डुबोकर लिखे गए हैं' ('उन्माद' में भगवान सिंह का कथन कुछ इन्हीं शब्दों में) 'हिन्दी गद्य में ब्राह्मणवादी संस्कार हैं,' 'चुटियाधारी' और जनेऊधारी मनोवृत्ति है, आदि!! पर कालिया की इस कृति* को पढ़कर सहज ही यह अहसास होता है कि शुद्ध गंगाजल के एकदम विपरीत कालिया ने इतनी-इतनी पीकर इसकी एक-एक पंक्ति को लिखा है कि उससे रचना का प्रत्येक शब्द पवित्र-पवित्र हो उठा है—शराब इतनी 'पवित्रता', इतनी 'शुचिता' शब्द को इतनी बेनयाजी, शब्द के सर्जक को ऐसी ऊर्जा दे सकती है, इस कृति को पढ़कर ही जाना जा सकता है। हिन्दी में जब-जब (हिन्दी में क्या किसी भी भाषा में) 'ईमानदार चीजें 'ईमानदार ढंग' से कही गई हैं, उनका पुरजोर स्वागत हुआ है। कृष्णा सोबती की 'मित्रो मरजानी' ने जब

---

* अभी मैं इसे कृति की कहूँगा, आगे यह समझने की कोशिश होगी कि यह किस विधा की कृति कही जाए।

स्थापित मर्यादाओं की चूनर को तार-तार किया था, तो उसको ऐसा ही स्वागत मिला था। कालिया ने इन 'संस्मरणों'* में व्यक्ति के छद्म को व्यक्तित्व के 'गोपन' और 'गोपनीय' को जिस बेलौस सच्चाई निर्ममता और दिलेरी से तार-तार किया है, वह श्लाघनीय है। कॉलिन्स की 'इंगलिश कोबिल्ड लैंग्वेज डिक्शनरी' में 'ऑटोबॉयग्राफी' के सम्बन्ध में एक दिलचस्प बात मिलती है—"ऑटो बॉयग्राफी इज़ ऑफिन लैस ट्रुथफुल दैन बॉयग्राफी"—किसी भी संस्मरण लेखक—जो अन्ततः आत्मकथा ही लिख रहा है—के लिए यह एक बहुत बड़ी चुनौती है कि वह 'बॉयग्राफी' जीवनी से अधिक विश्वसनीय हो, बॉयग्राफी से अधिक ईमानदार हो। रवीन्द्र कालिया ने जिस तटस्थतापूर्ण वीतरागी भाव और फक्कड़पन तथा अलमस्ती से दूसरों और स्वयं के बारे में लिखा है उसे शराब से दूर रहनेवाला 'सूफी' शायद कभी भी नहीं लिख सकता था—वह तो फूँक-फूँक कर कदम उठाने की विवशता में पड़कर ही लिख पाता। यह फकीराना मस्ती रवीन्द्र कालिया हिन्द की 'कहन' का मिजाज ही बन गई है। मैंने उन्हें केवल एक बार ही (कथा-क्रम-लखनऊ, 1999 नवम्बर) बोलते सुना है और अपने इसी अन्दाज़ में वे 'स्वयं अपने पर' और 'दूसरों पर' हँसते रहे। इस कृति में भी वे 'अपने पर' और 'दूसरों पर' इसी मुक्त भाव से हँसते हैं, हँसते-हँसते उनके और अपने व्यक्तित्व का पूर्ण तटस्थ और बेबाक विश्लेषण करते हैं। कभी उनके हाथ में चाबुक है तो कभी प्यार का पंजाबी पुरजोर धौल-धप्पा। किन्तु चाबुक भी इस अदा से फटकारा गया है कि 'फुल गेंदवा ना मारो' का अहसास देता है। किताब के पिछले फ्लैप पर से.रा. यात्री ने बहुत ठीक कहा है कि 'जिस विधा को हम उर्दूवालों की जागीर समझते चले आ रहे थे, उसको रवीन्द्र कालिया ने वहम सिद्ध कर दिया है।' वास्तव में संस्मरण इस 'ढब' से भी लिखे जा सकते हैं, हिन्दी संस्मरण-साहित्य के विकास की दिशा में यह एक निर्णायक और 'बेकन लाइट' (प्रकाश स्तम्भ) की भूमिका निभानेवाली, अनेक नए आयाम खोलनेवाली कृति सिद्ध होगी।

कोई भी सशक्त कृति अपनी विधा के बने-बनाए फॉर्म-खाँचों को तोड़ती है और स्वयं अपना शास्त्र अपनी सैद्धान्तिकी निर्मित करती है। क्या 'गालिब छुटी शराब' को महज 'संस्मरण' की कहा जाए? यह उससे आगे बढ़कर रवीन्द्र कालिया की आत्मकथा भी है—लड़कपन से लेकर, जालन्धर की लमतरानियों (पंजाबी में कहूँ तो 'लफंडरगर्दियाँ') से लेकर हिसार-दिल्ली की जवानी की हुल्लड़बाजियों से लेकर किंचित् प्रौढ़ावस्था या कहें परिपक्वावस्था में बम्बई की संघर्ष-संकुल जिन्दगी और इलाहाबाद में रानी मंडी हिन्दी भवन प्रेस के 'अड्डे' पर डेरा डालने और अपने 'गिरोह' में, 'गिरोह के सरगना' के तौर पर पूरे पंजाबी (पुरुषार्थी) व्यक्तित्व के ठाठ से

* बार-बार कृति कहना अच्छा नहीं लग रहा है—इसलिए फिलहाल 'गालिब छुटी शराब' को 'संस्मरण' ही कहा जाए।

इलाहाबाद में 'जमने' की कथा, पूरे बुजुर्गाना अन्दाज में बेटे के प्यार को 'विवाह' की परिणति देने का दायित्व और उम्र के इस कगार पर पहुँच कर सास-ससुर माँ-बाप के दिवंगत हो जाने के गहन शोक तक की एक लम्बी यात्रा इस आत्मकथा में है। पर यह आत्मकथा केवल 'आत्म' तक ही महदूद होकर नहीं रह जाती. अपने पूरे साहित्यिक माहौल को एक चश्मदीद गवाह के साक्ष्य के रूप में प्रस्तुत करती है। केवल अपने वक्त की नब्ज़ पर उँगली रखकर ही नहीं रह जाती यह आत्मकथा, कितनी ही विवादास्पद स्थितियों (नई कहानी आन्दोलन) और व्यक्तित्वों पर अपनी दो टूक राय देती है, जिनका महत्त्व इससे और भी बढ़ जाता है कि आन्दोलनों की गहमागहमी में रवीन्द्र कालिया ने बहुत सक्रिय भागीदारी रखनेवाले लोगों ने की है, उसमें स्वयं को 'हीरो', 'मसीहा', जैसी छवि बनाने की है, पर रवीन्द्र कालिया उस वक्त की बहुत-बहुत सच्ची तस्वीर पेश कर रहे हैं—यह उनकी 'बयानी' से ही पता चल जाता है। ऐसी तस्वीर जिसमें कहीं भी स्वयं को महिमामंडित करने की तलाबेली नहीं है। मूल्यांकन में तटस्थता और ईमानदारी है वहाँ। अमरकांत के व्यक्तित्व पर कालिया की यह टिप्पणी देखिए—"हिन्दी कहानी में जितना उनका योगदान था, उसके प्रति वह एकदम निरपेक्ष थे। जैसे उन्हें मालूम ही न हो कि वह हिन्दी के एक दिग्गज रचनाकार हैं। हाड़-मांस का ऐसा निरभिमानी कथाकार फिर दुबारा कोई नहीं मिला।"[1] अपनी 'अकहानी' शीर्षक कहानी के सम्बन्ध में उनकी मोहन राकेश से जो नोक-झोंक चली, उसी में प्रसंगात् तत्कालीन कहानी पर कालिया का यह मत द्रष्टव्य है—"उन दिनों अधिसंख्य लेखकों की रचनाओं में आर्यसमाजी मानसिकता का पुट कुछ ज्यादा ही रहता था, जबकि कर्म में नदारद रहता था। शायद यही वजह थी कि हिन्दी कहानी में भाषा, संवेदना और कथ्य के स्तर पर कोई परिवर्तन लक्षित होता, तो ये लोग आक्रामक हो उठते। निर्मल वर्मा ने उन दिनों युवा वर्ग की मानसिकता पर जो कुछ भी लिखा, नामवर सिंह के अलावा पूरा माहौल उनके विरुद्ध था। बन्द समाज में युवा-युवतियों के लिए जो प्रतिबन्ध है, कहानी में भी लोग आँसूकादी यथास्थिति बनाए रखना चाहते थे। निर्मल वर्मा अपने प्रेमी-प्रेमिकाओं को सड़क पर ले आए थे। रेस्तराँ में ले आए थे। बन्द दरवाजों के बाहर यह खुली हवा का झोंका कहानी के लिए नया था।"[2] ऐसी अनेक साहित्यिक मूल्यांकन टिप्पणियाँ इस आत्मकथा को और भी महत्त्वपूर्ण बना देती हैं।

आत्मकथा से व्यक्ति के व्यक्तित्व का भी, उसके 'आत्म' का भी, पूर्ण परिचय मिलना चाहिए। पाठक रवीन्द्र कालिया के जीवन से परिचित हो या न हो, उसका उनसे किसी भी प्रकार का परिचय हो या न हो, किन्तु इस आत्मकथा में वे अपने व्यक्तित्व का ऐसा खुला, पूरी तरह बेपर्द, विश्लेषण करते हैं कि उनका व्यक्तित्व एक पारदर्शी शख्सियत के रूप में सामने आ जाता है। दूसरों के द्वारा स्वयं थप्पड़ खाने, अकारण ही किसी के घर से बेहालकर निकाल दिए जाने का भी ऐसा चित्रण है जो

मानापमान भी सीमा से परे है।

'चिर शराबी' रवीन्द्र कालिया ने शराब कब किन मजबूरियों में, लीवर के चिन्ताजनक रूप में खराब होने पर, डॉक्टरों की सलाह पर किस रूप में छोड़ी, वहाँ से आत्म-कथात्मक संस्मरणों का प्रारम्भ होता है। प्रारम्भ के इन पृष्ठों में कालिया का माँ को स्मरण करना और उनसे मौत के साथ जूझते पलों में वात्सल्य का जो स्नेह-आपूरित स्पर्श मिला, उसे यह 'शराबी' कविता में ढाल देता है—उन अश्रु-विगलित क्षणों की महत्ता है यह कि गद्य कविता के तारतम्य में बह उठा है। उन अविस्मरणीय खूबसूरत पलों के रवीन्द्र कालिया के शब्दों में ही पढ़ना उसकी सबसे अच्छी व्याख्या होगी—"माँ एकदम खामोश थीं। वह अत्यन्त स्नेह से मेरे गर्म माथे को सहला रही थीं। मुझे लग रहा था यह माँ की गोद नहीं है, मैं जिन्दगी की गोद में लेटा हूँ। कितना अच्छा है, इस समय माँ बोल नहीं रहीं। उन्हें जो कुछ कहना है, उनका हाथ कह रहा है। उनके स्पर्श में अपूर्व वात्सल्य तो था ही, शिकवा भी, शिकायत भी, क्षमा भी, विवशता भी और करुणा भी। एक मूक प्रार्थना। यही सब भाषा में अनूदित हो जाता तो मुझे अपार कष्ट होता। अश्लील हो जाता। शायद मेरे लिए असहनीय भी। माँ की गोद में लेटे-लेटे मैं कैसेट की तरह रिवाइन्ड होता चला गया, जैसे नवजात शिशु में तब्दील हो गया। माँ जैसे मुझे जीवन में पहली बार महसूस कर रही थीं और मैं भी बन्द मुट्ठियाँ करो बन्द आँखों से जैसे अभी कोख से बाहर आकर जीवन की पहली साँस ले रहा था। मैं बहुत देर तक माँ के आगोश में पड़ा रहा। लगा जैसे संकट की घड़ी टल गई है। और मैं पूरी तरह सुरक्षित हूँ। माँ शायद नींद की गोली खा चुकी थीं।[5] इसके बाद कालिया अपने इस 'संप्रदाय' में 'दीक्षित' होने की दास्तान बयान करते हैं, जालन्धर के 'समाज', 'दास-समाज' या बकौल कालिया 'गिरोह' तथा साहित्यिक समाज का भरपूर परिचय देते हैं—डॉ. मदान और मोहन राकेश से अपने सम्बन्धों का खुलासा करते हैं। बहुत मुश्किल काम था उम्र के इस कगार पर पहुँचकर-बहू-बेटेवाले अपने भरे-पूरे परिवार में अपनी जवानी के अल्हड़ दिनों की 'खुराफातों' को याद करना, पर कालिया उसी बेनयाज़ी से अपने 'कारनामों' का इजहार करते हैं—"उस बरस करोल बाग की लड़कियों पर बहुत बौर आया था। कुछ ही दिनों में मैं हमदम से कहने लगा 'सुन हीरामन कहा बुझाई, दिन-दिन मदन सतावै आई।' गली मुहल्ले की लड़कियाँ उद्दीपन का काम करती थीं। दिन-भर दरवाज़े के सामने रस्सा टापतीं, क्रिकेट खेलतीं और हुड़दंग मचातीं। वे अपने यौवन से बेखबर थीं। मेरी इच्छा होती, बाहर निकलकर उन्हें समझाऊँ कि बेबी यह रस्सा टापने की उम्र नहीं है, दुपट्टा ओढ़ने की उम्र है। यह अहसास होने में ज्यादा समय नहीं लगा कि लड़कियाँ उतनी मासूम नहीं है, जितना हम समझते थे। वे अपने यौवन के प्रति उतनी बेखबर भी न थीं, बाकायदा बाखबर थीं। गेंद उठाने के बहाने अपने यौवन की एकाध झलक भी दिखा जातीं। कई बार तो लगता कि ये लड़कियाँ अपना ही नहीं हमारा की

कौमार्य-भंग कर डालेंगी। उन दिनों करोल बाग में दिलबाज़ आशिकों की बहुत जमकर पिटाई होती थी।[3] दिल्ली के जीवन पर लिखते हुए कालिया केन्द्रीय हिन्दी निदेशालय और टी. हाउस का परिचय जिस रूप में देते हैं, वह भरपूर साहित्यिक जानकारियाँ तो देता ही है, उस समय कहानीकारों की सशक्त पीढ़ी जिस रूप में जीवन जी रही थी, संघर्ष कर रही थी, अपने साहित्यिक 'वर्चस्व' के लिए जो लड़ाई लड़ रही थी, उसका भी प्रामाणिक और रोचक अंकन है। बड़े दिलचस्प ढंग से कालिया उस समय हर शहर और दिल्ली के महानगर की विभिन्न बस्तियों के 'गोर्कियों' का तो जिक्र करते ही हैं (पृ. 100), 'नई कहानी' आन्दोलन से जुड़े लोगों का यह सच्चा खाका जिस अन्दाजे-बयाँ में उनका मूल्यांकन करता है, वह बड़ा सटीक और प्रामाणिक है—यूँ उद्धरण कुछ लम्बा अवश्य हो जाएगा पर उसे पूरा देने का लोभ-संवरण इसलिए नहीं हो पा रहा है क्योंकि यह 'बयान' अपने समय का बहुत सच्चा बयान है, ''नई कहानी आन्दोलन की और कोई उपलब्धि हो न हो, इतना जरूर है कि उसने कहानी को साहित्य की केन्द्रीय विधा के रूप में स्थापित कर दिखाया था। साहित्य में कहानी की तूती बोलती थी। जैनेन्द्र कुमार तक परेशान हो उठे थे कि आखिर क्या हो गया है जो कहानी की इतनी अधिक चर्चा हो रही है। राकेश, कमलेश्वर और यादव नई कहानी के राजकुमार थे, जिन्होंने कहानी के शहंशाओं को धूल चटाकर सिंहासन पर कब्जा कर लिया था। लग रहा था कि वे किसी बिजनेस इंस्टीट्यूट से मार्केटिंग का डिप्लोमा हासिल कर कथा-क्षेत्र में उतरे हैं। समय-समय पर तीनों किसी न किसी महत्त्वपूर्ण कहानी-पत्रिका के संपादक रहे, इसके अलावा अन्य अनेक पत्रिकाओं का भी वे 'रिमोट कंट्रोल' से संपादन करते रहे। दरियागंज उन दिनों भी साहित्य की राजधानी था। 'नई कहानियाँ' का कार्यालय राजकमल प्रकाशन में था और अक्षर प्रकाशन की भी नींव पड़ चुकी थी। 'हंस' का पुनर्जन्म नहीं हुआ था, मगर पेट में आ चुका था। योगेश गुप्त की टीम राजेन्द्र यादव के दरबार में प्रायः दिखाई देती थी। यह कहना ज्यादा गलत न होगा कि योगेश गुप्त उन दिनों राजेन्द्र यादव का मैत्रीयी (मैत्रेयी) पुष्पा था और कुछ लोग उसे छोटा जैनेन्द्र भी कहते थे। जैनेन्द्र जी से मुझे पहली बार योगेश गुप्त ने ही मिलवाया था। जैनेन्द्र जी अत्यन्त स्नेह से मिले, अन्दाज वहीं फिलासफाना था, पोशाक गाँधीवादी। वह बहुत बारीक कातते थे, कई बार तो सूत दिखाई भी न पड़ता था। मेरा मतलब है उनकी बात पल्ले ही न पड़ती थी। उनकी बात योगेश ही समझ सकता था, खग जाने खग ही की भाषा। जैनेन्द्र और अज्ञेय में कोई न कोई समानता थी। एक तो यही कि दोनों स्नॉब थे। जैनेन्द्र जी को अगर गाँधीवादी स्नाव कहा जा सकता है तो अज्ञेय को अस्तित्ववादी स्नॉब। उन दिनों मेरा कार्यालय भी दरियागंज में था। नई कहानियाँ का कार्यालय भी, अक्षर प्रकाशन, राजकमल, राधाकृष्ण, भारतीय ज्ञानपीठ, कमलेश्वर, यादव, जैनेन्द्र सब दरियागंज में ही थे। मैं दफ्तर की कुर्सी के पीछे अपना कोट टांग कर ज्यादातर समय इन्हीं केन्द्रों पर बिताया करता था।

शाम को यहीं से हिन्दी कहानी के सूरमे फटफटिया पर सवार होकर कनाट प्लेस के लिए निकलते थे।''[4]

बम्बई जीवन की संघर्ष-कथा में कालिया का 'धर्मयुग' से जुड़ना, 'धर्मयुग' के दमघोंटू पराधीनता के वातावरण से विद्रोह, 'धर्मयुग', संपादक की कार्य-शैली, उनके व्यक्तित्व के बहुत पक्षों का उद्घाटन इस अंश की अपनी खूबियाँ हैं। इस सबके बीच जालन्धर से चला 'मयनोशी' का सफ़र और जुनून किस रूप में कालिया की 'खब्त' बनता गया, इसका भी बहुत ईमानदार चित्रण एक पूर्ण तटस्थ भाव से, जैसे किसी 'अन्य' का चित्रण हो, यहाँ हुआ है। रवीन्द्र कालिया के कद्दावर व्यक्तित्व में अपमान को सहन न कर पाने की जो विद्रोह की आग और आत्म-सम्मान पर चोट होने पर जो पंजाबी 'अनख' है, उसका परिचय न केवल धर्मवीर भारती जैसे संपादक से लोहा लेने में अपितु इलाहाबाद पहुँचकर भैरवप्रसाद गुप्त जैसे 'प्रचंड' संपादक को खूब खरी-खोटी सुनाने आदि में जगह-जगह दिखाई देती है। कालिया के पुरुषार्थी रूप का और अधिक परिचय उनकी कर्मठता, संघर्षशीलता तथा जीवट का परिचय, दोस्तों से उनका व्यवहार, अनेक समकालीनों से सम्बन्धों का परिचय उनके इलाहाबाद के जीवन से ही मिलता है। शराब की 'धुन' कैसे उन पर सवार हो चुकी थी, इसका परिचय ऐसी पंक्तियों में तो मिलता ही है—''मैं दोपहर से ही सूरज डूबने का इन्तजार करता, यानी सूरज अस्त और बन्दा मस्त'', सूरज नदी में डूब जाता, हम गिलास में, ''सूरज डूब चुका था। वैसे भी यह मेरी कारसेवा का समय होता है। ऐसे में मैं किसी भी बाह्य हस्तक्षेप से गुरेज करता था,'' किन्तु उसका असली परिचय उन घटनाओं-प्रसंगों से होता है जब कालिया नंदन जी की सहायता से (बम्बई में) फ्रिज खरीदते हैं, तो कर्ज में आकंठ डूबने के बावजूद बचे हुए छह सौ रुपये का 'सदुपयोग' फ्रिज को बीयर से भर देने में करते हैं (कर्ज का फ्रिज और कर्ज की मय), जब कर्ज के रुपए किस प्रकार चुकाए जाएँ इस पर कालिया 'जिन' पीकर ही विचार कर सकते हैं, जो पिता की मृत्यु के गहन शोक को भी 'जिन' पीकर ही भुलाने की चेष्टा करता है, जो मयनोशी का कोई भी अवसर चूकना या गँवाना 'गुनाह' समझता है। कालिया शराब पीकर 'कै' का वर्णन भी करते हैं, और उसमें कुछ भी 'वीभत्स' न रखते हुए, कुछ भी 'गोपन' न रखते हुए, इस रूप में उभरकर आते हैं, कि उनके व्यक्तित्व के 'कथा-नायक' से सहानुभूति ही होती है, उस पर प्यार ही उमड़ आता है। वहाँ आत्मान्वेषण के क्षण भी आते हैं, जब कालिया को यह एहसास भी होता है कि ''घर में एक बिटिया होती तो मैं बेझिझक घर में इस तरह मदिरापान नहीं करता। जिन्दगी कुछ व्यवस्थित होती, जीवन शैली इतनी अराजक न होती। बेटियों वाले घर में गज़ब का अनुशासन देखा गया है। बेटियोंवाले बेटेवालों के घर जाकर मयनोशी करते हैं।''[5]

'गालिब छुटी शराब' न केवल कालिया के भरपूर समृद्ध, रश्क किए जाने जोग जीवन की खुली किताब है, न केवल अपने समकालीनों के जीवन, साहित्य और उनकी

दृष्टि की प्रामाणिक परिचायक है, अपितु अपने समय के साहित्यिक परिवेश का जीवंत चित्रण प्रस्तुत करने वाली हिन्दी गद्य की अनुपम कृति है। यह हिन्दी की उन चन्द कृतियों में से एक है जिन्हें इतने कम प्रचार (मार्केटिंग ट्रिक्स) के बिना इतने कम समय में इतनी अधिक लोकप्रियता और पाठक का ऐसा भरपूर स्वागत (रेसपॉन्स) मिला हो।

सन्दर्भ

1. पृ. 93
2. पृ. 86
3. वही, पृ. 101-02
4. वही, पृ. 178
5. महीने भर के अन्दर 'गालिब छुटी शराब' का दूसरा पेपर बैक संस्करण प्रकाशित हुआ।

"बचपन को जब आज मैं याद कर रहा हूँ तो मैं बच्चा नहीं हूँ। मैं कतई वह नहीं हूँ जो इन स्मृतियों को अनुभव के रूप में महसूस करने के वक्त था। फिर कैसे कहा जा सकता है कि स्मृतियों के स्मरण की प्रक्रिया स्वतन्त्र और अनायास हैं। जैसे कि आज मुझे हरा रंग पसन्द है लेकिन हो सकता है कि बचपन में मुझे हरा रंग न लुभाता रहा हो। इसीलिए आज मुझे पुरानी हरी चीजों की याद ज्यादा आती है तो वह आज के कारण है। यानी कि बड़ा होने पर समूचा बचपन हमारे भीतर मौजूद रहता है मगर हम अपनीं सामर्थ्य, रुचियों, जरूरतों और मनःस्थिति आदि के आधार पर उसका कोई एक तंतु या उसमें कुछ थोड़े से तन्तुओं को याद करते हैं। तभी तो होता है कि बड़े होने पर जब हम पर जैसी गुजरती है, तब उसी की मुताबिक स्मृतियों की छाँह में पनाह लेते हैं। ऐसा मान लेने पर कितना खतरनाक दृश्य उभरता है कि धरती के असंख्य बचपन अपने ही बड़ों की गिरफ्त में फँसे फड़फड़ा रहे हैं।"

....

"दरअसल कस्बा अब कस्बा नहीं रहा, वह शहर का प्रहसन हो गया है। यह किसी शहर का उच्छिष्ट हो गया है। जैसे किसी शहर ने गर्भपात कराया हो, मरा हुआ शिशु-मांस का लोथड़ा यह कस्बा है। या जैसे गाँव की कोई स्त्री साड़ी के ऊपर स्कर्ट पहनकर मटक रही है।"

....

बच्चे को लेकर पिता और माँ के सपनों में एक भिन्नता यह भी है कि पिता अपने सपने में बच्चे को काफी वर्ष बाद की स्थिति में देखते हैं। यानि की बच्चे के वयस्क होने के बीच का जो वक्त होता है, वह पिता के सपनों में लगभग अनुपस्थित रहता है, जबकि माँ...माँ के सपनों में बच्चा वर्तमान, अतीत और भविष्य तीनों के साथ रहता है। वह गर्भ से ही...गर्भ में आने से पहले वह माँ के सपनों में नमूदार हो जाता है।"

बचपन से प्रौढ़ता के शिखरों तक

('वह जो यथार्थ था' : अखिलेश)

जिस बरस (1960) अखिलेश का जन्म हुआ, उस वर्ष मैंने एम.ए. किया—लगभग बीस बरस का अन्तर हम दोनों की उम्र में पूरी एक पीढ़ी का अन्तर!! पर जब मैं 'वह जो यथार्थ था' के पाठ में उतरता हूँ तो लगने लगता है कि अखिलेश हमजोली की तरह गलबहियाँ डाले मुझे न केवल अपने कस्बे-गाँव के गली-कूचे में घुमा रहे हैं बल्कि मेरे कस्बे और गाँव के धुर अतीत में ले चलते हैं। उ.प्र. के पूर्वी जिले सुलतानपुर का कस्बा और मेरे बचपन का पश्चिमी उ.प्र. बुलन्दशहर कस्बा (जिला मुख्यालय होते हुए भी वह उस समय तक कस्बा ही था) दोनों एक जैसे हैं। इसे यूँ कहा जा सकता है कि उस समय शायद पूरे भारत के कस्बों का एक ही चरित्र था—अधकच्चे, अधपक्के मकान, मिट्टी के फर्श वाली रसोई उसमें 'डबल डैकर' चूल्हा, ओट (ओटा) लगाकर बनाए गए गुसलखाने, उसको नहाने के साथ-साथ बरतन माँजने के लिए प्रयुक्त करता, कमरों में भरा अँधेरा सब कुछ अपना-अपना-सा। वस्तुतः 'वह जो यथार्थ था' में अतीत का एक ऐसा परिदृश्य है जिसमें स्वतन्त्रता प्राप्ति के एकदम बाद से लेकर लगभग 1965-70 तक के भारतीय कस्बे और (कभी-कभी) गाँव की प्रामाणिक तस्वीर देखी जा सकती है। प्रायः सभी एक मध्यमवर्गीय जीवन जी रहे थे, जिसकी दिक्कत यह थी कि न वह भूखों मर रहा था और न उसके पास षड्रस व्यंजन थे। वह मध्य की नीरस, बेरंग और बेरंगी जिन्दगी काट रहा था।[1]

कस्बे का कुआँ, दर्जी की दुकान, मुन्नु साव का घर, स्कूल, कस्बे में स्कूल, तहसीलदार, आदि के कमरे में कपड़े के पंखों का चलना, उनको चलानेवाले पंखा कुली, आदि सब चित्रवत् लेखक की स्मृति में जीवित हैं। उसका बदला हुआ दूसरा मकान भी पूरी साजो-सज्जा में इस शैशव-स्मरण में आया है। इन स्मृतियों में खोया हुआ लेखक जगह-जगह वर्तमान में आता है, गुजरे हुए वक्त की आज से तुलना के लिए। यह तुलना भावात्मक धरातल पर भी है, सोच के धरातल पर भी। इस तुलना में लेखकीय संवेदना का भी परिचय मिलता है, आँगन वाले घरों की तुलना का यह चित्र द्रष्टव्य है, "आजकल के घरों में आँगन नहीं होते हैं। पहले मिट्टीवाले आँगन

खत्म हुए घरों से। फिर ईंटवाले खंगड़ेवाले—आँगन आए और गए। और फिर पलस्तर वाले भी। इसके बाद तो घरों से आँगन की अवधारणा ही खत्म हो गई। सितारों भरी रात अब घरों में नहीं दिखती। बच्चों का प्रिय, उनकी गेंदों का प्रिय आँगन अदृश्य हो गया।"[2]

इन बाल स्मृतियों में एक और मार्मिक प्रसंग की ओर संकेत करता चाहता हूँ। इस प्रसंग में एक चीज और रेखांकित करने की यह है कि किस प्रकार माँएँ गीली लकड़ी द्वारा दी गई गीली आँखों से कितने-कितने आदमियों का भोजन बनाती हैं। और फिर कैसे लकड़ी से बुरादेवाली अँगीठी तक एक विकास यात्रा पहुँचती है। पीछे मैंने यह बात कही थी कि अखिलेश अपने पाठक को दोस्त की तरह गलबहियाँ दिए साथ लिए चलते हैं, उसका एक और प्रसंग उदाहरण योग्य है। कस्बे के सन्निकट गाँवों से जो लोग कोर्ट-कचहरी करने आते थे, वे किस प्रकार अपने सगे-सम्बन्धी, पड़ौसी या 'गाँव का ही है' की पहचान से चार-चार छः दिन जो पड़ाव डाले पड़े रहते थे, बिना यह ख्याल किए कि गीली लकड़ी की धुँधलाती कोठरी में कोई किस प्रकार इतने लोगों का खाना बनाएगी—"कभी'कभी मेरे घर का दुआर साइकिल स्टेंड बन जाता था। कभी-कभी रात में घर का आँगन साइकिलों से भर जाता था।...तब माँ बरतन माँज रही होती थी या चूल्हा लीप रही होती थी जिसमें सुबह वह पुनः गीली लकड़ियाँ जला सके।" बात तो अखिलेश ने पूरे विवरणों में कह दी, उसमें इतना कहना भूल गए हैं कि कभी-कभी लोग अपने गाँव की बातों में दो रुपए किराया खर्च कर वापस जाना गलत समझते थे, चार-छः दिन बाद जो अगली तारीख तहसील में पड़ी, उसे भुगता कर ही जाते, इतने डेरा कस्बे-शहर में ही 'अपनों' के यहाँ डाले रहते थे। इसी प्रकार रावण जलने वाला बाग, रामलीला, लुहार की भट्टी, मन्दिर, मन्दिर में विष्णु लाला का कीर्तन, आदि, आदि लेखक के बचपन की बड़ी भीनी-भीनी स्मृतियाँ हैं। वस्तुतः ये स्मृतियाँ समय के अन्तराल में जाकर "बाहर से विस्थापित होकर हमारे भीतर जब बसती हैं" तो "स्मृति के नगर में पनाह पाने पर वे पवित्र जल से नहा उठी हों और हरी-भरी स्वच्छ और नूतन हो चली हों। जैसे कोई कुँवारी विवाहिता बनकर जगमगा उठी हो।"[3]

उम्र के चालीप पर पहुँचे, अखिलेश स्मृतियों के वनों में अपना भोला बचपन और कैशोर्य ढूँढ़ते-ढूँढ़ते प्रौढ़ता की ओर बढ़ चलते हैं। प्रौढ़ता चिन्तन की परिपक्वता देती है, इस प्रौढ़ता ने अखिलेश को बचपन की 'सीढ़ियों' से उठाकर प्रौढ़ चिन्तन में प्रवृत्त कर दिया है। वह 'कुण्डी वाले घरों' की तुलना 'कॉलबैल वाले घरों' से कर मानवीयता के लोप की चिन्ता में तल्लीन हो जाता है। इस भूमिका में वे हिन्दी गद्य को एक नायाब चीज देते हैं। संस्मरणों को छूता ऐसा चिन्तन जो समय और समाज की चिन्ताओं से भरा हुआ है। पुरुष और स्त्री में याददाश्त में कौन ज्यादा टिकता है, उसके 'क्यों' पर विचार, 'आनन्द' और 'मनोरंजन' की स्थतियों पर गम्भीर और सूक्ष्म

विश्लेषण, ''आनन्द एक स्वतःस्फूर्त नियामत है और मनोरंजन तयशुदा। बच्चों के यहाँ तयशुदा कार्रवाई की बहुतायत होती है, बच्चों के यहाँ स्वत्स्फूर्त की।'' आनन्दबोध की प्राथमिक शर्त है बेखुदी।'' ''मनोरंजन की अवधारणा आधुनिकता से सम्बद्ध है। जो समाज जितना आधुनिक होगा, उसमें मनोरंजन का महत्त्व उतना ही ज्यादा होगा।''

''आनन्द मनोरंजन से उच्चतर अवस्थ है। यह भी कि सभ्यता के साथ-साथ मनोरंजन के स्रोत बढ़ते हैं किन्तु आनन्द के क्षीण होते जाते हैं। आनन्द आधुनिक समाज में दुर्लभ होती जा रही संपदा है और मनोरंजन सर्वथा सुलभ।'' पाँचवें अध्याय में स्मृति, कला, सृजन, स्वप्न और यथार्थ आदि पर एक गहन विमर्श प्राप्त होता है जिसे पढ़कर साहित्य-सृजन की प्रक्रिया और लेखकीय मानस का बोध तो होता ही है, यह बात बराबर ध्यान में आती है कि मनोभावों, का ऐसा सूक्ष्म विश्लेषण आचार्य रामचन्द्र शुक्ल ने अपने 'चिन्तामणि' के निबन्धों में किया था, जहाँ दुःख, करुणा, सहानुभूति, दया, माया, ममता, ईर्ष्या-स्पृहा आदि के सूक्ष्म अन्तरों में गहरी अन्तर्दृष्टि से आँका गया, उसके बाद निबन्धों में भी ऐसा पारदर्शी विश्लेषण नहीं हुआ और संस्मरणों में तो यह बिल्कुल नई चीज है। यहाँ लेखक 'अनुभव' से 'संवेदना' और 'संवेदना' से 'चिन्तना' तक की सीढ़ियाँ चढ़ता है। यह संस्मरण विधा का समृद्धिसूचक है। इन संस्मरणों के नौवें अध्याय में तीस साल पीछे छूटे कस्बे के वर्तमान को देखने की तकलीफदेह तफसीले हैं। रेखांकन योग्य वे प्रसंग हैं, जिन्होंने आधुनिकता, विकास और उत्तर आधुनिकता के छद्मों ने कस्बे की आत्मा को मारा है, जहाँ वे 'शहर का प्रहसन' बनकर रह गए हैं। लेखक को ताज्जुब है कि 'कस्बे में मिनरल वाटर मिलता है; 555 सिगरेट मिलती है, यहाँ तक कि महँगी व्हिस्की मिलती है लेकिन कस्बे में कहीं भी मैगज़ीन नहीं बिकती। जबकि पहले बिकती थीं।'' अन्त में लेखक ने इन संस्मरणों में ''मैं और मेरा समय'', 'कथादेश' में प्रकाशित अपना निबन्ध भी जोड़ दिया है जो पुस्तक की प्रवृत्ति से मेल न खाता-सा अलग-थलग लगता है किन्तु इसकी सार्थकता इसलिए बन जाती है कि वह युवा लेखक के लेखकीय सरोकारों और मंतव्य से परिचित करा देता है।

समग्रतः 'वह जो यथार्थ था' हिन्दी गद्य की एक बहुत खूबसूरत और नायाब पुस्तक बनती है, पिछले कुछ बरसों में प्रकाशित हिन्दी गद्य की बेहतरीन उपलब्धियों में से एक!!

संदर्भ

1. वह जो यथार्थ या, पृ. 14
2. वही, पृ. 25

पास के ऊँचे पीपल की फुनगी से आने वाली आवाज़ ने यह भी कहा था कि दो सौ साल बाद जब अंग्रेज मालामाल होकर वापस अपने वतन इंग्लैंड लौटेंगे तब भी इंडिया में उनके जैसे ही नेटिवों का राज होगा। वे लोग वही खाएँगे जो अंग्रेज खाते हैं। वही पिएँगे जो अंग्रेज पीते हैं। वे ही भाषा बोलेंगे जो अंग्रेज बोलते हैं। उनके कपड़े, विचार, स्वप्न और आकांक्षाएँ अंग्रेज होंगी। वे हर इंडियन चीज से घृणा करेंगे वे इंडिया को उससे भी ज्यादा लूटेंगे, जितना विदेशी कंपनियों ने लूटा है।"

....

"वारेन हेस्टिंग्स को पता चला कि इस देश में इतने ग्रंथ और अभिलेख हैं और इतनी दन्त कथाएँ और मिथक गाथाएँ मौखिक रूप में प्रचलित हैं कि अगर उन्हें पूरी पृथ्वी पर फैला दिया जाए तो उनकी अनगिनत परतों के नीचे यूरोप, अमेरिका एशिया और अफ्रीका ही नहीं, सारे समुद्र भी ढक जाएँगे। उसे सीजर का वह वाक्य याद आ रहा था जिसे इंग्लैंड के ही एक महान लेखक विलियम शैक्सपीयर ने लिखा था, "इफ यू हेव टु डिफीट दैम, यू हैव टु किल देयर मेमोरीज, यू हैव टू डिस्ट्रॉय देयर पास्ट, यू हैव टु शूट देयर स्टोरीज।"

....

"ये वे लोग थे जो हिन्दुस्तान की लूट में अंग्रेजों के साथ हिस्सेदारी चाहते थे। उन्हें सिर्फ ऐश्वर्य, मजा सुख और दौलत चाहिए थी। वे अंग्रेजी बोलने की कोशिश करते, उनकी औरतें और लड़कियाँ यूरोपियनों जैसे कपड़े पहनतीं, वैसा ही नाचतीं। वे बहुत तेजी से अंग्रेजों जैसा बनने की कोशिश कर रहे थे। ये ऐतिहासिक चापलूस थे; ऐतिहासिक अभिजन, ऐतिहासिक व्यापारी और ऐतिहासिक सत्ताकामी।"

....

"यहाँ किसी की मृत्यु पर गरुड़पुराण का पाठ नहीं होता था। मृत्यु के बाद कोई वैतरणी नहीं थी, जिसे पार करने के लिए गाय की पूँछ पकड़ने की जरूरत हो। इसीलिए गोदान नहीं होता था। यहाँ के कृषि जीवन के केन्द्र में गाय और बैल नहीं थे, इसलिए वैसे उत्सव और त्यौहार नहीं थे।

फन्तासी की दुनिया में आख्यान की अद्‍भुत लीला–(सामर्थ्य)

('वारेन हेस्टिंग्स का साँड' : उदय प्रकाश)

'वारेन हेस्टिंग्स का साँड' 'इंडिया टुडे के साहित्य वार्षिकी विशेषांक 1997 'शब्द रहेंगे साक्षी', (1996) में प्रकाशित हिन्दी कथा की समकालीन पीढ़ी के अत्यन्त सशक्त और महत्त्वपूर्ण कहानीकार उदयप्रकाश की बहुचर्चित कहानी है जो अपने सम्यक् अध्ययन की बाध्यता देती है। तुर्ता-फुर्ती में की गई समीक्षा-टिप्पणियों में न तो कहानी के साथ न्याय हुआ है और न ही इस कहानी पर गहरा विमर्श हो सका है। राजेन्द्र यादव ने अपनी टिप्पणी में ('हंस', मई '97 संपादकीय) उदय प्रकाश के कहानी-कर्म की प्रशंसा करते हुए भी इस कहानी से अपनी शिकायतें दर्ज की हैं तो गौतम सान्याल ने इसे 'औसत रचना' कहकर इसके प्रशंसकों को 'अत्याधुनिक इतिहास-दर्शन हिस्ट्री ऑफ माइंड की जानकारी' से शून्य माना है। उनका कहानी के औसत-दर्जे की मानने में यह भी आधार रहा है कि बंगला में प्रसिद्ध कथाकार विभूतिभूषण बंधोपाध्याय ने प्रायः पचास वर्ष पूर्व 'दसेक कहानियाँ और तीनेक उपन्यास' में यही तथ्य प्रस्तुत किए हैं। अरुण माहेश्वरी ने इसे एक बेहतरीन कहानी मानते हुए 'मनुष्य की प्राणी-सत्ता की तलाश की कहानी' कहा है (हंस, अर्द्धशती विशेषांकः खंड-1, अगस्त-सितम्बर, 1997)। ये प्रतिक्रियाएँ किसी भी रूप में कहानी के गहरे सरोकारों और दृष्टि फलक की विस्तृति का परिचय नहीं देती है। कोई कहानी केवल इसीलिए औसत दर्जे की कहकर खारिज नहीं की जा सकती कि उससे पूर्व किसी भाषा में उसी शैली में कहानियाँ या उपन्यास लिखे गए हैं अथवा वह 'हिस्ट्री ऑफ माइंड' की परम्परा में है। इससे अधिक यह बात महत्त्वपूर्ण है कि किस कौशल से कहानी में अपने देश-काल को, समय और चिन्ताओं को, गहरे 'कन्सर्न' से विश्लेषित कर चिन्तन और सृजन में एक लय स्थापित की गई है। निश्चय ही हिन्दी कहानी के शतवर्षीय इतिहास में 'वारेन हेस्टिंग्स का साँड' का प्रकाशन एक महत्त्वपूर्ण घटना है।

कथ्य और शिल्प, रूपबन्ध, दोनों ही स्तरों पर यह एक चुनौतीपूर्ण रचना है। लम्बी कहानी में किसी भी विषय के विस्तार में विश्लेषित करने की क्षमता होती है किन्तु इस दौर की सभी लम्बी कहानियों पर दृष्टि दौड़ाई जाए तो सहज ही यह स्पष्ट हो जाता है कि इतने विस्तार और गहराई में जाकर किसी ने एक ही कहानी में अपने समय की चिन्ताओं और प्रश्नों का ऐसा गम्भीर आकलन नहीं किया है। भ्रष्टाचार में आपादमस्तक डूबी व्यवस्था, देश को देशवासियों द्वारा विदेशियों से भी अधिक निर्ममता और बेशर्मी से लूटना, प्राइवेट सैक्टर और पब्लिक सैक्टर की सापेक्षिक कार्य-कुशलता, किसी भी समय और देश में अभिजनों (तथाकथित कुलीनों) का सत्ता के प्रति चापलूसीपूर्ण रवैया, किसी भी देश की राष्ट्रीय अस्मिता 'स्व' की भावना की विनष्टि के लिए जातीय इतिहास और उसके अतीत-बोध को धीरे-धीरे मारने की साम्राज्यवादी नीति, देश के कारीगरों और कलाओं की समाप्ति, साम्राज्यवादी ताकतों का उद्योगीकरण के नाम पर दुनिया को बाजार के रूप में इस्तेमाल करना, 'ऊँची जात' के (अभिजनों का) विदेशी सभ्यता, संस्कृति और भाषा के आत्मसात कर अपने आकाओं की जीवन-पद्धति में ही ढलते चले जाना, हिन्दू दर्शन पर बिना किसी प्रतिबद्धता और पूर्वाग्रह के गम्भीर विचार, ठेके देने और प्राप्त करने के हथकंडे, उन सबसे अमीर बना एक वर्ग विशेष और उसके तौर-तरीके, आदि, आदि न जाने कितने सन्दर्भ हैं जो विवेच्य कहानी के बहुआयामी चरित्र का परिचय देते हैं। बहुत मुश्किल कला-कर्म था यह कि इतने सारे सन्दर्भों और सवालों को कहानी में चर्चित कर, उसके इस महा आख्यानी चरित्र को कहानी की एकायामी प्रवृत्ति में सुरक्षित रखा जाए। उदय प्रकाश ने बारीक कीमियागरी के साथ कहानी के कथा-रस को सर्वत्र बरकरार रखते हुए। अतीत का वर्तमान में सफल प्रक्षेपण (प्रोजेक्शन) किया है। शैल्पिक स्तर पर 'वारे हेस्टिंग्स का साँड' कहानी के प्रचलित रूपबन्ध (फॉर्म) को तोड़-कर एक नया रूप देती है। फन्तासी (फैंटेसी) में बहुत कुशलता से मिथ, इतिहास, कल्पना, दन्तकथा, प्रतीक और जादुई यथार्थ की युक्तियों का प्रयोग कर व्यंग्य की अन्तर्प्रवाही धारा (अंडर करेंट) से कथ्य को शाणित किया गया है। इस आलेख की परिसीमा में यह अवकाश नहीं है (और न ही यह प्रस्तुत प्रसंग में विचारणीय है) कि इससे पूर्व फन्तासी का प्रयोग किस-किस कथाकार ने किस-किस रूप में किया है किन्तु निश्चय ही पहली बार हिन्दी कहानी में फन्तासी की क्षमता को इतने सशक्त रूप में 'वारेन हेस्टिंग्स का साँड' में ही प्रयुक्त किया गया है।

कथा के मिथकीय आवरण, झीने ऐतिहासिक, ऐतिह्य चरित्र में फन्तासी को मनमाने ढंग से तोड़ने-मरोड़ने या ढालने की स्वतन्त्रता और सुविधा लेखक को प्राप्त रहती है। फन्तासी की विचित्रताओं, उसके विभिन्न रूपक-प्रयोगों और प्रतीकात्मकता, के द्वारा ही कहानीकार उसे वर्तमान के लिए संगत और पूर्ण प्रासंगिक बनाता है। इससे कहानी में मूल्य-स्तर पर अनेक सवाल सृजनात्मक लालित्य के साथ प्रस्तुत किए

जाने की सुविधा रहती है। इसी बिन्दु पर अतीत और इतिहास हमारे लिए वर्तमान बन जाता है। उदय प्रकाश एक संवेदनशील कथाकार के रूप में फन्तासी की इन सभी युक्तियों और संभावनाओं का प्रयोग इस कहानी में करते हैं। कहानी के मुखबंध में उदय '—कहानी में इतिहास उतना ही है जितना दाल में नमक होता है' कहकर यह स्वीकारते हैं कि वे इतिहास की सामग्री को केवल कहानी का ढाँचा खड़ा करने के लिए इस्तेमाल कर रहे हैं, शेष तो उसमें स्वप्न, यथार्थ, कल्पना, मिथ, फैंटेसी तथा इस सबके अतिरिक्त लेखक का 'क्वाचिदन्यतोऽपि' है।

कहानी में लिखे जाने में लेखकीय चेतना पर सबसे बड़ा दबाव 1757 ई. के आसपास लॉर्ड क्लाइव की यह टिप्पणी है "मैं सिर्फ कहूँगा कि अराजकता का ऐसा दृश्य, ऐसा भ्रम, ऐसी घूसखोरी और बेईमानी, ऐसा भ्रष्टाचार और ऐसी लूट-खसोट जैसी हमारे राज्य में आज दिखाई दे रही है, वैसे किसी और देश में न कभी सुनी गई, न कभी देखी गई, अचानक धनाढ्यों की बेइन्तहा दौलतपरस्ती ने विलासिता और भोग के भीषण रूप को चारों तरफ पैदा कर दिया है, इस बुराई से हर डिपार्टमेंट का हर सदस्य प्रभावित है। हर छोटा मुलाजिम ज्यादा से ज्यादा धन हड़पकर बड़े मुलाजिम या अधिकारी के बराबर हो जाना चाहता है क्योंकि वह जनता है कि संपत्ति और ताकत ही उसे बड़ा बना रही है ...कोई ताज्जुब नहीं कि दौलत की इस हवस को पूरा करनेवाले साधन इन लोगों के 'अधिकार' हैं जो इन्हें उत्तरदायित्वपूर्ण ढंग से प्रशासन चलाने के लिए दिए गए हैं। विडम्बना है कि ये 'साधन' सिर्फ रिश्वतखोरी जैसे भ्रष्ट आचरण के लिए ही नहीं, लूट-खसोट और ठगी-जालसाजी के लिए भी इस्तेमाल हो रहे हैं। इसकी मिसालें ऊपर के पदों पर बैठे लोगों ने कायम की हैं, तो भला नीचे के लोग उसका अनुसरण करने में नाकामयाब क्यों रहें?

यह रोग सर्वव्यापी है, यह नागरिक प्रशासन, पुलिस और फौज ही नहीं, लेखकों की कलमनबीसों और व्यापारियों तक को अपनी चपेट में ले चुका है।"

"और यही है वह बिंदु जहाँ ढाई सौ साल पहले की कहानी आज की कहानी बनती है। इतिहास फिर से 'निरन्तरता' हासिल करता है..." —तो इस बिन्दु पर खड़े होकर कहानी 'सतत निवर्तमान इतिहास' को प्रस्तुत करती है। यहाँ प्रसंगात् यह कहना वाजिब लग रहा है कि यदि उपर्युक्त उद्धरण की अन्तिम पंक्तियों में यह प्रत्यक्ष लेखकीय उपस्थिति न भी होती और कहानी के कथ्य का खुलासा इस रूप में न किया जाता तो वह और भी प्रभावी प्रयोग होता। लेखकों को कुछ तो पाठकीय कल्पना के लिए छोड़ना चाहिए था, कहानी में यह बहुत मुखर रूप में अभिव्यंजित है कि इन्हीं स्थितियों के कारण ढाई सौ साल पुरानी कहानी 'आज की कहानी' बनती है।

कहानी अपने प्रारम्भ में वारेन हेस्टिंग्स के आगमन के समय यहाँ के मूल निवासियों की जीवट, कार्य-शैली, कला-कौशल आदि की चर्चा करती है जिसे यह

विदेशी 'वंडर दैट इज इंडिया' के भाव से देखता है। इस 'वंडरलैंड' की उन किंवदन्तियों, जादूगरियों-जादूगरनियों का भी उल्लेख है जिसे देश के 'इंग्लिश राइटिंग' ने खास तौर से 'एनकैश' किया है। रस्सी के सहारे आकाश में अदृश्य लड़के के भविष्यवाणी फिर कहानी को पूरी तरह आज के यथार्थ में बिठा देती है कि दो सौ सालों के बाद अंग्रेज मालामाल होकर वापस अपने वतन इंग्लैंड लौटेंगे तब भी इंडिया में उनके जैसे ही नेटिवों का राज होगा। वे लोग वही खाएँगे जो आज अंग्रेज खाते हैं (फास्ट फूड तक की यात्रा), वही पिएँगे जो अंग्रेज पीते हैं, वे वही भाषा बोलेंगे जो अंग्रेज बोलते हैं। उनके कपड़े, विचार, स्वप्न और आकांक्षाएँ अंग्रेजी होंगी। वे हर इंडियन चीज से घृणा करेंगे, वे इंडिया को उससे भी ज्यादा लूटेंगे, जितना विदेशी कंपनियों ने लूटा है (सन्दर्भ बड़े-बड़े घपलों, स्कैमों, घोटालों का)। फ्रांसीसी कंपनी और इंग्लैंड को कंपनी के बीच यूरोप, अमेरिका और एशिया के समुद्रों, बाजारों और प्राकृतिक, संसाधनों को हथियाने के लिए जो संघर्ष तब मौजूद था, वही संकट आज भी तीसरी दुनिया के देशों को बड़ी शक्तियों द्वारा मंडी बनाए जाने के लिए हो रहा है। कंपनियों की कार्य-क्षमता सार्वजनिक कंपनियों और प्राइवेट कंपनियों में किस प्रकार आज के ही समानान्तर थी, यह भी कहानी अपने रूपकत्व (मैटाफरिकल रूप) में अभिव्यक्त करती है। कला-कौशल सम्पन्न यहाँ के अतीत्व को मारकर ही ये व्यापारिक शासक यहाँ अपना राज्य-प्रसार कर रहे थे, शैक्सपीयर के साक्ष्य से कहानीकार इसी तथ्य की संपुष्टि करता है "इफ यू हैव टू डिफीट दैम, यू हैव टु किल देयर मेमोरीज, यू हैव टु डिस्ट्रॉय पास्ट, यू हैव यू टु शूट देयर स्टोरीज़।" आज इलैक्ट्रॉनिक मीडिया के द्वारा हमें सांस्कृतिक लड़ाई में पराजित कर हमारी राष्ट्रीय अस्मिता को समाप्त करने की साजिश पर लेखक की यह तीव्र प्रतिक्रिया और गहरी चिन्ता कहीं भीतर तक हमें बिलो डालती है।

वारेन हेस्टिंग्स के इस देश के सांस्कृतिक वैभव और समृद्ध परम्परा से आकृष्ट होने में एक ओर तो उस भावना के दर्शन होते हैं जिसके चलते सांस्कृतिक पुनर्जागरण के समय विदेशियों ने जिससे हमें परिचित कराया (शॉपेन हावर, मैक्स-मूलर, विल्किंस, विलियम जोंस, हालइडे, कोलब्रुक) आदि किन्तु साथ ही यह संकेत इस देश की नव-धनाढ्य बनी नई पीढ़ी को भी है जिसका आचरण इंग्लैंड से आए बिगड़ैल किस्म के कंपनी अफसरों-सा है। वे उन्हीं की तरह इस देश को जानना-समझना नहीं चाहते अपितु जिनका एकमात्र उद्देश्य इतनी विपुल सम्पदा, धन-दौलत इकट्ठा करना है 'जिसके बारे में वे खुद नहीं जानते (थे) कि वे इसका करेंगे क्या, भले ही इसे अर्जित करने, हथियाने के लिए उन्हें कितने ही अपराधों और जालसाज़ियों से गुजरना पड़े। इस देश में प्रकृति ने सुन्दर हवा और परिवेश ही प्रदान नहीं किए अपितु संसाधनों की दृष्टि से भी यह भरा-पूरा है किन्तु कहानीकार की यह चिन्ता कहानी में बार-बार

तरंगायित होती है कि "जब अंग्रेज मालामाल होकर अपने वतन इंग्लैंड लौट जाएँगे और इंडिया में उनके जैसे ही नेटिवों का राज होगा तो क्या ये नेटिव शासक इंडिया को लूटने और बेचने के साथ-साथ इस हवा को भी बेच डालेंगे और खत्म कर डालेंगे?" बुंतु द्वारा जयदेव के 'गीत गोविन्द' की पंक्तियों के सुमधुर स्वर मे गाने और यह बताने कि तीन-तीन प्रांतों के लोग जयदेव को अपना बनाने के लिए अपने प्रांतों में उसके जन्म के गाँव की अवस्थिति मानते हैं और इस देश में राष्ट्रीयता के इतने मजबूत तार एक-दूसरे प्रांत को संग्रथित किए हुए हैं किन्तु फिर भी इसका कोई एक नक्शा नहीं। हेस्टिंग्स को आश्चर्य है कि 'इंडिया इज एक्जिस्ट बट विदाउट ॲ मैप।' उदय प्रकाश का यह गहन सांस्कृतिक बोध है कि वे बहुत कुशलता से जयदेव के चित्र इस देश के सांस्कृतिक गौरव और राष्ट्रीयता के इस रूप में कहानी में, बिना किसी घोषणा के, उभरते हैं। जयशंकर प्रसाद ने प्रारम्भिक रूप में, कहानी में यह प्रयोग अवश्य किया था कि राष्ट्रीयता के प्रश्नों को संस्कृति की वीथियों से गुजरते हुए देखा था किन्तु इतना विस्तृत फलक और कथानक को 'रोमांस' के स्तर पर इस प्रकार प्रयुक्त करने का कौशल इससे पूर्व हिन्दी कहानी में नहीं हैं। यहाँ की मिथकों-कथाओं के काल की निरन्तरता में दन्त-कथाओं में ही जीवित रखा गया है, कृष्ण के सन्दर्भ में बुंतु का यह कथन 'मृत्यु उसकी होती है, जिसकी कोई कथा नहीं होती। कृष्ण की कथा है, इसलिए वे हैं।' जयदेव के 'गीत गोविन्द' के अधूरे गीत को स्वयं श्रीकृष्ण द्वारा जिस देश में पूरा किया जाता हो, उस देश के लिए कृष्ण सनातन सत्य हैं। भले ही इंग्लैंड जेसे देश अपने को वैज्ञानिक युग में प्रवेश कर मानते हुए इन कथाओं पर विश्वास न करें, किन्तु यह देश इन दन्त-कथाओं के माध्यम से ही अपने मिथों और इतिहास को सुरक्षित रखे हुए हैं।

यहीं बीफ (गो-मांस) का प्रश्न उठाकर कहानीकार मुगल शासकों और अंग्रेज शासकों की मनोवृति का अन्तर रेखांकित करता है—एक विदेशी होकर भी यहीं बसने के लिए आ गए थे, इसलिए वे गौ-हत्या पर पूरी पाबन्दी लगाए हुए थे और दूसरों (अंग्रेजों) की यह प्रवृत्ति थी कि हमें यहाँ रहना नहीं, इसका माल लूटकर इंग्लैंड भेज देना है। अंग्रेज यहाँ एक ऐसा वर्ग भी बना रहे थे जो नए मुल्लाओं के जोर से अजान देने की तर्ज पर और भी जोर से अपने को अंग्रेजियत में ढाल रहे थे, "ये वे लोग थे जो हिंदुस्तान की लूट में अंग्रेजों के साथ हिस्सेदारी चाहते थ, उन्हें सिर्फ ऐश्वर्य, मजा, सुख और दौलत चाहिए थी। वे अंग्रेजी बोलने की कोशिश करते, उनकी औरतें और लड़कियाँ यूरोपियनों जैसे कपड़े पहनतीं, वैसे ही नाचतीं। वे बहुत तेजी से अंग्रेजों जैसा बनने की कोशिश कर रहे थे। ...ये ऐतिहासिक चापलूस थे, ऐतिहासिक अभिजन, ऐतिहासिक व्यापारी और ऐतिहासिक सत्ताकामी।" अपने इस प्रसंग में कहानी पुनः वर्तमान समय में टटोलने लगती है। यह एक गम्भीर राष्ट्रीय चिन्ता का

प्रश्न है कि किस प्रकार यहाँ आज सत्ताकामी वर्ग पूरी तरह अंग्रेजियत में ढल रहा (चुका) है, हम किधर जा रहे हैं। यहीं मोहिनी ठाकुर, डाउनटन और लेंटन की काम-कथा और प्रणय-कथा के माध्यम से उस ठेकेदार वर्ग का चित्रण है जिसने गौ-मांस तथा अपनी पुत्रियों का तन तक परोस कर बड़े-बड़े ठेके हथियाए थे। तत्कालीन सामाजिक परिस्थितियों में ये घिनौनी तरतीबें और तस्बीरें मोहिनी ठाकुर को यह कहने को बाध्य करती है कि उसकी नसों में 'सारे यूरोप की गन्दी नालियों का विषाक्त उच्छिष्ट बह रहा है।'' यह प्रसंग दूसरे रूपों में भी वर्तमान से अपनी संगति रखता है।

कहानी में कलकत्ता के विक्टोरिया मेमोरियल में सुरक्षित पेंटिंग ही कहानी के कथानक का मूलाधार है, इसी चित्र-छवि भी व्याख्या कर उदय अपनी कहानी का शीर्षक 'वारेन हेस्टिंग्स का साँड' तथा वारेन हेस्टिंग्स की नेटिव प्रेमिका चोखी की प्रणय कथा परिकल्पित करते हैं जिसके लिए हेस्टिंग्स श्रीकृष्ण और राधा की तर्ज़ पर उसी वेश और राग में उससे अपना प्रेम प्रदर्शित करता है। यहाँ उदय फिर कल्पना और इतिहास की संगति बिठाते हुए डेनिस किनकेड की प्रसिद्ध पुस्तक 'ब्रिटिश सोशल लाइफ इन इंडिया' के तथ्यों को प्रेम-कथा में गूँथते हैं। कितना मुश्किल काम था यह कि एक ही बिन्दु पर ऐतिहासिक तथ्यों, प्रेम कथा की रोमानियत और वर्तमान की परिस्थितियों को सृजनात्मक स्तर पर इस लालित्य के साथ प्रस्तुत किया जा सके। हेस्टिंग्स के जासूसी करते हालवेल के द्वारा कंपनी को दी गई रिपोर्ट के तथ्य कहानी के इतिहास को वर्तमान में प्रक्षेपित कर हमें अपने वर्तमान पर सोचने को विवश करते हैं—यहाँ हिन्दुस्तानियों का एक वर्ग ऐसा है जो जल्द से जल्द अमीर बनना चाहता है। वह प्राचीन काल के रोम के गुलामों से भी ज्यादा गुलाम है। इसमें ज्यादातर ऊँची जाति के लोग हैं, उन्होंने बीफ खाना शुरू कर दिया है। अंग्रेजी बोलने लगे हैं, यूरोपीय कपड़े पहनते हैं और उन्होंने 'हिन्दुस्तान' की सारी परम्पराओं को ढकोसला कहना शुरू कर दिया है। वे सिर्फ अपनी नस्ल और अपनी त्वचा के रंग के अलावा बाकी हर चीज में अंग्रेजों के हमजाद हैं।'' राजेंद्र यादव भले ही इसे एडवर्ड सईद की तर्ज पर उदय का 'डमेरिएंटलिज्म को इस हद तक आत्मसात्' करना कहें किन्तु यह आधुनिक चिन्ता का महत्त्वपूण्र प्रश्न है कि क्या अपनी प्रतिबद्ध दृष्टि सिद्ध करने के लिए 'परम्परा' के प्रति एक नकार भाव रखना जरूरी है, क्या कहानी में भारतीयता, भारतीय सांस्कृतिक गौरव, अपनी गौरवमयी परम्परा के मिथक, प्रतीक भले ही वह हिन्दू फंडामेटलिज्म की ओर झुक जाती है। न ही इसे राजेन्द्र यादव की तरह 'सत्य की अन्तिम विजय की धार्मिक कहानी' कहा जा सकता है। यह इतिहास और अतीत की पृष्ठभूमि में वर्तमान की बेहतरीन कहानी है। अतीत को वर्तमान बनाती फ्रांसीसी डायरेक्टर जनरल डुप्ले को कहानी में दी गई टिप्पणी ही कहानीकार की मुख्य चिन्ता

है। ''वे हमारी ही गुलाम छायाएँ हैं। इंडिया में हमारा सारा प्रशासन वही चलाएँगे। हम जब इंडिया को छोड़कर यूरोप लौट आएँगे, तब भी वहाँ हमारी यही गुलाम छायाएँ राज करेंगी। वह इंडिया में हमारा ही राज होगा।'' निश्चित रूप से पिछले पाँच-सात साल के राजनीतिक खंडों और घोटालों ने, देश को लूटनेवाली शक्तिशाली जमातों ने, लेखक को गहन चिन्तन और आत्म-मन्थन के क्षणों में इन कथा-प्रसंगों की ओर मोड़ा होगा।

चोखी की कथा इस अन्धकार में एक प्रकाश किरण-सी आती है। यदि देश का अभिजन व्यक्तिगत लाभों के लिए देश के गौरव, सम्पत्ति और राष्ट्रीय अस्मिता को गिरवी रख रहा था तो दूसरी ओर सामान्य जन भी थे, चोखी जैसे, जो अपने प्राणों की बाजी लगाकर भी साम्राज्यवादी मंसूबों को पूरा नहीं होने दे रहे थे। यदि प्लासी की लड़ाई में सिराजुद्दौला को मीर जाफर और राय दुर्लभ की गद्दारी के कारण हार खानी पड़ी तो इस लड़ाई में मीर मदान और मोहनलाल दो ऐसे सिपहसालार भी थे जिन्होंने सारे प्रलोभनों को ठुकराकर नवाब सिराजुद्दौला और बंगाल के प्रति अपनी वफादारी निभाई और अपने प्राण गँवाए। इसी मोहनलाल की नटों द्वारा पालिता बेटी चोखी अपने ढंग से साम्राज्यवादी शक्ति के प्रतीक हेस्टिंग्स से प्रतिशोध लेती है। राजेन्द्र यादव ने उदय के विषय में यह बिल्कुल ठीक ही कहा है ''उदय भयंकर अध्ययनशील कथाकार हैं और नवीनतम साईंस या विचार का यह आत्मसातीकरण उनकी रचना के हर शब्द से बोलता है।'' प्लासी के युद्ध, क्लाइव और वारेन हेस्टिंग्स तथा उनके समकालीन इतिहास और साहित्य का ऐसा गम्भीर अध्ययन और दोहन अत्यन्त दुर्लभ है। कदाचित् नहीं, निश्चित रूप से, इतिहास का यह अध्ययन और इसका इस रूप में यह कथानक प्रयोग हिन्दी कहानी में अब तक नहीं हुआ है। इसीलिए इस कहानी का प्रारम्भ में मैंने कहानी के शतवर्षीय इतिहास की एक महत्त्वपूर्ण घटना कहा है। इतिहास, मिथ, कल्पना-फन्तासी का यह प्रयोग चौंकानेवाला नहीं, अभिभूत करने वाला है।

वारेन हेस्टिंगस के चरित्र में एक दोहरापन और छद्म-वृत्ति है। एक ओर तो वह यहाँ की संस्कृति, आदर्शों, मिथकों और पशुओं तक में व्याप्त मानवीय संवेदनशीलता से अभिभूत रहता है। स्वयं को कृष्ण और चोखी को राधा मान उसके साथ उसी सखा भाव से प्रेम-क्रीड़ाएँ करता है और दूसरी ओर उसने देश के शोषण की खुली लूट मचा रखी थी। उसके द्वारा पोषित प्रशासनिक भ्रष्टाचार का ही दुष्परिणाम 1769-70 का महा अकाल है जिसमें बंगाल और बिहार की एक तिहाई से ज्यादा आबादी समाप्त हो गई और एक करोड़ से भी ज्यादा लोग मरे। इंग्लैंड में हेस्टिंग्स पर चलाए गए महाभियोग में भी वह इसी कारण छूट जाता है कि उसने भारत में साम्राज्यवादी शक्ति का पोषण व प्रसार किया। साम्राज्यवादी शक्ति के प्रति हेस्टिंग्स का विरोध अभिजनों ने नहीं किया, उसके प्रति विद्रोह किया। सामान्य जन ने जिसकी प्रतीक चोखी

हेस्टिंग्स द्वारा देश का नक्शा बनवाए जाने के समाचार से क्रुद्ध हो उसके लिए राधा से दुर्गा रूप में परिवर्तित हो जाती है। उसका दूसरा प्रतीक हेस्टिंग्स के 'प्योरली हॉल' बंगले का नई नस्ल का वह साँड है, जो देश की नई पीढ़ी का प्रतीक भी कहा जा सकता है, जो साम्राज्यवादी शक्ति के प्रतीक इंपीरियल बग्घी के इंपीरियल काले घोड़े को चीरकर रख देता है। इंपीरियल फौज की एक टुकड़ी द्वारा साँड मार दिया जाता है। इसी साँड की चर्बी से निर्मित कारतूस से बासठ साल बाद 1857 ई. में मंगल पांडे अपने अंग्रेज एडजुटेंट को मारता है जो इस बात का प्रतीक है कि साम्राज्यवादी ताकतों के खिलाफ विद्रोह की शक्ति इसी सामान्य जन में आनी है, प्लासी के युद्ध में शहीद हुए मोहनलाल की पुत्री चोखी से लेकर इस साँड तक जिनकी एक लम्बी परम्परा है। कहानी के समापन में स्वयं उदय अपने इस प्रतीक साँड की व्याख्या या कहें ऐसी खुली व्याख्या करते हैं जिससे हम स्वयं अपना अभिप्रेत अर्थ ग्रहण करने के लिए स्वतंत्र हैं, चाहे उसे 'अपने देश के मिथकों, पुराणों, ग्रन्थों, अन्धविश्वासों और पुरानी परम्पराओं के लिए किसी कट्टरपन्थी साम्प्रदायिक की तरह लड़ा और मारा गया' मानें अथवा 'ब्रिटिश साम्राज्यवाद के खिलाफ एक देशभक्त राष्ट्रवादी भारतीय की तरह विद्रोह करता हुआ मरा' मानें। किन्तु लेखकीय निर्णय निश्चित रूप से उसे 'देशभक्त राष्ट्रवादी भारतीय' ही मानता है क्योंकि कहानी का समापन इसी घोषणा से होता है 'वह साँड अभी मरा नहीं है।'' राजेंद्र यादव ने कहानी के पाठ का 'विखंडन' करते हुए उसे 'गौ-माता-प्रेम' और 'त्रिशूलित भगवा दर्शन' मानते हुए 'बिफरा हुआ उन्मत्त और दुर्दांत भारतीय साँड (उसी गाय का वंशज) 'हेस्टिंग्स' नाम के नरकासुर का वध करता है' कहकर प्रतीक का दूर की कौड़ीवाला अर्थ लिया है। कहानी के साथ न्याय यही है कि साँड को 'राष्ट्रवादी भारतीय' का ही प्रतीक माना जाए।

उदय प्रकाश वारेन हेस्टिंग्स के लीला-आख्यान में फन्तासी की सारी सम्भावनाओं और क्षमताओं का भरपूर इस्तेमाल कौशल के साथ करते हैं। फन्तासी के रूपकात्मक (मैटाफरिक) आयाम के साथ उसमें जादुई यथार्थ, के द्वारा करिश्मों की एक दुनिया अवतरित होती है। इसी युक्ति से वृत्तान्त में वर्तमान समय का प्रक्षेपण (प्रोजेक्शन) सम्भव हो सका है। फन्तासी में इन जादुई करामातों, आश्चर्यों तथा कथा की मिथकीय चरित्र-धर्मिता के द्वारा ही वर्तमान समय की मूल्य-चिन्ता सम्भव बनती है। वर्तमान वैज्ञानिकतापूर्ण परिवेश में फन्तासी के जादुई संसार को केवल कल्पना-कौतुक कहकर खारिज नहीं किया जा सकता, उसकी हमारे समय के साथ पूर्ण संगति बैठती है। इस तथ्य को समझते ही कहानी में आए पात्र बुंतू का प्रतीकात्मक प्रयोग, जयदेव के 'गीत-गोविन्द' का गायन और उसके व्यक्तित्व की अशरीरी उपस्थिति, स्वयं भगवान कृष्ण द्वारा जयदेव के 'गीत-गोविन्द' का श्लोक पूर्ण करना सभी की सार्थकता सिद्ध होती चली जाती है। बुंतू और उसके द्वारा जयदेव के 'गीत-गोविन्द' के गायन की

तकनीक का प्रयोग एक और दृष्टि से कहानी को एक नया कथा-कौशल प्रदान करता है। जब कथा औपनिवेशिक शोषण और साम्राज्यवादी शक्ति प्रसार की घिनौनी दुर्नीतियों के चित्रण द्वारा बोझिल होने की ओर अग्रसर होने को होती ही है, तभी बुंतू और उसका एकतारा, उसका 'गीत-गोविन्द' गायन, बाउल गायन, उपस्थित होकर उसे एक मधुरिमा प्रदान करता है। बुंतू के माध्यम से ही इस देश की दन्त-कथाएँ और उनका महत्त्व बार-बार कहानी में रेखांकन पाता है।

मिथ चरित्रीय इतिहास (मिथेतिहास) के प्रयोग से प्रस्तुत कहानी में औद्योगिक समाजों में अपनी राष्ट्रीय अस्मिता की पहचान की एक कारगर कोशिश देखी जा सकती है। इंग्लैंड जैसे औद्योगिक देश में मशीन ने वहाँ के व्यक्ति की जीवन-शैली को बदल डाला था। "विज्ञान, वाणिज्य, उत्पादन, व्यापार, युद्ध. निर्यात और आयात, श्रम, वेतन, शेयर बाजार, ब्याज, बैंकिग, खरीद-फरोख्त, कर्ज, पूँजी, जमा, घाटा और मुनाफा...वगैरह वे मूल कारक थे, जिनकी बुनियाद पर वहाँ का मानवीय जीवन टिका हुआ था और उसी से नियन्त्रित था।" यही जीवन प्रणाली हमारे जीवन-परिवेश में तेजी से प्रवेश कर हमारे 'हम को' लील रही है, बूढ़े दादाजी. एकादशी की पूड़ियाँ, सम्बन्धों की ऊष्मा से महकते संयुक्त परिवारों के साँझा आँगन, मृत्यु पर गरुड़ पुराण का पाठ, वैतरणी की परिकल्पना और गाय की पूँछ पकड़कर उससे पार उतरने की आकांक्षाएँ आदि इस दमघोंटू परिवेश और परिस्थितियों में वही विलुप्त न हो जाएँ, कहानी की यह चिन्ता एकाधिक स्थानों पर अभिव्यक्ति पाती है। कहानी का यह अतीत-मोह कभी ससुराल से तीज के मौके पर मायके लौटी बेटी के विकल रोदन में, तो कभी गाय के गले से लगकर उसे चूमनेवाली लड़की के बिम्बों के माध्यम से प्रतीकीकृत होकर उस सबको बचा लेने की एक विकल चिन्ता का द्योतन करता है। इस देश की 'विचित्रताओं' से इस विचित्र देश के बसंत से हेस्टिंग्स को अभिभूत और ऐंद्रजालिक आकर्षण में बंधा दिखाना, यहाँ के मन्दिरों (कोणार्क, जगन्नाथपुरी आदि) में उत्कीर्ण पत्थर की विचित्र आकृतियों, मूर्तियों के शिल्प और उनसे जुड़ी दन्तकथाओं, मिथक गाथाओं, यहाँ के महान ग्रन्थों, अभिलेखों से उसे प्रभावित दिखाना महज़ कथा-क्रम को पूरा करना भर नहीं है, इस सबके माध्यम से इस मूल्यवान थाती को पहचानने और बचा पाने का एक गहरा सरोकार पूरी कहानी में अनुस्यूत है। इसे 'पुनरुत्थानवादी दृष्टि' नहीं कहा जा सकता, यह अपने विरसे को पहचानने और सुरक्षित रखने की गम्भीर सांस्कृतिक चिन्ता है। हिन्दी की किसी भी अन्य कहानी में इतनी अन्तर्दृष्टि नहीं मिलेगी, खूबी यह है कि गहरी चिंतन-दृष्टि कहीं भी कहानी के लालित्य पर हावी नहीं हो पाती है।

'वारेन हेस्टिंग्स...' कहानी के मद्देनजर कुछ बातें कहानी के लम्बे होने या लम्बी कहानी के सम्बन्ध में भी कर ली जाए। इधर 'लम्बी कहानी' लिखना आम-सा

हो चला है, कुछ पत्रिकाओं ने भी इस प्रवृत्ति को बल दिया किन्तु लगता यह है कि लम्बी कहानी 'लिखी' बहुतों ने पर समकालीन कथा-पीढ़ी में जो उसे 'साध' कम ही पाए। यूँ पूर्ववर्ती पीढ़ी में कृष्णा सोबती का नाम इस दृष्टि से विशेष महत्त्व रखता है (सन्दर्भ 'मित्रो मरजानी' तथा 'ऐ लड़की')। उदय प्रकाश, संजीव, प्रियवंद और अखिलेश की ही लम्बी कहानियाँ विशेष महत्त्व की बन पड़ी हैं। मुझे लगता है कि अब तक की लम्बी कहानियों में भी यह कहानी सर्वाधिक सशक्त और बहुआयामी सन्दर्भों से परिपूर्ण है—कहानी की समग्र अन्विति को अक्षुण्ण रखते हुए। स्वयं उदयप्रकाश की लम्बी कहानियों में यह सर्वाधिक सशक्त इसलिए है कि इसमें 'वर्णन' नहीं व्यंजना है, यहाँ कथ्य वर्णित और कथित नहीं 'व्यंजित' है, कहानी के भीतर से झांकता हुआ। 'पॉल गोमरा का स्कूटर में 'सबकुछ को' समेटने का अत्यधिक आग्रह कहानी पर भारी पड़कर उसे एक वर्णनात्मकता देता है, ब्यौरों-तफतीसों में जाने का अतिरिक्त मोह उसके शीराज़ा को बिखरा-बिखरा बना देता है। 'वारेन हेस्टिंग्स का साँड' पूरी तरह सुगुम्फित (कम्पैक्ट) है, एक भी विवरण या प्रसंग उनसे अलग नहीं किया जा सकता। इस प्रकार उदय यहाँ लम्बी कहानी के प्रयोग में अपनी पिछली सीमाओं का अतिक्रमण कर कहानी का, लम्बी कहानी का, एक नया प्रारूप-मॉडल-पेश करते हैं।

अभिव्यक्ति के स्तर पर भी 'वारेन हेस्टिंग्स...' कहानी की कहन, कथा-भाषा के मिजाज़ को एक नया तेवर प्रदान करती है। यूँ उदय प्रकाश के गद्य को पढ़ना एक प्रीतिकर अनुभव से गुजरना है। (विशेष सन्दर्भ 'कथा देश' में इधर उनके लेख और टिप्पणियाँ)। कहानी में किस्सागोई की युक्तियां भाषा के माध्यम से उसे एक सहज संस्कार दे रही हैं—"यह किस्सा आज से लगभग ढाई सौ साल पहले का है," "यह वह समय था जब मुगलशाही के नाम पर...", "यह वह दौर था जब फ्रांसीसी कंपनी...", "इन्हीं दिनों वारेन हेस्टिंग्स की दोस्ती बुंतू से हुई," "उन्हीं दिनों जब वारेन हेस्टिंग्स चोखी के साथ फैंटेसी की एक मादक दुनिया में केलि कर रहा था..." जैसे प्रयोग से लगता है कि कोई किस्सागो अपनी पूरी कलाकारिता में पाठक को बाँध रहा है। यथा आवश्यकता कहानी का गद्य कहीं गम्भीरता अख्तियार करता है और कहीं चांचल्य। भाषा में व्यंग्य की अन्तभुर्क्ति उसे एक धार देती है। उदय पत्रकारिता में भी रहे हैं, कहानी की भाषा में पत्रकारिता का यह संस्कार उनकी भाषा को एक ताजा प्रवाह प्रदान करता है।

इस चैलेंजिंग कहानी के सम्बन्ध में एक बात और कहनी है। यह कहानी हमें आगे का 'होम टास्क' करने, आगे पढ़ने यह अपने संज्ञान में अभिवृद्धि करने को उत्प्रेरित करती है। बहुत कम कहानियों में यह गुण होगा कि वे अपने पाठक को उकसाएँ कि वह उन ग्रन्थों को देखे या देखने का प्रयास करे जिनके सम्बन्ध में कई-कई सूचनाएँ कहानी में दर्ज हैं। ब्रिटिश लेखक डेविस किनकेड की पुस्तक 'ब्रिटिश

सोशल लाइफ इन इंडिया', इंग्लैंड से सूरत की फैक्टरी में आए मिस्टर फ्रेयर के विवरण, कलकत्ता के विक्टोरिया मेमोरियल में संगृहीत पेंटिग को कहानी की दृष्टि से देखने की ललक, हॉलवेल और स्ट्रेची से वारेन हेस्टिंग्स की करवाई गई जासूसी की रपट, आदि को पढ़ने की उत्कट इच्छा कहानी जगाती है। इसी प्रकार इस ऐतिहासिक खोज पर सोचने और जानने को विवश करती है कि क्या सचमुच इस महादेश का पहला नक्शा ईस्ट इंडिया कंपनी के बोर्ड ऑफ डायरेक्टर्स के निर्देश पर हेस्टिंग्स ने कैप्टन जेम्स रेनेल से तैयार करवाया था। ये ही नहीं, कहानी में कितनी ही खोजपूर्ण सूचनाएँ, इतिहास के अल्पज्ञात या अज्ञात तथ्य आकर अपने पाठक को एक वैचारिक सम्पन्नता प्रदान करती हैं।

''जो पोत बनाएँगे, वही सागर में उतरेंगे। श्रम करेंगे तो फल पाएँगे। यही उत्स है। जीने वालों की प्राप्ति।''

....

''लड़की यह भी अवस्था है। आदमी पर सन्नाटा उतरने लगता है। अन्दर झाँको तो गोदाम बन चुका होता है। पुराने माल की ढेरियाँ लगी पड़ी हैं। जिसकी याद आ गई, उसे ही खोजने लगे।''

....

''लड़की माँ को प्यार नहीं जता सकते। अंकुश लगा रहता है। दिखाते यही हैं कि माँ का पुराना प्रकरण कब का भूल चुके हैं। इसी में घरवालियों की खुशी होती है। माँ पिछला अध्याय बनकर रह जाती है।''

....

''बेटी के कान में जब मुरकी डलती है तो बड़ी सुन्दर लगती है। बेटे की कमर पर तड़ागी और भी सुन्दर! बच्चे के ओंठों पर पहली पवित्र हँसी भी बड़ी मोहक! नन्हे-नन्हे पैरों वाला पहला कदम अपनी आँखों से देखना, जीने का पुरस्कार है, लड़की!''

....

''लड़की, जीवन हिरण है हिरण। कस्तूरी-मृग। इस क्षणभंगुर जगत में अपनी महक फैला यह जा और वह जा।''

....

''जो दिलों पर अर्गलाएँ चढ़ा लेते हैं, उनका आकाश उन्हीं तक रह जाता है। उनकी दौड़ भी उनके घर तक ही समाप्त! बस उसी के आसपास थई-थई रोटियाँ सेंकते जाओ, मकड़ी का जाल बुनते जाओ।''

....

''वह औरत क्या जो बेटे की माँ को न पछाड़ सके।''

....

''गृहस्थ में पाँव रखकर स्त्री का जो मन्थन-मर्दन होता है, वह भूचाल के झटकों से कम नहीं होता। औरत सहन कर लेती है, क्योंकि उसे सहन करना पड़ता है।''

गद्य में स्त्रीत्व का काव्यात्मक आख्यान

('ऐ लड़की' : कृष्णा सोबती)

कृष्णा सोबती यदि अपने लेखन के शुरुआती दौर में 'मित्रो मरजानी' जैसी अमर कहानी से हिन्दी कहानी के इतिहास में अपना अमरत्व दर्ज कराती हैं तो कथा-लेखन के इस परवर्ती दौर में फिर एक बार अपनी बेजोड़ कहानी 'ऐ लड़की' द्वारा इस अमरत्व में और भी वृद्धि करती हैं। जब कोई 'उस्ताद कलम' (मास्टर आर्टिस्ट) अपने कौशल (मास्टर स्ट्रोक) द्वारा किसी कालजयी कृत्ति की सर्जना करती है तो उस विधा के प्रचलित रूपबन्ध (फॉर्म) के ही चुनौती नहीं मिलती अपितु साहित्य जगत में बहुत देर तक वह चर्चा का विषय भी बनती है। कृष्णा सोबती की 'ऐ लड़की' कहानी ऐसी ही उत्कृष्ट कला-कृति है जिसने प्रकाशन के साथ ही अपने को चर्चा का केंद्र बनाया। राजकमल प्रकाशन से पुस्तक रूप में प्रकाशित होने से पूर्व 'वर्तमान साहित्य' के कहानी महाविशेषांक (अप्रैल 1991 ई.) में प्रकाशित होकर वह विवादों के घेरे में रही है। 'कहानी महाविशेषांक-2' में उपेन्द्रनाथ अश्क ने मुक्त कंठ से इसकी प्रशंसा की और मार्कण्डेय और दूधनाथ सिंह ने भी इसे सराहा, यहाँ तक तो बात ठीक थी किन्तु फिर 'वर्तमान साहित्य' के ही दिसम्बर '91 अंक में 'ऐ लड़की' को धराशायी करने का प्रयत्न करते हुए सृंजय की भौंडी टिप्पणी और उस टिप्पणी के उसी स्तर से सत्येन कुमार रमेश निर्मल आदि के उत्तर 'बदमगजी' ही नहीं बल्कि 'तकलीफदेह' हद तक चले गए हैं। हमारी आपत्ति यह नहीं है कि 'ऐ लड़की' के विरोध में क्यों लिखा गया अपितु सृंजय की टिप्पणी में ऐतराज की बात बहस में साहित्यिक गारिमा और सुरुचि को छोड़ने की है। कहानी की खामियों को गिनाया जाता न कि बड़बोलेपन से गलियाने की हद तक नीचे उतर आना है—'विकल्पों के प्रति अज्ञानता', 'कथा-क्षेत्र के चार-मीनार', 'जा बुढ़िया...', आदि गालियाँ नहीं तो फिर क्या हैं। दूसरे कहानी को 'माइनस' करने के लिए इतने सारे 'देशी-विदेशी' नामों को गिनाने, संदर्भित करने की आवश्यकता बिल्कुल नहीं थी। इनका उत्तर देते हुए सत्येन कुमार ने भी कोई कोर-कसर (साहित्यिक स्तर को नीचे गिराने में) बाकी नहीं रखी, 'मुँह पर थूकने' वाली बात कितनी अप्रिय, अशिष्ट और गैर-साहित्यिक हो गई

है। लगता है कि 'शब्द' की साधना करनेवाले शब्द की सारी शुचिता और महत्ता भूल गए। इन विवादों की गर्द अब छँट चुकी है तो कहानी अपने तटस्थ मूल्यांकन की अपेक्षा रखती है।

'ऐ लड़की' कहानी हमारे सामने फिर वही सवाल खड़ा करती है जिस पर मैं बहुत देर से कह रहा हूँ कि क्या वही कहानी कहानी है जो समाज-चिन्ता की 'कुछ ज्यादा ही चिन्ता' करे या कहें जो सामयिक समस्याओं और आज के सामाजिक, राजनीतिक सवालों के ज्वलंत से सीधे टकराए, वर्तमान के समय और समाज की संक्रमणशील परिस्थितियों ने मानवीय सम्बन्धों के जो नए-नए समीकरण विकसित किए हैं—उन सबके बीच टूटता-जूझता मनुष्य भी कहानी का उतना ही महत्त्वपूर्ण विषय है। उनके बीच से मानवीय सम्बन्धों की नई परिभाषाएँ, मूल्य और अर्थवत्ता विकसित होती दिखाई देती है। उस पर लिखी गई कहानियाँ भी उतनी ही महत्त्वपूर्ण, सशक्त और सार्थक हैं जितनी सामाजिक संपृक्ति की कहानियाँ। इन कहानियों में मानवीय सम्बन्धों और जीवन के नए अर्थ-वलय खुलकर सम्बन्धों की कहानियाँ कहकर दर-किनार नहीं किया जा सकता। एक लम्बी सूची है इस तरह की बेहतरीन कहानियों की, कुछ नाम—काशीनाथ सिंह की 'अपना रास्ता लो बाबा', गोविन्द मिश्र की 'वरुणांजलि', शैलेश मटियानी की 'अर्द्धांगिनी', बिल्कुल हाल ही में प्रकाशित राजकुमार गौतम की 'बचा रहे परिवार' आदि। इसी कोटि में कृष्णा सोबती की 'ऐ लड़की' कहानी है जिसके पुनर्पाठ की आवश्यकता है।

कृष्णा सोबती के हिन्दी साहित्य में अमरत्व दिलानेवाली तीन कहानियाँ 'मित्रो मरजानी', 'सिक्का बदल गया' तथा 'ऐ लड़की' तथा उपन्यास में 'जिन्दगीनामा' है। यों अपने मिजाज की काव्यात्मकता में 'ऐ लड़की' कहानी 'जिन्दगीनामा' के करीब चली जाती है। दोनों की लय एक है। तीनों ही कहानियों में मानवीय सम्बन्धों की विवृति अत्यन्त सूक्ष्मता, प्रामाणिकता एवं गहरी अन्तर्दृष्टि से होती है किन्तु 'ऐ लड़की' की विशेषता यह है कि यहाँ एक पीढ़ी, माँ, दूसरी पीढ़ी, बेटी, को अपना समूचा जीवन-दर्शन या कहें स्त्रीत्व के विषय में अपनी सारी सोच, जीवन की सारी समूची संचित अनुभव-राशि, स्त्रीत्व की मर्यादा, महत्ता और गुरुतर दायित्व—सभी कुछ अपनी उस लड़की को समझाकर इस संसार से जाना चाहती है जो एक अकेला जीवन जी रही है, एकाकीपन के सारे दंशों को भोगते हुए, घर-गृहस्थी से दूर, विवाह-संस्था को नकारती, केवल अपनी पढ़ने-लिखने की दुनिया तक महदूद। कहानी की वृद्धा माँ कूल्हे की हड्डी टूट जाने से खाट पकड़ तो लेती है किन्तु उसके तन और मन में अदम्य जिजीविषा है (जिसे पुस्तक के ब्लर्ब पर 'यह कथा निर्भय जिजीविषा का महाकाव्य' कहकर रेखांकित किया गया है)। इसीलिए पल-पल छीजती चले जाने पर भी वह 'बीमारी को अपने अन्दर धँसने नहीं देती। यदि गिरकर उसकी टाँग न टूट जाती तो वह अभी अच्छी भली थी किन्तु अब ''आप्रेशन, डॉक्टर, दवा-पट्टी,

इंजैक्शन, गुलुकोस, ऑक्सीजन...'', ''डॉक्टर बनकर जिस्म को फरोल'' डालते हैं। उसे यह अहसास है कि उसका कमाया हुआ कड़ियल शरीर धीरे-धीरे ही छीजेगा, फिर भी मौत ने उसकी देहरी की सांकल खोल दी है और जरा-सी 'खटखट दरवाजे' पर होते ही वह चली जाएगी, यह अहसास उसे हर क्षण रहता है। इसलिए वह अपना सारा चिन्तन स्त्री तत्त्व की व्याख्या के रूप में अपनी बेटी को देकर जाना चाहती है। अपनी मृत्यु को सिर पर खड़ी जान वह अपनी बेटी से निरन्तर संवादरत है, बीच-बीच में नौकरानी सूसन भी आती है जो नर्स के रूप में उसकी देखभाल कर रही है। सब कुछ बेटी को बता जाने की कथ्य की यही माँग पूरी कहानी के संवादों में ढाल देती है जिसमें अधिकांशतः वृद्धा माँ ने ही कहा है, बीच-बीच में हुंकारा-सा देने को लड़की के एकाध संक्षिप्त-से कथन हैं, अन्यथा सारी कहानी एक गहन आत्मीय आत्मालाप के रूप में हैं। कहानी पर यह आपत्ति भी उठाई गई है कि मृत्युशय्या पर पड़ी वृद्धा इतनी लम्बी-लम्बी टिप्पणियों के रूप में आत्म-संलाप में कैसे प्रवृत्त हो सकती हैं किन्तु हम यह क्यों भूल जाते हैं कि जीवन-यथार्थ से कला-यथार्थ भिन्न होता ही है, लेखिका ने अपना अभिप्रेत व्यक्त करने के लिए कहानी का यथार्थ सिरजा है। इसमें अस्वाभाविकता नहीं अपितु एक सहज संगति है। मुख्य बात यह है कि माँ बेटी को अपनी जीवन भर की संचित अनुभव-निधि का कोष सौंप रही है जिसमें स्त्री का अपना निजी जीवन और सामाजिक व्यक्तित्व निरूपित हुआ है। यह तर्क बेमानी है कि नारी-अस्तित्व के इन प्रश्नों के विश्लेषण के लिए 'सिमोन द बुआ' को पढ़ना अधिक उपयोगी होगा। साहित्य में जीवन-दर्शन की अभिव्यक्ति की अपनी महत्ता है, वह यहाँ कला के संवेदनात्मक धरातल पर अभिव्यक्त होता है। 'ऐ लड़की' को पढ़ते हुए सहज ही यह आभास होता है कि माँ का हर बोल बड़ी चिन्तना के पश्चात् कहलवाया गया है। स्त्री के वजूद के अनेक-अनेक सवालों को यहाँ मानो 'मिश्री के कूजे' में ही रखकर प्रस्तुत किया गया है।

माँ गृहस्थी का मर्म, रस-रीति और मर्यादा अपनी उस बेटी को समझा रही है जो गृहस्थिन नहीं है। कुछ लोगों को इस बात में आधुनिक दृष्टि से विरोध दिखाई देता है कि स्वतन्त्र व्यक्तित्व जी रही स्त्री-लड़की को गृहस्थ-बन्धन की महत्ता कहानी में बताई जा रही है, उसे 'चलवन्त सैनिक' से शासन करते पुरुष की सत्ता के अधीन रहने की सीख दी गई है। सवाल विवाह संस्था को नकारकर, पुरुष सत्ता की महत्ता को धता बताकर रहने की खुली दृष्टि का समर्थन करने का नहीं है, कृष्णा सोबती का कहानीकार अनुभव के कोष से उस 'स्वतन्त्रचेता स्त्री' के जीवन के रीतेपन, छूछेपन, निस्सारता को महसूस करती है और जिस गहराई से महसूस करती है, उसी गहराई से पूरे बेलाग रूप में अभिव्यक्त करती है। इस बात की तनिक भी परवाह न करते हुए कि स्त्रीवादी दृष्टि का विमर्श उसे किस रूप में लेगा, या उसे आधुनिकता विरोधी करार देगा। वे स्त्री स्वाधीनता को स्वीकार करती हैं पर उसे पुरुष-विरोधी मानने की

शर्त पर नहीं। स्वाधीन जीवन जीना किसी भी लड़की के लिए ताकत है, सामर्थ्य, शक्ति।'' यह भी सही है कि ''उसका वक्त जब सुधरेगा, जब वह अपनी जीविका आप कमाने लगेगी।'' किन्तु इसके साथ जीवन का यह भी अनुभव संचित सत्य हे कि ''लड़की, किसी का साथ पाकर हस्ती कुछ और सी हो उठती है। अन्दर-बाहर सब्जा उगने लगता है।''[2] स्त्री-पुरुष के साथ और विवाह से परिवार अस्तित्व में आता है, पारिवारिक स्थितियां बच्चे को जन्म देती हैं, इसी सत्य का काव्यात्मक आख्यान कृष्णा सोबती गद्य में इस रूप में करती है, ''नर जिस जल में स्नान करता है, नारी उसी को धारण कर हरियाती है। वह रात के टुकड़े कर डालता है और वह इसे पिरोकर गले में डाल लेती है। बच्चा बनाया कि गले में मणका डाल लिया। माँ को इसी का वरदान है। उसी के एकांत सरोवर से निखर कर आत्मा देह में प्रवेश करती है तो बच्चा घटित होता है।''[3] बच्चे को जन्म देना कोई आसान काम नहीं, 'बच्चे ख्यालों से नहीं बनते। बनाने में मेहनत लगती है, और माँ के लिए यह एक तरह का यज्ञ ही है, ''इन दिनों औरत पूरे ब्रह्मांड से शक्ति के कण को खींचकर अपनी ऊर्जा ज्वलित कर लेती है।''[4] बच्चे को केन्द्र में रखकर देखते हुए कहानीकार माँ-बाप की भूमिका, घर में पत्नी की भूमिका, लड़की की पारिवारिक स्थिति आदि पर गम्भीर विचार करती है। पिता को वे एक ऐसे जलाशय के रूप में देखती हैं जो 'पीढ़ी-दर-पीढ़ी' परिवार संचित चला जाता है।' 'परिवार की ज्योति उसी के वरदान से जलती है।' घर-गृहस्थी में औरत की भूमिका अहम है, सबके लिए खटने में उसमें एक अजीब तरह की सहनशीलता आ जाती है,' गृहस्थ में पाँव रखकर स्त्री का जो मंथन-मर्दन होता है, वह भूचाल के झटकों से कम नहीं होता। औरत सहन कर लेती है, क्योंकि उसे सहन करना पड़ता है।''[5] माँ की भूमिका में उसका निजत्व क्षरित होता, बच्चे उसे 'प्योसर गाय का धाय बनाकर रखे रहते हैं।' घर की सारी व्यवस्था उस पर है। किन्तु कहानी में यह सन्देश नहीं जाता कि औरत घर चलाने वाली कठपुतली ही बनी रहे, सूसन नर्स को सम्बोधित यह बात इस सम्बन्ध में ध्यातव्य है, ''सूसन, शादी के बाद किसी के हाथ का झुनझुना नहीं बनना। अपनी ताकत बनाने की कोशिश करना।''[6] कहानी में यह अहसास है कि, ''घर का यह खेल बराबरी का नहीं, ऊपर-नीचे का है।'' घर का स्वामी कमाई से अपनी प्रभुताई स्थापित करता है और ''इसी प्रभुताई के आगे गिरवी पड़ी रहती है। बच्चों की माँ।''[7] इसीलिए स्त्री की आर्थिक स्वतन्त्रता ही काम्य है।

आज पुत्री को जन्म देना विशेष उत्साहजनक स्थिति नहीं है, पंजाब, हरियाणा जैसे समुन्नत प्राँतों में भी मर्दों की तुलना में औरतों का प्रतिशत निरन्तर घटता जा रहा है, भ्रूण-हत्याएँ भी इसी मनोवृत्ति के कारण है किन्तु 'ऐ लड़की' की वृद्धा माँ का यह सन्देश कितना बड़ा है, ''अपनी समरूपा उत्पन्न करना माँ के लिए बड़ा हितकारी है। पुण्य है, बेटी के पैदा होते ही माँ सदाजीवी हो जाती है। वह कभी नहीं मरती। हो उठती है वह निरन्तर। वह आज भी है, कल भी रहेगी। माँ से बेटी तक, बेटी से

उसकी बेटी, उसकी बेटी से अगली बेटी अगली से भी अगली। यही सृष्टि का स्रोत है।'' स्त्री जीवन के ये विभिन्न सत्य कहानी की माँ 'पतंजलि (शास्त्र) पढ़कर नहीं अपितु 'सुनी जाती, देखी जाती' विद्या के आधार पर, 'कागद लेखी' नहीं अपितु 'आँखिन देखी' के आधार पर प्रस्तुत करती है। जिस 'लड़की' ने गृहस्थ की यह 'वेदत्रयी' नहीं पढ़ी, वह इस संसार में सुख की खोज नहीं कर पाती।

कहानी की माँ बेटी की व्यक्ति-स्वातन्त्र्य की मान्यता को मानती तो है किन्तु फिर भी उसे जब वह स्त्री-जीवन का शास्त्र समझाती है, तो वह है स्त्री पुरुष की सत्ता के बिना सूनी है, ''वह पराशक्ति बनी पुरुष के आगे-पीछे व्याप्त हो जाती है। समेट लेती है उसे अपने घेरे में।'' स्त्री-घर परिवार के घेरे में शून्य होकर रह जाती है केवल नाम की हो 'महारानी', किन्तु इस सबके बावजूद भी अकेली लड़की के जीवन की निस्सारता है यह कि उस 'जन्म में एक कतरा' भी नहीं जो उसने अर्जित किया हो। ग्रहस्थ और स्त्री-स्वातंत्र्य के इस विश्लेषण में कहानी की सोच में एक फाँस-सी दिखाई देती है—वहाँ कभी एक पलड़ा भारी दिखाई देता है तो कभी दूसरा और कभी यह भी स्पष्ट नहीं हो पाता की स्त्री के लिए ''अपने आप में आप होना परम है, श्रेष्ठ है'' या परिवार की होकर रहना श्रेयस्कर है। ऐसे स्थलों पर कृष्णा सोबती की दृष्टि भी ज़्यादा साफ़ नहीं है कि वे स्त्री के लिए कौन-सी स्थिति उपयुक्त पाती हैं, यद्यपि पूरी कहानी की अनुगूँज, टोन, स्त्री की पुरुष के सान्निध्य में, उसकी होकर रहने, गृहस्थ-सुख को सर्वोपरि मानने की ही है। किन्तु यह वैचारिक विसंगति कहानी को कमजोर नहीं करती अपितु उसे यथार्थ के और निकट उपस्थापित करती है। जीवन में इस स्थिति को दो टूक इधर या उधर करके नहीं चला जा सकता। इस रूप में कहानी जीवन की सच्चाई प्रस्तुत करती है, जीवन पर आदर्शों का आरोपण नही। यदि उसे अकेले रहती लड़की का 'अपने आप में होना' अच्छा लगता है तो यह भी अपनी जगह सच है कि यह लड़की कभी 'अपने को अपने से जो आजादी चाहिए वह भी नहीं दे पाई है' जीवन-भर 'मनचाहा न कर पा सकने' की एक कचोट इसे भी तो है। स्त्री के व्यक्ति-स्वातंत्र्य के इस विश्लेषण के साथ कहानी नें माँ-बेटे, बहू-सास, पिता-पुत्र के सम्बन्धों तथा वृद्धावस्था आदि पर भी बहुत अनुभव-पगे अभिमतों की अभिव्यक्ति हुई है। परिवार में धीरे-धीरे सास हाशिए पर चली जाती है और बहू का वर्चस्व स्थापित हो जाता है, इसी स्थिति को कृष्णा सोबती इस प्रकार कहती हैं, ''वह औरत क्या जो बेटे की माँ को न पछाड़ सके।'' लड़के के पूछने पर कि क्या यह सनातन रीति है लेखिका इस प्रवृत्ति के मूल में जाती है, ''घर वाले के तन-मन पर मलकियत की मोहन लगाती है औरत! उसे लगानी पड़ती है। नहीं तो उसका अपना सुख-चैन भंग।''[9]

'ऐ लड़की' कहानी में वृद्धावस्था तथा मरण के धीरे-धीरे आगमन को भी बहुत खूबसूरती से दर्शाया या कहा गया है। बुढ़ापा आदमी की सारी शोभा खींच लेता है।

जिस पर भी उतरे यह समय, बहुत बुरा।'' बुढ़ापे की असहाय अवस्था है यह जिसमें वे बूढ़े जिन्होंने अंगुली पकड़कर बच्चों को चलना सिखाया, 'बूढ़े होकर अपने बच्चों के बच्चे बन जाते हैं।[10] पकी उम्र की अनेक शारीरिक और मानसिक विसंगतियाँ यहाँ कुशल कलम की पकड़ में आई है। उस उम्र में 'कानों से देखना और आँखों से सुनना,' हर समय आहटें सुनना या फिर यह अवस्था, ''आदमी पर सन्नाटा उतरने लगता है। अन्दर झाँको तो गोदाम बन चुका होता है। पुराने माल की ढेरियाँ लगी पड़ी हैं जिसकी याद आ गई, उसे ही खोजने लगे।''[11] इन स्थितियों को एक से एक सुन्दर बिम्बों में सम्प्रेषित किया जाता है, यथा—''नींद में जैसे कोई बारिश की आवाज सुनता है न, ऐसे ही कोई बीता वक्त सुन रही हूँ।''[12] वृद्धावस्था की विवशताओं को ''असल मे तो बड़ी उम्र ही गुनहगारी है' —कहकर साक्षात् दिया गया है।

मौत का कारुणिक आगमन या कहें धीरे-धीरे अवतरण जितने संवेदनात्मक धरातल पर पूरी करुणा और भव्यता में यहाँ हुआ है, शायद हिन्दी की किसी अन्य रचना में नहीं। ('उसने कहा था' में लहना सिंह की मृत्यु-क्षणों का संवेदनात्मक धरातल किंचित् अलग तरह का है), कहानी के अन्तिम, चार-पाँच, पृष्ठ पढ़कर इसका अनुभव किया जा सकता है। सूसन को पास बुलाकर अपने कागज बनने, उन पर दस्तखत हो जाने की बात कहना, कौवों की कांव-कांव का शोर सुनाई देना, कबूतरों का उड़ना और उनके दबोचने के लिए बिल्ली का आतुर बैठना, पेड़ तले दीया रखा जाना और उसके शीघ्र बुझने का अहसास, चारों ओर के घुप अँधेरे में पाँवों के नीचे से सीढ़ी उठाए जाने का अहसास, अपनी सफेद जूती पहनकर शिमला के मशोवरे तक जाने की ललक, ताम्बई रंग की नरभक्षिणी के पीछा करने का बोध, बेटे को बुलाकर खूँटे पर से अपना घोड़ा खुलवाने का आग्रह—और इस सबके बाद ''लम्बी सांस, थरथराहट और कमरे में सब शान्त''—मृत्यु का इस रूप में वरण—शब्दों का अद्‌भुत संभार!!

'ऐ लड़की' की भाषा कथा-भाषा को एक उत्कर्ष प्रदान करती है। सर्वत्र कहानी में भाषा जीवन-रस में 'पुगी हुई', अपने खिलंदड़ अन्दाज में उस एक ताज़े रचाव के प्रतीति देती है जो 'मित्रो मरजानी' और 'जिन्दगीनामा' से होता हुआ, इस कहानी तक आया है। स्वदेश दीपक ने अपनी खंडित जीवन का कोलाज' सीरीज में एक जगह उन्हें 'भाषा की सुलतान' कहा है। वस्तुतः वे भाषा की सुलतान ही हैं। यहाँ कहानी में कृष्णा सोबती लोक से कुछ ऐसे शब्द और अभिव्यक्तियाँ उठाकर लाई हैं जिनके जोड़ के शब्द परिनिष्ठत भाषा में नहीं मिलते। इन्होंने कहानी की भाषा को बहुत प्रभावी बनाया है, यथा—'जिस्म को फरोल डाला', 'बीमार समझकर टोंचती हो', 'शरीर ही पुगा हुआ है', 'तीनों लोक एक मिश्री के कूजे में', 'बदन का डंठल हो जाना', आदि। कहीं-कहीं लोक से उठाकर पूरी कहन (कथन-शैली) भाषा को और भी समृद्ध करती है, यथा—''इसके हाथ पर आँखों की निगरानी नहीं', 'बड़ी उम्र ही गुनहगारी है', मौत की प्रतीक्षा को शिमला बैरियर पर खड़ी गाड़ियों से तुलित कर यह कहना, 'देखें, चैकिंग के बाद अपनी गाड़ी कब पार होती है। अब तो इतना ही बाकी है, 'पिता को

सत्या सामर्थ दी मनुष्य का अंश प्रदान करने की', 'अन्दर बाहर सब्जा उगना', आदि। जहाँ मैं 'ऐ लड़की' की भाषा का प्रशंसक हूं, वहाँ इसमें मुझे दो कंकड़ियां भी नजर आती हैं जो पूरी दाल, मक्खनी दाल, के स्वाद को एक झटका देती हैं। माँ का बेटी को 'ऐ लड़की' सम्बोधन-अस्वाभाविक-सा लगता है। यह सम्बोधन हिन्दी की प्रवृत्ति में खप नहीं पा रहा है। पंजाबी बोलचाल में 'ऐ कुड़िए' या 'ओ कुड़ी' बहुत प्यार-भरा आत्मीय सम्बोधन है। किन्तु हिन्दी में तो यह बहुत ऊपरी-ऊपरी, अनात्मीय-सा संबोधन लगता है। दूसरे, मातृत्व की महत्ता बताते हुए 'बच्चे बनाते हुए' प्रयोग कुछ अटपटा-सा कहें 'नॉट इन गुड टेस्ट' लगता है। भाषा की धनी लेखिका इससे बच सकती थी। यह प्रयोग ऐसा ही लगता है जैसे 'जिन्दगीनामा' में बच्चे को स्तनपान कराने के लिए बार-बार 'थन निकालकर मुँह में देने, का प्रयोग है। भाषा के ये अत्यल्प अभाव 'ऐ लड़की' के कहानी के गौरव को कम नहीं होने देते, उसकी कथ्य और शिला की खूबियां यथावत् रही आती हैं।

इधर हिन्दी कहानी की अकादमिक आलोचना में लम्बी कहानी और 'लघु उपन्यास' को लेकर खासी चर्चा रही है। कुछ लम्बी कहानियाँ जब पुस्तकाकार प्रकाशित होकर आई तो उन्हें लघु उपन्यास कहा गया। 'मित्रो मरजानी', 'एक पति के नोट्स', 'त्रिशूल', 'पारुल के लिए', आदि कहानियों को अब बहुत से लोग लघु उपन्यास के रूप में ही चर्चित कर रहे हैं। कृष्णा सोबती ने 'ऐ लड़की' को मोटे फांट के 113 पृष्ठों में (पुस्तक में कुल पृ. सं. 119) मुद्रित करवा कर इसे पुस्तकाकार प्रस्तुत किया है। हो सकता है कुछ समय बाद इसे भी लघु उपन्यास कहा जाए। बहरहाल इससे हिन्दी की इस शिखर कहानी के स्वास्थ्य, गुणवत्ता, पर रत्ती-भर भी फर्क नहीं पड़ता। निश्चय ही यह हिन्दी गद्य की एक उपलब्धि है।

संदर्भ

1. ऐ लड़की, पृ. 74
2. वही पृ. 62
3. वही पृ. 60
4. वही पृ. 55
5. वही पृ. 99
6. वही पृ. 72
7. वही पृ. 74
8. वही पृ. 56, 57
9. वही पृ. 82
10. वही पृ. 15, 16
11. वही पृ. 47
12. वही पृ. 51

"यह मैं कहाँ-कहाँ भटक रहा हूँ... कहानी बार-बार पीछे छूट जाती है... पर कहानी के बारे में इतना तो तय है कि वह कहीं भी छूट जाए पर पीछे नहीं लौट सकती। कहानी सत्य के सन्धान की सनातन यात्रा!!"

....

"तो? तो ऐसे बेमकसद वक्त में क्या किया जाए और घोटालों से ग्रस्त और भ्रष्ट राजनीतिक दौर में कहानी किस सिम्त से लिखी जाए? शायद कहानी टूटेगी और वक्त को तोड़ेगी, तभी वक्त भी टूटेगा। कहानी का टूटना भी उसकी रचना है।"

....

"न तो मेरे हाथ इस आधुनिकता का कोई सिरा आ रहा है और न ही मैं अपनी कहानी को शक्ल दे पा रहा हूँ। ऐसी स्थिति में मैं क्या करूँ? अगर मेरे पास कहानी नहीं होगी, तो मैं इस विकराल और विकट समय में कैसे जी पाऊँगा? मेरा समय और शब्द कैसे जी पाएँगे।"

....

"वेंकट कह रहा था कि हमें अंडमान-निकोबार को तो 'फ्री ट्रेड ज़ोन' बना ही देना चाहिए... घर से आगे चायनीज़ की मदद से हम इसे हांगकांग और सिंगापुर की तरह एक स्वर्ग बना सकते हैं–आर्थिक स्वर्ग।... स्पाइडर की तरह हमें आर्थिक मुनाफे का लालच दे कर विस्थापित चीनियों और विकासशील देशों की पूँजी को आकर्षित करना चाहिए। ... आर्थिक रिश्ते हमारी दूरगामी योजनाओं को पुख़्ता करेंगे...।"

कहानी इस सिम्त से भी लिखी जा सकती है

('तुम्हारा शरीर मुझे पाप के लिए पुकारता है' : कमलेश्वर)

आज कहानी और कहानीकार का बड़ा भारी संकट यही है कि वह इस 'विकराल और विकट' समय से रचना में कैसे मुठभेड़ करे। कहानी अपनी अन्तर्वस्तु और रूपाकार-फॉर्म दोनों में 'टूट' रही है, अपनी सीमाओं का अतिक्रमण कर एक विराटता में वह वक्त से जूझ रही है। इसलिए कहानी के 'टूटने' में भी 'रचना' की एक नई अवधारणा मिलती है। कहानी इस सिम्त से भी लिखी जा सकती है या कहें उसके मारक प्रभाव ('किलिंग रेंज') की 'सिम्त' (दिशा) यह भी हो सकती है, यह कमलेश्वर की कहानी 'तुम्हारा शरीर मुझे पाप के लिए पुकारता है' (वर्तमान साहित्य-कहानी विशेषांक-1, जनवरी-फरवरी 1998 ई.) को पढ़कर ही जाना जा सकता है। कमलेश्वर इसी कहानी में दी गई कहानी की परिभाषा—"कहानी सत्य के संधान की सनातन यात्रा" —को अपनी इस कहानी में पूरी तरह चरितार्थ करते हैं।

अपने समय को लेकर चिन्ताकुल होना आज कहानी की सबसे बड़ी विशेषता और उपलब्धि है। इसीलिए उसमें एक बौद्धिक विमर्श स्वतः ही विन्यस्त हो जाता है। यह विमर्श कहानी में इतना विस्तार पाता है, उसके कोण इतने बन जाते हैं कि आज कहानी एकायामी और तीव्र गति से अपने उदेद्श्य की ओर सीधे बढ़नेवाली नहीं रह गई है, उसकी संरचना बहुत जटिल (कॉम्पलैक्स) और पेचीदा हो गई है। अपने दारुण और बीहड़-विकट समय में न केवल प्रवेश करने के लिए अपितु उसमें सार्थक ढंग से हस्तक्षेप करने के लिए कहानी का बहुआयामी होना और इसी 'सिम्त' से लिखा जाना जैसे नितांत आवश्यक हो गया है।

ऊपर-ऊपर से देखने से लगता है कि विवेच्य कहानी कोई प्रेम-कहानी जैसी होगी। किन्तु प्रमिला और मकसूद का प्रेम तो कहानी का एक प्रकरण-भर है, उस प्रसंग को रसपूर्ण ढंग से चित्रित करना या प्रेम कथा की सिम्त से बयान करना लेखकीय मंशा नहीं है। वह इस प्रेम-प्रसंग का इस्तेमाल कर देश के राजनीतिक फैसलों में ब्यूरोक्रेसी की महत्त्वपूर्ण भूमिका को रेखांकित करना चाहता है। कहानी के केन्द्र में भारत सरकार की 'ब्यूरोक्रेसी' नौकरशाही के ऊँचे अफसरी तबके की ज़िन्दगी है। वह

ज़िन्दगी है जो भारतीय लोकतन्त्र के 'मज़बूत', 'न हिलने वाले' स्तम्भों—चीफ सेक्रेटरी, सेक्रेटरी, ज्वाइंट सेक्रेटरी आदि आला अफसरों के 'सांध्य जीवन', 'इवनिंग पार्टीज़' और उसके माध्यम से देश के उच्च स्तरीय प्रशासान के अंदरूनी मामलों की सच्चाई खोलती है। यद्यपि इस वर्ग के भी कुछ अभिजन हिन्दी कथा-लेखन से जुड़े रहे हैं किन्तु इस वर्ग के जीवन में इस 'सिम्त' से झाँकती और अन्तरतम में प्रवेश करती यह एक मात्र कहानी है, मेरे इस प्रत्यय को बल देती हुई कि आज हिन्दी कहानी का फलक, अनुभव जगत, एक विराटता लिए हुए है जो हमारे संज्ञान की अभिवृद्धि कर तरह-तरह से हमें एक सम्पन्न वैचारिकता देता है।

कहानी दमयन्ती मित्रा द्वारा दी गई पार्टी में आए आंध्र प्रदेश के चीफ सेक्रेटरी जिमी अहलावत, दलित कोटे से आए आई. ए. एस. अफसर दगड़ पासवान, 'मिस्टर एक्सटेंशन त्रिपाठी', सरीन, डिफेंस सेक्रेटरी मि. श्रीनिवासन, डिफेंस ओ. एस. डी. कुलकर्णी, स्व. चन्द्रमोहन की विधवा प्रमिला, प्रोटोकॉल के चीफ़ मकसूद, आदि आई ए. एस. लॉबी के 'टॉप ब्रास' के इर्द-गिर्द घूमती हुई प्रशासकीय व्यवस्था के श्वेत-श्याम का कच्चा चिट्ठा पेश करती है। महफिल में जुटे अफसरों के बीच 'तुम्हारा शरीर मुझे पाप के लिए पुकारता है' जुमले से प्रारम्भ हुई कहानी क्षणांश में यह बोध करा जाती है कि 'शरीर', 'पाप' आदि की समस्याओं से हटकर कहानी की समस्या है, 'सरकार है कहाँ?' बरुआ के इस कथन पर टन्न से आ खड़ी कहानी इसी विमर्श के बीच आगे बढ़ती है। किस प्रकार केन्द्र में इतने-इतने दलों की सरकार सदैव एक सन्तुलन बनाने की कवायद में ही अपने समय का 'अधिकांश' बिताती है, सरकार गिर न जाए की तलवार हमेशा उस पर लटकी रहती है। यह सत्य आंध्र के चीफ सेक्रेटरी इस रूप में व्यक्त करते हैं, "क्यों? सूरज के रथ में सात घोड़े हैं... वह सात घोड़े अगर ठीक से चल सकते तो चौदह घोड़ों की सरकार क्यों नहीं चल सकती।" फिर इस पार्टी के माहौल का जायज़ा लिया जाए—जहाँ एक-दूसरे की चुगली करने, एक-दूसरे पर कटाक्ष, तरह-तरह के वार करने और एक-एक की पोल खोलने की टुच्ची मनोवृत्तियों में बात में से बात निकलती चली जाती है। सबसे पहले किसी कोने में बैठकर किसी की 'हिस्ट्री' चस्के ले-ले कर खोली जा रही है। लवली सरीन जो सरीन से चिपकी बैठी है, को लेकर हर जगह यह बात जरूर उजागर की जाती है कि किस प्रकार उसका विवाह दगड़ू पासवान उर्फ़ दयानन्द सिंह से हुआ। लवली सरीन का मूल नाम भगवती था, कोयला खादानों के मालिक उसके पिता ने बीस लाख रुपए में कोटे से आए ताज़े-ताज़े आई. ए. एस. दगड़ू पासवान को दामाद के रूप में खरीद लिया था। कहानी की नीयत यह बताना भी है कि दगड़ू पासवान जैसे न जाने कितने उच्च अफसर, अन्य पदाधिकारी, अपनी दलित पहचान को छिपाकर, मिटाकर सवर्णों का हिस्सा बनाने की बुरजोर कोशिश में रहते हैं।' अखबारों में नोटीफाई करके दगड़ू ने अपना नाम 'दयानंद सिंह' कर दिया था (भला कितनों में साहस है कि वे अपने नाम के

जातिवाचक को गर्व से रेखांकित करते अपनी पहचान देते हों—ओमप्रकाश वाल्मीकि, जयप्रकाश कर्दम, अनिल चमड़िया—बहुत थोड़े से उदाहरण हैं जो अपने नाम को ले कर किसी हीनताग्रंथि से ग्रसित नहीं हैं)। और मिसेज़ त्रिपाठी यह पोल खोलती हैं कि किस प्रकार भगवती पहले संगीता नाम पाती है, और फिर सरीन की प्रेमिका बनने के बाद किस प्रकार 'लवली' में रूपान्तरित होती है। सरीन की बीवी बच्चों के पास अमेरिका चली गई और उसने 'रिटायर होते-होते दगड़ू पासवान की औरत को हथिया लिया...।'' फिर मिसेज़ त्रिपाठी की हिस्ट्री भी बिना बाँचे कैसे रह पाती। उन्हें 'मि. एक्सटेंशन त्रिपाठी की वाइफ' के रूप में जाना जाता था। इतने एक्सटेंशन आज तक किसी भी अधिकारी को नहीं मिले थे जितने उन्होंने 'मैनेज' किए थे। वे सब अपने ज्योतिष और माणिक-मोतियों के ज्ञान पर, ''वह अपने हर मिनिस्टर को पन्ना पुखराज या नीलम की अँगूठी पहना देता है।'' एक और अफसर रतिकांत बसु का परिचय मिलता है जो पहली ही मुलाकात के बाद हर औरत को काली मन्दिर के सुहागवाले कड़े पहना देता है।'' अप्रत्यक्ष उपस्थिति डिफेंस सेक्रेटरी श्रीनिवासन को भी होती है जिसे हिन्दी-इंग्लिश डिक्शनरी इसलिए मंगवानी पड़ी है कि ''उसका धोतीवाला मिनिस्टर हिन्दी में बोलता अंडर हिन्दी में नोटिंग करता।'' इस प्रकार इन विभिन्न शेड्स के अफसरों की 'अफसरी बातों, से इस समाज का परिचय दिया गया है।

अब कहानी मर्दों की मजलिस की ओर मुडती है जहाँ गिलासों की गर्मी में देश और दुनिया की राजनीति की गम्भीर बातें चल रही हैं। इनके विमर्श में समस्याओं की तह तक गहराई में जाने की जो पेशकश दिखाई गई है, वह उससे कहीं आगे है जो आज हमारे राजनीतिक नेतृत्व की समझ है। आज हम जिस रूप में दुनिया के उन्नत देशों के सामने कर्ज़ के लिए झोली फैलाए और मुँह बाए खड़े हैं, उसके प्रतिरोध में टेक्नोक्रेट सिन्हा का यह कथन कि हिन्दुस्तान को किसी दूसरे देश के सामने हाथ जोड़ कर गिड़गिड़ाने की ज़रूरत ही नहीं, ''अगर इंडिया अगले दस बरसों में हाई ग्रोथ रेट एचीव करने पर कन्स्ट्रेट करे तो दुनिया की तस्वीर ही बदल जायेगी।'' और इस स्थिति में दुनिया में भारत का महत्त्व इतना बढ़ जाएगा कि 'इंडिया को कोई ताकत ऐपेक और यूएन से बाहर नहीं रख पाएगी।'' आज तो भारत को कोई कुछ समझ ही नहीं रहा है, सब अग्रणी देश उसे गरीब की जोरू समझ रहे हैं। 'इंडिया' को आज का विश्व समुदाय जिस रूप में देख रहा है उसका खुलासा डिफेंस का ओ. एस. डी. कुलकर्णी करता है। अमेरिका के इशारे पर चीन के साथ चल रही ऐशियन नेशंस की मीटिंग से इंडिया को अलग रखा गया, इन्वाइट तक नहीं किया गया, ''आई से... आज इंडिया के एशिया से अलग रखके तुम कौन-सा फैसला ले सकते हो। इसका जबाव सिर्फ एक है... अग्नि मिसाइल के परीक्षण धड़ाधड़ शुरू करो। दिस विल डिमोंस्ट्रेट टु द नेबर नेशंस द वैल्यू ऑफ टेक्नोलॉजिकल टाइज़ विथ इंडिया।'' सिन्हा ने भी चीखकर कुलकर्णी की इस बात का समर्थन किया था कि अगर यू.एन. सेक्योरिटी

काउंसिल को 'इंडिया की सदस्यता के बिना एक्सपैण्ड किया जाता है' तो इण्डिया को पोखरन की तरह के न्यूक्लीयर टेस्टों की शृंखला शुरू कर देनी चाहिए। वस्तुतः सरकार चलाने वाले इन 'हाई-अप्स' को यह स्वीकार्य नहीं है कि दुनिया के सबसे बड़े प्रजातन्त्र—भारत को इस प्रकार झुकाने के प्रयत्न विश्व समुदाय करता रहे और 'इंडिया' हाथ पर हाथ धरे बैठा रहे। इन्हें अहसास है कि 'दुनिया का सबसे बड़ा मिडिल कलास हमारे पास है... दुनिया का सबसे बड़ा ट्रेण्ड टेकनिकल वर्क—फोर्स हमारे पास है... और ये हमें ही आँखें दिखा रहे हैं।'' इस प्रकार इन अफसरों के मध्य यह विमर्श देश और दुनिया की राजनीति में गहरे उतरता है। 'मि. एक्सटेंशन त्रिपाठी' जिमी अहलावत से पूछते हैं तुम पेट्रोल पाइप लाइन वाले मामले पर कुछ कह रहे थे तो अहलावत दो टूक उत्तर देते हैं कि हमें हर समय अमेरिका से ही दिशा-निर्देश लेने की आवश्यकता नहीं है, अपने राष्ट्रीय हितों को ध्यान में रखकर जरूरी फैसले लेने चाहिए, ''क्या करेगा अमेरिका... ज्यादा से ज्यादा वह पेट्रोल प्रोक्ट्स पर गल्फ कंट्रीज से बैन लगवा देना... इसका जवाब हम मास्को-तेहरान की पाइप-लाइन से दे सकते हैं... इंडिया मस्ट डिक्लेयर इट्स सपोर्ट फॉर एशिया-ईरान पाइपलाइन...।'' इस सदी के अन्त से पहले हमें यह कदम उठाना ही चाहिए। वी कांट गो बैक इंटू हिस्टी।'' इसी प्रकार वेंकट अंडमान-निकोबार को 'फ्री ट्रेड ज़ोन' बना कर घर से आगे चायनीज़ की मदद से इसे हांग-कांग और सिंगापुर की तरह एक स्वर्ग बनाने की बात कहता है। कहानी इन पात्रों के माध्यम से देश की राजनीति से जुड़ी इन गम्भीर समस्याओं पर अपनी सोच प्रस्तुत कर अपने पाठक को आश्चर्यचकित करती है कि कहानी कोमल मिजाज़ इस सम्भार को सम्हाल कैसे पाता है।

देश को चलाने वाले इन अभिजनों, कुलीनों और आला अफसरों के लिए जीवन की क्या-क्या सुविधाएँ मुहैया हैं, इस पर भी कहानीकार अपनी नज़र दौड़ाता है। वेंकट ने बताया था कि ज़िन्दगी का असली मज़ा रिटायरमेंट के बाद लिया जा सकता है, ''जिन्दगी रिटायरमेंट के बाद शुरू होती है। बस 'कांक्गो' बन जाओ...प्राइम मिनिस्टर की नज़रों में चढ़े रहो। गवर्नरशिप न सही चेयरमैनशिप या पब्लिक सर्विस कमीशन की मेम्बरशिप तो मिल ही जाएगी।'' वेंकट बात को आगे बढ़ाता कहता है, ''प्राइममिनिस्टर हैज़ द कंट्रोल ओबर मैग्जीमम नम्बर ऑफ सच 'कांक्गोज़'... एंड हिज़ प्रिंसीपल सेक्रेटरी बीइंग अ 'कांक्गोज़' हिमसेल्फ, विकम्स द की डिस्पेंसर ऑफ दीज़ जाव्स...।' वस्तुतः यह वर्ग इस बात से गद्गद है कि 'नौकरी के बाद भी पाँच हजार नौकरियाँ हमारा इन्तज़ार कर रही हैं'', ''नौकरी के बाद ऐसे पाँच हजार जॉब्स हैं जो प्राइम मिनिस्टर या उनके प्रिंसीपल सेक्रेटरी की मेहरबानी से बँटते हैं।'' कैसे 'क्रीमी लेयर जॉब्स' हैं ये जो ईश्वर द्वारा फुर्सत में गढ़े गए आई. ए. एस. तबके के प्राणियों के लिए सुरक्षित हैं!!

अब कहानी अपने दूसरे स्तर या कहें उद्देश्यों की ओर रुख करती है। पार्टी

की होस्ट मिसेज़ मिगा कॉर्डलैस फ़ोन प्रमिला को पकड़ाती हुई कहती है, 'प्रमिला योर फ़ोन।' प्रमिला को पता है कि यह फ़ोन किसी और का नहीं अपने किसी 'हाइड आउट' से मकसूद का होगा। वही मकसूद जो आजकल भारत सरकार के प्रोटोकॉल का चीफ है, वह बार-बार प्रमिला को पुकारता है, ''तुम्हारा शरीर मुझे पाप के लिए पुकारता है।'' इस प्रेम-प्रकरण की कथा-मुक्ति का इस्तेमाल कहानीकार कई उद्देश्यों की संपूर्ति के लिए करता है। जब प्रमिला के मकसूद के 'हाइड आउट' पर जाकर मिलने की बात उठती है तो कहानी के नैरेटर लेखक प्रशांत (कदाचित् कमलेश्वर वखुद) द्वारा कश्मीरी आतंकी संगठन जे. के. एल. एफ. के ज्वाइंट सेक्रेटरी मोहम्मद शफ़ी से मिलने का ज़िक्र आता है, प्रशांत को याद आता है कि वह भी तो मोहम्मद शफ़ी से मिलने उसके 'हाइड आउट' तक गया था जो हजरतबल दरगाह की पीछे वाली गली में था। वहाँ तक जाना कितना खौफ़नाक था, उसे (प्रशांत) लेखक ही जानता था जिसने किसी बिचौलिए को अच्छे पैसे दे कर यह नुलाकात तय करवाई थी, वहाँ पहुँचना कितना मुश्किल था, ''एकाएक वह गली अँधेरे में डूब गई, जैसे सूरज की रोशनी किसी ने अकस्मात बन्द कर दी हो... अँधेरा... अँधेरा और सुरंग जैसा रास्ता। पसीना छूटता है। पैर भीतर ही भीतर काँपते, लड़खड़ाते हैं।'' मोहम्मद शफ़ी आतंकवादी से लेखक की क्या बात हुई उसे बताने की कोई जरूरत महसूस नहीं की जाती है क्योंकि उससे ''न तो कश्मीर के रक्तरंजित वर्तमान पर कोई असर पड़ेगा और न कश्मीर को लेकर पाकिस्तान और अमेरिका के इरादों पर।'' कश्मीर घाटी में आतंकवादी गतिविधिओं से अब तक (कहानी के रचना- समय 1997-98 ई. तक) ''आठ हज़ार कश्मीरी पंडित और ग्यारह हज़ार मुसलमान मारे गए हैं।'' वे किसी पाप के कारण तो नहीं मारे गए थे। प्रमिला और मकसूद के इस प्रेम-प्रकरण का दूसरा इस्तेमाल लेखक ने इस पाप और पुण्य की बड़ी गम्भीर व्याख्या में किया है। आज पिछली सदी के अन्त तक आते-आते पाप-पुण्य की परिभाषाएँ बदल गई हैं। प्रमिला के लिए मकसूद के 'हाइट आउट' में होने का द्वैत तो है पर वासना को वर्जना मानने का कोई द्वन्द्व नहीं। पाप-पुण्य के प्रश्नों की कोई बेचैनी नहीं। मनुष्य पर लगी सामाजिक और नैतिक वर्जनाओं के यहाँ एक नई दृष्टि से देखा गया है, ''अगर तुम इन्सान को पाप और पुण्य के जकड़-बन्धनों से आज़ाद नहीं कर सकते, तो कम-से-कम उसकी छाया को तो आज़ाद करो।''

पाप-पुण्य की बदलती अवधारणा के अतिरिक्त प्रमिला और मकसूद के प्रेम-प्रकरण का इस्तेमाल लेखक प्रेम और सौन्दर्य की बदलती मानसिकता के चित्रण और इस कुलीन सोसायटी, आई. ए. एस. वर्ग के सर्वोच्च पदाधिकारियों की सोसायटी, के भीतर झाँकने के लिए भी करता है। प्रमिला एक दाह्क या बंगला मुहावरे में 'भीषण सौन्दर्य' की स्वाभिनी है। 'बीवी की खूबसूरती में कितनी ताकत है यह हर ब्यूरोक्रेट जानता है... मुझे आज भी यह अफसोस है कि चन्द्रमोहन मेरा हस्बैंड तो बन

सका लेकिन मेरी खूबसूरती की आँच को सँभाल नहीं पाया... किसी से मेरा हँसना, बोलना बर्दाश्त नहीं कर पाया, "भीतर ही भीतर घुटकर उसने आत्महत्या कर डाली। प्रमिला की खूबसूरती ने उसे जीवन-भर 'कुशी' पोस्टिंग्स दिलवाईं। प्रमिला इस सत्य से वाकिफ है "अपनी खतरनाक खूबसूरती को लेकर कोई औरत पीछे नहीं लौट सकती।" अपनी खूबसूरती की प्रशंसा किसी भी औरत के लिए एक मदिर बेहोशी है, यही कारण है कि जब प्रमिला मकसूद से अपने शरीर को आमन्त्रण देनेवाला सुनती है तो वह यह अनुभव करती है कि "यह जुमला तो किल्योपेट्रा ने भी अपनी जिन्दगी में नहीं सुना होगा।" इस जुमले के बाद उसका शरीर 'एकाएक एक ताजमहल में बदल गया था।' यहाँ कमलेश्वर प्रेम की आधुनिक स्थितियों के बहुत बारीकी से और कुछ बिम्बों में विश्लेषित करते हैं। इसके लिए वे मकसूद की तलाकशुदा बीवी जूलिया को इस प्रकरण में लाते हैं। सामान्य प्रेम-कथा से अलग हटकर यहाँ एक त्रिकोण की निर्मिति होती है जिसमें पूर्व की पत्नी अब मकसूद की वर्तमान प्रेमिका प्रमिला से कोई ईर्ष्या न रख, एक गहरी दोस्ती रखती है। जूलिया प्रेम की इस स्थिति को 'टूरिस्ट-रिजोर्ट' से तुलित करती है, "आदमी का शरीर तो एक टूरिस्ट रिजोर्ट है और सब रिजोर्ट एक से होते हैं... एक-सी सुविधाओं से सम्पन्न... कुछ देर वे अजनबी लगते हैं... फिर अपने लगने लगते हैं... तुम किस पर्यटन-स्थल में ठहरी हो और कौन-सी चाय पी रही हो, यह जानने की मुझे जरूरत नहीं। कोई तुम्हारी सोच और जरूरतों की चादरें नहीं बदल सकता। वे सिर्फ तुम्हारे बिस्तर की चादरें बदल सकते हैं।" प्रेम की यह बदली हुई संवेदना टूरिस्ट रिजोर्ट के माध्यम से ही व्यक्त की जा सकती थी।

कमलेश्वर इस प्रेम-प्रकरण का इस्तेमाल एक और दृष्टि से भी करते हैं। प्रेम सांप्रदायिकता की संकीर्ण दीवारों को नहीं मानता, यह तो बहुत-सी कहानियों का वर्ण्य विषय रहा है किन्तु एक मुसलमान अफसर, जो देश के सर्वोच्च प्रशासनिक पदों में से एक पद का अधिकारी है किस प्रकार अपनी देश-भक्ति को प्रमाणित करता है, वह किसी भी दूसरे हिन्दुस्तानी से कम राष्ट्रभक्त नहीं है, यह मकसूद के अहम राजनीतिक फैसलों में उसकी कारगर भूमिका से प्रमाणित होता है। 'ब्रिटिश प्राइम मिनिस्टर की विज़िट' पर उसने जो स्टैंड लिया, वह हर अधिकारी के बूते की बात नहीं था। ब्रिटिश प्राइम मिनिस्टर कोहिमा जाना चाहते थे, दूसरे विश्वयुद्ध में शहीद हुए सैनिकों को श्रद्धांजलि देने जो नागालैंड बॉर्डर पर जापानियों से लड़ते मारे गए थे लेकिन "मकसूद पुट हिज़ फुट डाउन एंड सैड नो', केबिनेट सेक्रेटरी द्वारा इस सम्बन्ध में तलब किए जाने पर उसने अपना निडर तर्क और पक्ष प्रस्तुत किया। उसका बड़ा प्रबल तर्क था, "सर, यह सच है कि नागालैंड बॉर्डर पर ब्रिटिश फौज के बहुत से हिन्दुस्तानी सिपाही ही मारे गए थे... लेकिन सर! दूसरी तरफ जापानी फौज के नाम पर जो मारे गए वे भी तो हमारे नेता जी की आज़ाद हिन्द फौज के हिन्दुस्तानी सिपाही ही थे... हम उनके बलिदान की बेइज्जती कैसे कर सकते हैं सर!" फैसले में जीत मकसूद की ही

होती है। और जब विवाद हुआ था महारानी एलिजाबेथ के अमृतसर के गोल्डन टैम्पिल और जलियाँवाला बाग की 'विज़िट' को लेकर तो भी मकसूद ने 'बड़ा अपराइट स्टैंड लिया था।' उसका तर्क था कि यदि महारानी के मन में कोई श्रद्धा गुरुद्वारे के प्रति है तो वे 'साउथ हाल, बरमिंघम और ब्राइटन में मौजूद इतने सारे गुरुद्वारों में से किसी में भी जा सकती थीं और ''जलियाँवाला बाग मेमोरियल की विजिट को लेकर वे ब्रिटिश हाई कमिश्नर से उसका झगड़ा तक हो गया था।' उसका तर्क था कि ''आपकी हर हाइनैस क्वीन उन शहीदों के घावों पर नमक छिड़कने जाना चाहती हैं।'' इसी प्रकार ब्रिटिश हाई कमिश्नर से मकसूद का झगड़ा इस बात पर भी हुआ था कि ब्रिटेन ने अपनी धरती पर खालिस्तानी आन्दोलन को आश्रय और बढ़ावा क्यों दिया था, जब पंजाब जल रहा था उस समय ''सेल्फ-स्टाइल्ड प्रेसीडेंट जगजीत सिंह चौहान को आपने पनाह दे रखी थी... वह ब्रिटेन की धरती पर बैठकर रिपब्लिक ऑफ खालिस्तान की करेंसी छाप रहा था, पासपोर्ट इशू कर रहा था... तब क्या आपकी महारानी सो रही थी।'' इस प्रकार इस प्रमिला-मकसूद प्रेम-प्रकरण के बहाने कहानी देश के इतने अहम सवालों पर गम्भीर विमर्श प्रस्तुत करती है।

'तुम्हारा शरीर मुझे पाप के लिए पुकारता है' कहानी के शिल्प में कमलेश्वर के 'कितने पाकिस्तान' उपन्यास के बीजांकुर भी मिलते हैं (यह बाद में प्रकाशित हुआ)। पाप और पुण्य के द्वैत पर बात करता लेखक दिल्ली को वर्तमान साहित्यिक गोष्ठियों के वर्तमान पर आ पहुँचता है। अशोक वाजपेई, 'दिल्ली की गोष्ठिओं के स्थायी अध्यक्ष डॉ. नामवर सिंह', रघुवीर सहाय, श्रीकांत वर्मा के कवि कर्म पर उनकी टिप्पणी, और 'हर औरत तो केदारनाथ सिंह की तन्मय कविता या धूमिल की विस्फोटक कविता नहीं बन सकती' जैसी लेखकीय टिप्पणियाँ देकर कहानी को और विस्तार देता है। बात को फिर प्रमिला-मकसूद प्रकरण पर लाएँ तो लेखक एक बहुत प्रीतिकर निष्कर्ष इस प्रेम-कथा को देता है जब वह प्रमिला से यह स्वीकृति दिलाता है कि प्रेम केवल शरीर-भर नहीं है, 'शरीर तो शरीर ही रहेगा, चाहे हम ताज में सोयें या मौर्या में!' किन्तु प्रमिला का मन इस भाव से विद्रोह कर प्रेमी को 'टूरिस्ट रिजोर्ट' की तरह नहीं 'घर' की तरह पाना चाहती है अर्थात् गर्व से उसके घर में पत्नी बनकर रहना चाहती है, ''किसी भी दिन मेरा शरीर तुम्हें पाप के लिए जब घर से पुकारे तो मुझे फोन कर देना।'' इस प्रेम-कथा का यह अन्त इस बात की आश्वस्ति देता है कि आधुनिक जीवन-स्थितियों के अनेक भटकावों में भी साहित्य 'एक सही' की दिशा देता है। कहानी के अन्त का एक बड़ा रोचक नाटकीय पक्ष यह है कि कहानी की तान इस बात पर टूटती है कि पाठक यह जानें कि अफसरों का यह कुलीन वर्ग पार्टियाँ किस-किस चीज़, उद्‌देश्य के लिए दे सकता है। पार्टी के मेहमानों को विदा करते समय मि. मित्रा मिसेज मित्रा को बहुत राज़दार नज़रों से देखते पूछते हैं कि बता दूँ आज की पार्टी क्यों दी गई है और बड़े नाटकीय अन्दाज में यह साहसपूर्ण घोषणा की

कि "इट्स एन इम्पोर्टेड अकेज़न। दोस्तो अकेज़न यह है कि हम दोनों को डिवोर्स ग्रांट हो गया है ... मेरी एक्स-वाइफ सीता मित्रा, विद अ गोल्डेन हैंडशेक–अब सीता सान्याल के रूप में जीने के लिए आज़ाद है।" पाठकीय चेतना को एक झटका लगता है–कैसा है यह अभिजनों का संसार जिसमें 'विनाश' को भी, दाम्पत्य के विनाश को भी, उत्साहित किया जाता है, जिसमें टूटने और दूसरे से जुड़ने को भी महिमा-मण्डित किया जाता है। इस प्रकार यह कहानी देश और समाज की गहरी चिन्ताओं पर अपना गम्भीर विमर्श प्रस्तुत कर कह प्रमाणित करती है कि आज कहानी का मिजाज़ पूरी तरह बदला हुआ है। गम्भीर से गम्भीर समस्याएँ अब कहानी की मुख्य चिन्ताएँ बनती हैं 'तुम्हारा शरीर मुझे पाप के लिए पुकारता है' में गम्भीर बौद्धिक चिंतना के होते हुए भी कहीं भी 'कहानीपन' छूटता नहीं है, वही रोचकता, वही कौतूहल और इन सबसे ऊपर कथा-युक्तियों का सर्वथा अभिनव प्रयोग अपने पाठक को आद्यन्त बाँधे रखता है।

चार वर्ष तक यह बिम्ब आत्म के डार्क रूम में पड़े रहे। किसी जीवित क्षण में उन्होंने जीवन धारण किया और 'प्लेटफार्म पेड़ और पानी' लिखने लगा—पता नहीं लम्बी कहानी अथवा उपन्यास। तब मैं अत्यन्त उत्तेजित अवस्था में था। अचानक एक दिन अपनी अँधेरे की गुफ़ा में प्रवेश कर गया। सात साल रहा वहाँ, कोई भी भाषा समझ आनी बन्द। जब गुफ़ा से बाहर आया तो पुनर्जन्म था—'पिछले जन्म की बहुत-सी स्मृतियाँ अपनी गुफ़ा में छोड़ आया।'

....

''सात वर्ष मैं एक गहरी काली खाई में रहा, भाषा का इस्तेमाल भी धीरे-धीरे भूल गया। लेकिन अंधेरे से बतियाता रहता था, अंधेरे की भाषा में। एक लगातार अशांत आत्मा विचित्र भाषाएँ सीख लेती है। और इसके शब्द नहीं होते किसी भी शब्दकोष में।''

....

''मैं भविष्य देख सकता हूँ। जब कभी लिखूँगा, आप पढ़ेंगे तो मेरे सच में आपको विश्वास नहीं होगा। खुदा बख़्शे। मेरा सच समझने के लिए आपको मेरी राह पर कभी न चलना पड़े।''

....

''उसने सहेजकर रखे नारी के दो-तीन अंगों का नाम लिख डाला। बिल्कुल भूल गया हमारी हिन्दी अभी बहन से भाभी भाषा बनी है। गालियों के कहने का महत्त्व हमारी भाषा को पता ही नहीं।''

....

''अपने अनुभव से हासिल किया ज्ञान है कि डॉक्टर और माशूक कभी नहीं बदलने चाहिए। आप फालतू सवालों से बच जाते हैं।''

कहानी में 'आत्म' और 'आत्म' में कहानी को 'रिवील' करते कोलाज़

('मैंने मांडू नहीं देखा—खंडित जीवन का कोलाज' : स्वदेश दीपक)

इधर हिन्दी गद्य में जो नायाब और उपलब्धिपूर्ण रचनाएँ आईं उनमें अधिकांश में एक ख़ास बात यह है कि वे अपने कथात्मक स्वरूप में संस्मरणात्मक, आत्म-कथात्मक, या अपने ही को अन्य बहुत से पहलुओं से निरखना-परखना रहा है। ऐसी ही स्मरणीय और उपलब्धिपूर्ण रचनाओं में सबसे ताज़ा इज़ाफा स्वदेश दीपक की आत्मकथात्मक सीरीज़ 'खंडित जीवन का कोलाज़' की विभिन्न किश्तों में विशेषतः 'कथादेश' (नवम्बर 2001 से लेकर मई 2003 तक के विभिन्न अंकों में) तथा कुछ अन्य पत्रिकाओं (जिनका उल्लेख यथा-स्थान होगा) में प्रकाशित आत्म लेखों में हुआ है। स्वदेश दीपक एक लम्बे समय, प्रायः सात बरस, तक मनोरोग ग्रस्त रहे, जिसे कभी डॉक्टरों द्वारा हैल्युसिनेशन, कभी पैरेनोइया, कभी स्कीज़ोफ्रेनिया, कभी बॉयोपोलो, कभी स्पिल्ट पर्सनल्टी, आदि, आदि नाम दिए गए। कितनी-कितनी पीड़ा, एक असहनीय जीवन की भयंकर त्रासदियाँ, नारकीय यातनाओं जैसी 'स्थितियों' (जिनके लिए दुःख, पीड़ा, तकलीफ़, यातना—सभी शब्द नाकाफी रह जाते हैं) से ऊपर उठकर लेखक जिस रूप में एक 'पुनर्जन्म' पा सका है, उससे दो-एक बातें बहुत साफ तौर पर उभरकर आती हैं। सर्वप्रथम यह कि वे सात-आठ वर्ष जिन तकलीफों को झेलते रहे, उनसे टूटे नहीं। अपनी जिजीविषा से खुदा के हाथों से जिन्दगी छीनकर लाने जैसा प्रयत्न उन्होंने किया और इस क्रम में रस्सियों से बन्धने, आत्म-दाह के कई प्रयत्न करने, डॉ. पार्थ-सारथी के द्वारा दिए गए बिजली के तेज़ झटकों और आघातों से भी स्वयं को टूटने न देना—शायद यह सब झेलने की ताकत स्वदेश जैसे कद्दावर इन्सान और 'पंजाबी ग़बरू' के ही बूते की बात थी। अपने उन्हीं वर्षों और समय को वे अपने कथन की ईमानदारी, बेबाकी, स्वयं से भी अपने को पूरी तरह तटस्थ रखकर या कहें पूरी तरह अपने से काटकर, भाषा के खिलंदड़ी अन्दाज़ में, पूर्ण अकुंठ भाव से व्यक्त किया है, वह हिन्दी गद्य के लिए एक अद्भुत और अपूर्व उपलब्धि है। इन आत्मलेखों

का रूप अधिकांशतः 'कथात्मक' ही रहा है, वस्तुतः कथा के फ्रेम को यह रचना तोड़ती हुई, उसकी एक पुनर्निर्मिति करती है। वे इन कथात्मक 'कोलाज़ों' में कहानी में 'आत्म' और 'आत्म' में कहानी को 'रिवील', उद्घाटित करते हैं। राजेन्द्र यादव ने इनके सम्बन्ध में जो कहा है, उससे शत-प्रतिशत सहमत हुआ जा सकता है, वैसे यादव के कथन कम ही यह अवसर प्रदान करते हैं कि उनसे शत-प्रतिशतद सहमत हुआ जा सके। ''स्वदेश दीपक ने अपनी सात साल की लम्बी मानसिक बीमारी के बाद के अनुभवों को कथात्मक रूप में जैसे पेश किया है, वह बेजोड़ है (खंड़ित जीवन का कोलाज) मुझे याद नहीं पड़ता कि मानसिक विचलन, पारानोइया, स्कीजोफ्रेनिया, या लगभग पागलपन के कथा-संस्मरण जैसा स्वदेश दीपक ने लिखा है, वैसा मैंने विश्व की किसी भाषा में कभी पढ़ा है।'' एक अन्य स्थान पर राजेन्द्र यादव ने ('हंस', दिसम्बर 2002) इन्हें 'काफ्का, दोस्तोव्यस्की, और एन्थानी नर्गिस की याद दिलाती हुई' 'अपने ढंग की विलक्षण स्मृति-माला कहा है।

इन खंडित जीवन के कोलाज़ों की एक बहुत बड़ी शक्ति यदि कथन की बेबाकी, सत्य को निर्भय होकर कहने की बेमिसाल ईमानदारी और जिगरा है तो दूसरी बड़ी शक्ति उनकी भाषा है। स्वदेश अंगरेज़ी के लोकप्रिय अध्यापक, हिन्दी के बेहद लाड़ले सशक्त नाटककार और रंगकर्मी (मुझे नहीं भूलता है कि किस प्रकार उन्होंने अपने कॉलेज के लिए यूथ फेस्टिवल में नाटक का निर्देशन किया था अपने नाटकों के मंचन में विभिन्न रूपों में सहभागिता) तथा बेहद खुले स्वभाव के प्यारे इन्सान हैं—ये सब खूबियाँ उन्होंने अपने गद्य को बख्शी है, हिन्दी गद्य ('प्रोज़') को एक नई ऊँचाई उनके गद्य के इन गुणों ने दी है। अपने इन आत्म-आलेखों में उन्होंने गद्य के कुछ गुणों पर विस्तार में न सही पर पूरी गम्भीरता में विचार किया है। वह बिना किसी परहेज़ के अपने उन अँगरेज़ी संवादों, वाक्यांशों और प्रिय कवियों के काव्यांशों या उद्धरणों को उनकी पूरी लय में उद्धृत करते हैं। स्थितियों को उनकी पूरी सच्चाई में एक जिगरे के साथ स्वदेश दीपक ने प्रस्तुत किया है, चाहे वे 'मायाविनी', दाहक सौन्दर्य की स्वामिनी, पागल कर देनेवाली सम्मोहिनी के साथ बिताए क्षण हों, चाहे प्रेमिका और पत्नी की तुलना की मनःस्थिति हो, चाहे अपने ही मल-मूत्र में लिबड़ने और उस स्थिति से निपटने का चित्रण हो, चाहे कीड़े रेंगती अपनी बाँह की खाल कटवाने का दहशज्जदा मंज़र हो, चाहे बिजली के तेज़-बहुत तेज़ झटके और शरीर के पूरी तरह प्लास्टिक रस्सियों से बँधे क्षण हों, चाहे अपने अन्तरंग मित्रों—सौमित्र मोहन, शीला संधु, कृष्णा सोबती आदि के साथ सम्बन्ध हों, चाहे सुमित्रानन्दन पन्त और महादेवी वर्मा के कृतित्व के सम्बन्ध में उनकी बेधड़क टिप्पणी हो—सब जगह एक अकूत साहस, सत्य कहने का एक जिगरा स्वदेश दीपक के रचनाकार को एक ऊँचाई देता हुआ आगे के कथाकारों के लिए एक लीक छोड़ने का महत्त्वपूर्ण, दिशाबोधक कार्य करता है। इन कोलाज़-किस्तों पर बात करते हुए मैं एक दिन स्वदेश दीपक से फ़ोन

पर पूछता हूँ कि इस अर्द्धविक्षिप्त, कभी-कभी अचेतावस्था की इन मनःस्थितियों को आपने स्मृति में संजोया कैसे, कैसे उन्हें 'रिक्लेक्ट' कर रहे हैं, आप!! तो उन्होंने बड़े सहज भाव से बताया कि कभी कुछ तो दिमाग में आता है तो कभी स्नेही परिजन-विशेषतः पत्नी, बहन आदि उन्हें बताते हैं, टूटे सूत्रों को उन्हें थमाते हैं और फिर वे हर किस्त को प्रकाशन के लिए भेजने से पूर्व अपने डॉक्टरों को (पी. जी. आई. में) दिखाते हैं, एक प्रकार से उनसे एक 'क्लीयरेंस'-सी लेते हैं पूरे लेखन-कर्म में शायद ही कभी किसी ने अपने आलेखों को इस प्रकार डॉक्टरों द्वारा पास कराया हो। से इनकी प्रामाणिकता तो असंदिग्ध है ही और इनकी बयानी व्यापक मान्वीय सरोकारों के साथ एक कथात्मक रूप लिए हुए है। इसी बिन्दु पर उनकी 'निजता' साहित्यिक रूप लेती है।

यूँ 'खंडित जीवन का कोलाज़' शीर्षक इन आलेखों का प्रकाशन 'कथादेश' के अप्रैल 2002 के अंक से प्रारम्भ हुआ किन्तु उससे पूर्व 'कथादेश; के ही नवम्बर 2001 अंक में 'संस्मरण' के रूप में 'देर रात तक : निर्मल वर्मा के साथ' प्रकाशित आलेख भी इसी शृंखला का हिस्सा है, 'मैंने मांडू नहीं देखा' (अप्रैल 2002) 'क्या मैं आपको जानता हूँ' (अक्तूबर 2002), 'औरत एक जादू होती है' (दिसम्बर 2002), 'घूमते अँधेरे सा पतझड़' (मार्च 2003) तथा 'चल खुसरो घर आपने' (मई 2003) में प्रकाशित ये विभिन्न कोलाज़ स्वदेश दीपक की इस गम्भीर बीमारी, एक साहित्यकार की जीवट-भरी यात्रा के एक महत्त्वपूर्ण पड़ाव और व्यक्तित्व को समग्रता में जानने के सम्पूर्ण मुँह बोले चित्र हैं। वैसे इस आत्म-प्रकाशन, स्वयं को उद्घाटित करने, का सिलसिला इस सीरीज़ के प्रकाशन से पूर्व ही स्वदेश दीपक ने कहानियों के रूप में शुरू कर दिया था। अन्तर यह है कि इस 'खंडित जीवन के कोलाज़' से पूर्व उन्होंने यह कार्य अपनी कहानियों के द्वारा ही किया है, वहाँ उन्हें कहानी ही कहा गया है। पात्रों के नाम-स्थान आदि भी कभी बदले हैं तो कभी अम्बाला के मिलट्री अस्पताल आदि के वर्णन में वही आत्म-आलेखन है। इसकी आहट सबसे पहले उनकी 'बीस का नोट' ('मसखरे कभी नहीं रोते' कहानी संग्रह-1997 में संकलित) कहानी में मिलती है। 'बहुवचन'-2, जन.-मार्च 2000 अंक में 'प्लेटफार्म, पेड़ और पानी' तथा 'हंस', दिसम्बर 2002 अंक में प्रकाशित 'गन्नेवाला' कहानियों में यह सिलसिला शुरू हो चुका था। वस्तुतः जैसा कि 'निर्मल वर्मा के साथ' वाले संस्मरण से सूचित होता है, स्वदेश दीपक को साहित्य में वापसी 1996 ई. में प्रारम्भ हो गई थी और 'खंडित जीवन के कोलाज़' सीरीज़ ने उन्हें इस विधा का बेताज बादशाह और 'भाषा का सुलतान' (उन्हीं के द्वारा कृष्णा सोबती के लिए प्रयुक्त अभिव्यक्ति) सिद्ध कर दिया है।

'देर रात तक : निर्मल वर्मा के साथ शीर्षक संस्मरण में स्वदेश अपनी सात वर्षीय यातना-खोह से निकलने, उबरने का परिचय दिल्ली में (1996 के किसी ठंडे महीने की सर्द रात में) दोस्तों की महफ़िल की यादों के जरिए देते हैं—श्रेय विकास राय

और पत्नी गीता को देते हैं कि उन्होंने कैसे ''लगभग छूने की दूरी पर खड़ी मृत्यु को परास्त करने के बाद'' इतनी जीवट के लेखक को बाहर निकाला। यहाँ पाठक उस सबसे परिचय पाता है कि किस प्रकार धीरे-धीरे स्वदेश 'अपने में' लौट रहे थे। स्मृति कैसे धीरे-धीरे उनका साथ देने लगी, कलम और उसमें उतरते बिम्ब, एक नई ताज़गी से लैस अभिव्यक्ति किस प्रकार के धीरे-धीरे आयत्त कर रहे थे, पर गगन गिल से हुई उनकी बात से जाना जा सकता है। कैसे उन्हें सिल्विया प्लैथ की कविता याद आयी और कैसे वे पहले की गगन गिल और अब की गगन गिल का रेखांकन करते हैं। 'झाड़ी के पीछे दुबकी बैठी' उनकी स्मृति छोटी छलाँग लगाती है और स्वदेश काव्य की संवेदना से गगन गिल का रेखांकन करते हैं, हिन्दी में प्राप्त सारे रेखांकनों को पीछे धकेलते हुए, ''तब गगन एक विस्थापित लड़की लगी थी। रिफ़्यूजी! कहीं से उजाड़ के दिनों इस देश में आई, एक छोटी-सी जगह तलाशती लड़की। और अब! साड़ी! सौम्य! माथे पर बिन्दिया! चेहरे पर एक गहन गरिमा। फिर देखा। अब वह सत्यजित रे की उस फिल्म की महिला लगी जिसमें माधवी मुकर्जी ने काम किया था। और उस फिल्म का नाम मुझे याद नहीं।'' स्वदेश दीपक का जो लेखक इतनी 'सौम्य उपमा' दे रहा था, निश्चय ही वह पूरी धमक के साथ शब्द की दुनिया में वापसी की तैयारी कर रहा था। कहीं निर्मला जैन के मठाधीशी अन्दाज़ को जिस रूप में स्वदेश दीपक चुनौती देता और धता बताता है, वह वही आदमी कर सकता था जिसे उसकी 'सिडक्ट्रेस' ने कहा था—'यू आर द मोस्ट हैंडसम वट मोस्ट ऐरोगैंट मैन आय हैव एवरसीन।'' उन सारे आत्मालेखों (कोलाज़) की एक बहुत बड़ी विशेषता यह है कि उनमें स्वदेश दीपक अपने समकालीन साहित्यकारों, निकट के दोस्तों पर, जो टिप्पंणी करते हैं वे इतनी बेलाग, बेबाक और 'सब कुछ कह देने वाली हैं' कि दुराव-छिपाव तनिक भी कहीं नहीं रखा गया है। उनके बारे में जो सोच वे रखते हैं, उसे 'तड़ाक' से अभिव्यक्त करते हैं! दिल्ली यूनिवर्सिटी की 'हैड', राजकमल के संपादक-मंडल की सदस्या निर्मला जैन चाहती हैं कि पाण्डुलिपि 'ओ. के.' कराने के लिए स्वदेश 'रिरियाएँ' लेकिन वह अपने माथे के हथगोले का पिन निकालकर वार करना चाहता है किन्तु सात वर्षों की जानलेवा बीमारी में डॉक्टरों ने इसका पिन निकाल लिया है, फिर भी उस संचित बारूद से वह 'जला दीजिए इन्हें, बर्न दैम' जैसा करारा उत्तर दे कर उस शाम के लिए उनका मुँह बन्द कर देता है। निर्मल वर्मा और गगन गिल के घर हुई गोष्ठी का चित्रण भी लेखक बहुत बेबाकी से करता है और इतने रसमय ढंग से करता है कि वह गोष्ठी केवल उन चंद दोस्तों को गोष्ठी नहीं रह जाती, अपितु साहित्य से सरोकार रखनेवाले सभी लोगों की सहभागिता माँगने लगती है। इस गोष्ठी प्रसंग से यह भी पता चलता है कि दोस्तों की दृष्टि के स्वदेश दीपक कितने 'रिच'— (समृद्ध) लेखक हैं—निर्मल वर्मा, गगन गिल, कृष्णा सोबती, शीला संधु, सौमित्र मोहन, विकास राय, राजेन्द्र यादव, निरूपमा दत्त और सभी एक से एक बढ़ कर और घनिष्ठ।

इस 'संस्मरण' से ही स्वदेश अपने पाठक को छोटे-छोटे टुकड़ों में बताना शुरू करते हैं और बाद की किस्तों के 'कोलाज़' से यह सत्य पूरी तरह खुलता चला जाता है कि ऐसे दबंग व्यक्तित्व के स्वामी स्वदेश दीपक को देश बंगाले की अपरूप सौन्दर्य की स्वामिनी, दाहक और 'भीषण सौन्दर्य'' की मलिका, ने सात साल के इस दुर्वह नरक में ढकेला था। उस सिडक्ट्रेस-मायाविनी—ने! उस स्वदेश दीपक को जिसे औरतों के सन्दर्भ में 'अचल'-'अटल' व्यक्तित्व समझा जाता रहा था हिलाकर रख दिया। अपना पालतू बनाकर उसकी चेतना पर छायी रही—चेतना पर इस कदर हावी कि स्वदेश दीपक ''आदमी से लोथ में बदलना शुरू हो गया।' वह उसके नाटक कोर्ट मार्शल का मंचन देखने आयी थी और उनपर इस क़दर आसक्त हुई कि उसके साथ मांडू देखना चाहती थी—वह मांडू जो रानी रूपमती और बाज बहादुर के प्रेम का प्रतीक था। प्रत्यक्षतः तो दीपक ने उसे अँगरेज़ी में गलियाते हुए लताड़ ही दिया— 'यू ब्लडी वोमेन। डू यू थिंक आय एम मेल प्रोस्टीट्यूट।' किन्तु परोक्ष रूप से वह उस मायाविनी का पालतू मुरीद बन गया, अचेतन रूप से। उस सिडक्ट्रेस के 'आग्नेय' और 'घातक' सौन्दर्य ने स्वदेश को 'पुश्ड' 'टू द ब्रिंक आफ़ मैडनेस'—उसे सात साल के लिए एक 'हैल्युसिनेशन' की दुनिया में धकेल दिया। उसने अपने ढंग से दीपक को 'फतह कर लिया।' किन्तु इस सारी दास्तान की खसूसियत यह है कि कहीं भी दीपक ने न अपने को बचा कर लिखा है और न ही रत्ती-भर भी सच को ढांपने-छुपाने की कोशिश की है। यदि मायाविनी के आग्नेय सौन्दर्य की शरीर गंध से वह पगलाया है तो उसने अकुंठ भाव से स्वीकारा है, यदि उसके शरीर के प्रत्येक लोच और कटाव ने उसे आकर्षित किया है तो उसमें पूरी तरह रमकर उन्मुक्त भाव से उसका चित्रण करता है, बिना अश्लील हुए, बिना मांसलता लाए। अपने इस सम्बन्ध और इससे पाली गयी ('पा ली गयी', भी सटीक है) सात साल की बीमारी के लम्हे-लम्हे को शब्द देने के लिए दीपक एक अद्‌भुत युक्ति तलाशते हैं—वे कभी अपने 'वर्तमान' में बोलते हैं और कभी 'अतीत' में गहरे चले जाते हैं। 'अतीत' और 'वर्तमान' में क्रम-क्रम से डूबते-उतराते वे अपने प्रेम, अतीत और बीमारी के हर क्षण के रचना में जीने की कोशिश करते हैं। कभी-कभी 'अतीत' का चित्रण करते हुए 'भविष्य में'—शीर्षक में चले जाते हैं—यह भविष्य उस समय का है जब वे स्वस्थ होकर दिल्ली-भोपाल आदि स्थानों में अपने को सहेज रहे थे। दीपक ने पहली बार भले ही उस मायाविनी को गलियाते हुए लताड़ा हो किन्तु बाद में उसके साथ 'ब्रेकफास्ट' और फिर अन्तरंगता, और फिर उस अन्तरगंता ने ही दी यह अनुभूति— ''... एक मादा अहेरी ने मेरा आखेट कर डाला और दे दी सात साल लम्बी मौत...।'' प्रारम्भ में स्वदेश का एतराज़ यही था कि कैसे एक खूबसूरत औरत पूरी तरह अनजान मर्द से अचानक मांडू जाने का प्रस्ताव रख सकती है, ''उससे प्यार करना मेरे एजेंडे पर नहीं था। कैसे सह सकता हूँ प्यार उस औरत से जो पहली मुलाकात में सबके सामने कहे—''मैंने मांडू नहीं

देखा। आई वान्ट टू सी इट विद यू।'' फिर कैसे वह इस मायाविनी से विजित होता है, इसका परिचय भी कभी 'हैलन आव ट्राय' के रूप में दिया है, कभी उसने 'औरत से सपने में तब्दील होने' के रूप में तो कभी 'त्रिस्तनी' के जादुई संसार में खोने के रूप में। अपने अन्तरंग क्षणों को दीपक कितने ही काव्यात्मक बिम्बों में अभिव्यक्ति देते हैं—कभी ये बिम्ब अपने हैं तो कभी अँगरेज़ी के शेक्सपियर, विलियम फाकनर, सिल्विया प्लैथ, इलियट से तदाकार होते हुए उनके मन को खोलते हैं। बीमारी के लम्बे दिनों की अँधेरी खोह में भी स्वदेश मायाविनी को पी. जी. आई चंडीगढ़ के बार्ड में अपनी बैड के पास कुर्सी पर बैठा पाते, उससे खूब बतियाते हैं—यही तो उनका हैल्युसिनेशन में उस मायाविनी से अन्तरंग साक्षात्कार है—'सात साल तक बिस्तर के पास रखी कुर्सी पर कौन-बैठता। कौन डालता बैन! कौन करता विलाप! कैसे मान लेता उसकी बात!'' भले ही आज का वैज्ञानिकतापूर्ण मानस भविष्य का आभास देने वाली कुछ घटनाओं, पूर्व घोषणाओं या होनी के घटने की पूर्व सूचना जैसी बातों पर विश्वास न करे किन्तु स्वदेश दीपक के साथ ऐसा घटता है जब उन्हें तीन बार अपनी इस भयानक बीमारी का संकेत या घोषणा प्राप्त हो चुकी थी। दो बार अमृतलाल नागर तथा फैज जैसे यशस्वी साहित्यकारों द्वारा और एक बार एक अजनबी आदमी ने 'दो भाषाओं' में चेतावनी की थी—''रन अवे फ्राम हियर। यू बिल डाई।'' उसने स्वदेश का माथा देख कर कहा था, ''भाग जा। मर जाएगा।''

'क्या मैं आपको जानता हूँ' शीर्षक दूसरी किस्त बताती है कि किस प्रकार स्वदेश दीपक ने अपने सात साल के बीमारी के दुर्वह समय को झेला है। वह 'अनोखा समय था' उनके लिए 'न जीवित न मृत'। अपने स्वप्नलोक में वे उस मायाविनी के ही सपने देखने लगे, कभी वे उसे कामना के रूप में देखते हैं तो कभी किसी और रूप में। वे अपने को अच्छी तरह जानते हुए भी 'नादिरशाही सुन्दर औरतों' से सब कुछ लुटा बैठे हैं और इस लूट को पंजाबी लोकगीतों के मिर्जा और पात्रों, सिल्विया प्लैथ की कविता, कभी कृष्णा सोबती के पात्रों के सान्निध्य, कभी सौमित्र मोहन की कविता, कभी अपने ही नाटक 'कोर्ट मार्शल' के पात्रों आदि के बिम्बों में व्यक्त करते हमें बताते हैं और साथ ही रोंगटे खड़े कर देने वाली अपनी उपचार-प्रक्रिया से जानूँ कराते हैं। उनकी बहन कान्ता, साथ के बिस्तर के मरीज़ काका सिकन्दर के पिता हरनाम दास, उनके डॉक्टर, नर्स सभी उनकी यन्त्रणा से भीग-भीग जाते हैं। उनकी बीमारी के सारे विवरण, डिटेल्स, इस किस्त में हैं और इस किस्त में है ठीक होने के बाद, 'भविष्य' शीर्षक में बम्बई का नाट्य-मंचन के समय का वह प्रसंग जिसमें 'कोर्ट मार्शल' का कद्दावर लेखक, सही अर्थों में 'पंजाबी पुत्तर', अपनी उपेक्षा और अपमान का मंच-संचालक अतुल तिवारी को ऐसा करारा उत्तर देता है जिसकी मिसाल कोई दूसरी नहीं मिल सकती। प्रेमिका—मायाविनी को तो अपने सम्बन्ध को वह अकुंठ भाव से चित्रित करता ही है, अपनी पत्नी गीता

के कर्त्तव्य-बोध और ऐसी भयंकर बीमारी में उसे झेलने की स्थितियों का भी बड़ा भाव-भीना चित्रण भी करता है। 'औरत एक जादू होती है' शीर्षक तीसरी किस्त में पत्नी गीता के अवदान को दीपक और भी गहराई से महसूस करता है।

इस तीसरी किस्त में कुछ प्रसंग बड़े मार्मिक बन पड़े हैं जो इस आत्म-लेखन की ईमानदारी को बहुत ऊँचाई देते हैं। वे हैं फैज़ साहब से यह बताना कि उन्होंने उर्दू किस प्रकार सीखी। अपने पिता के प्रेम-पत्र उनकी माशूका को पहुँचाते हुए माँ के आग्रह पर उन्हें मुंशी से पढ़वाना और मुंशी की ही प्रेरणा से उर्दू पढ़ना सीखना–यह सब दीपक जिस बेनियाज़ी से बयान करते हैं, वह हिन्दी क्या शायद भारतीय भाषाओं में नायाब है। मुझे याद आ रही है 'रसीदी टिकट', 'याद आती है 'माई स्टोरी', याद आती है 'नंगे पैरों का सफर', याद आती है आत्म-लेखन की अन्य बहुत-सी कृतियाँ–शायद किसी और ने इतने खुलेपन से, अपने को इस प्रकार पूरी तरह तटस्थ रख कर नहीं लिखा है। नहीं लिखा है किसी पुरुष ने बचपन में हुए अपने बलात्कार के बारे में, नहीं लिखा है उस बलात्कार पर कृष्णा सोबती जैसी की निष्कलुष टिप्पणी के विषय में। फैज साहब की भविष्यवाणी 'स्वेदश, तुम औरत से बहुत दुःख पाओगे'' तथा ''You are fated to suffer at the hands of Woman" –एक साथ ही पाठक को हैरत और कारुणिक अनुभूति से भर देती है। अपने सभी सम्बन्धों को चाहे वह रेणुका नैय्यर से है, चाहे कृष्णा सोबती से है, चाहे निधि से है, चाहे सौमित्र मोहन और विकास राय से है, दीपक पूरी शिद्दत से कह पाते हैं क्योंकि वे 'शब्दों के जादूगर' (बकौल मायाविनी) और भाषा के सुल्तान हैं। यहाँ उनकी भाषा मुक्त भाव से पंजाबी के 'मिठड़े', 'जुंडली', 'बाबेओ' और अँगरेज़ी के शब्दों का पूर्ण लालित्य में उपयोग करती हुई अपनी बात 'गोली वांग' (गोली की तरह) कहती है। बीमारी के दौरान बोले गए पूरे के पूरे अँगरेजी संवादों-वाक्यांशों को ज्यों-का-त्यों रखकर दीपक हिन्दी को 'बहन जी' संस्कार (शब्द दीपक के) से मुक्त करते हैं–I should have slept with that bloody woman. She is killing me by inches"—come back you bloody bitch. Why in your tongue always suffering from dysantry if you ever revise your voice." गालियाँ भी भाषा को क्या खूबसूरती बख़्श सकती हैं, स्वदेश दीपक ने इस पर भी आगे के आलेखों में बात की है। ये सारे संस्कार वे अपनी भाषा को देते हैं। बीमारी के उसी कल्पना-लोक में जब मायाविनी पूछती है कि बीमारी से ठीक होने के बाद 'मांडू देखेंगे तो क्या होगा फिर' के उत्तर में स्वदेश का यह कथन 'तब हमारे जिस्मों से एक-दूसरे की सुगन्ध आएगी। मैं तुम्हें लहूलुहान कर दूँ जिस्म चिथड़े-चिथड़े। 'आय एम अ वैरी वायलेंट लवर' –वस्तुतः स्वदेश को अपनी बात अपने ढंग से कहनी है, भाषा उसके सामने अपने सारे उपकरण ले कर हाथ बाँधे खड़ी हो जाती है। लेखक को पता है, ''एवरी लैंग्वेज फेल्ज़ टू एक्सप्रेस द ग्रीफ आफ मैन।'' इसलिए वह अपनी जानी हर भाषा का इस्तेमाल करता है। हिन्दी के गद्य को

इतना खुलापन, इतना विस्तार, पहली बार मिला है।

'घूमते अँधेरे सा पतझड़' शीर्षक किस्त में यदि उनकी बीमारी की ऐसी-ऐसी स्थितियाँ हैं जिनमें उनके विरोधी नहीं अपने ही यह चाहने लगे हों कि इस जिन्दगी से तो बेहतर मौत है, जियमें दीपक इतना-इतना दुर्वाह हो गया हो कि गीता जैसी सहनशील पत्नी के मुँह से निकल जाए—"मुझमें और शक्ति नहीं रह गई। दीपक मर जाए नहीं तो मैं मर जाऊँ"— (..."आठ पहर का दाझणा, मो पै सहा न जाय"), दीपक इतना-इतना बिखर जाए कि उसे पूरे शब्दकोश में अपने लिए दो ही शब्द निश्चित किए मिले, 'ब्लडी बास्टर्ड', जिसमें वह लेखक अपने किशोर बेटे को अपनी व्यथा से एक रात में दस साल बड़ा कर देता है—"मैंने उसे एक साल में दस साल बड़ा कर दिया। फ्राम सिक्सटीन ही बिकेम ट्वीन्टीसिक्स इन वन ट्विंकल आफ द आई", तो दूसरी ओर उसमें साहित्य की दुनिया के कितने ही सचों से सामना कराया गया है। कांग्रेस में श्रीकान्त वर्मा की स्थिति—इंदिरा गाँधी का चन्दवरदायी बनने और उनकी प्रसिद्ध कविता-पुस्तक मगध के बारे में यह राय "अब मुझसे मगध की कविताएं भी नहीं पढ़ी जातीं। स्थायी बिम्ब—'मैल से लिपटी तीली।' किन्तु दीपक की सबसे तेज़ाबी टिप्पणी छायावादी कवियों—सुमित्रानन्दन पन्त और महादेवी वर्मा के प्रति है—वह उन्हें ऐसे ठेंगे पर रखता है कि उनके नाम भी ठीक से याद नहीं रखना चाहता, 'महादेवी पन्त और सुमित्रानन्दन वर्मा' कहता है और सौमित्र मोहन के एतराज़ पर करारा उत्तर देता है, "क्या फर्क पड़ता है अगर किसी के साथ वर्मा लगा दो, किसी के साथ पन्त। दुनिया के सबसे बड़े देश का सबसे बड़ा आन्दोलन चला। आज़ादी के लिए। हिन्दी के महान कवियों को कुछ नहीं लेना-देना, लहू में लथपथ लोगों की उम्मीदों से। एक प्रकृति की ओट में खड़ा शिखंडी, दूसरी—दूर तुमसे रह कर अखंड सुहागनी का असम्भव दम्भ भरती। लेखकों के महान होने का निर्णय भविष्य करता है। इन दोनों कवियों का भविष्य बहुत छोटा है, स्कूल कॉलेजों की किताबों में सिमटा भविष्य"—ऊपर कई जगह मैंने स्वदेश दीपक के जिगरे का ज़िक्र किया है, फिर कहना चाहूँगा कि जिगरा चाहिए था इतना कडुवा सच इन दिग्गज, छायावाद के स्तम्भों के कृतित्व के इस रूप में मूल्यांकित करने के लिए। इन कवियों के कवि-कर्म पर लिखी सारी की सारी समीक्षा को एक पुनर्वीक्षा की मांग को बाध्यता दीपक के ये शब्द देते हैं।

इन संस्करणों की अन्तिम दो किस्तों में यदि दीपक ने वनलता सेन, सुनीला तथा अपूर्वा प्रसंगों को पूरे खुलेपन और शिद्दत से वर्णित किया है तो दूसरी ओर डॉक्टर वसन्या का अत्यन्त मार्मिक प्रसंग है जो दीपक में अपने पापा की छवि देखने लगती है, उस पापा की जिसे पुलिस की व्यवस्था ने तड़पा-तड़पाकर, पागलकर मार दिया, फाँसी दे दी। कहीं उसे स्वदेश दीपक की इस दुःखदामिनी बीमारी में अपने क्रान्तिकारी पिता के दुखद अन्त की झलक दिखायी देती। स्वदेश भी उसे बेटी का

स्नेह देते हैं, उसके लिए अपने नए नाटक 'सबसे उदास कविता' के लेखन की प्रस्तावना करते हैं। 'चल खुसरो घर आपने' में स्वदेश दीपक ने अपनी बीमारी से उबरने के क्षणों और प्रक्रिया को स्पष्ट किया है। इस उबरने की प्रक्रिया में डॉक्टर पार्थ चौधरी की भूमिका का पता चलता है कि किस प्रकार उन्होंने दीपक की कल्पना-कामना को एक 'ठोस शरीर में बदल' उनके लिए उस 'जादुई महल' से निकलने के लिए 'जरनैली सड़क' बनाने का असम्भव-सा कार्य कर उन्हें बीमारी की खोह से निकाल लिया। गालियाँ खाने के बाद भी वह मायाविनी क्यों दीपक की हो गयी थी इसका रहस्य भी खुलता है, "चौबीसों घंटे चमचा मरदों से घिरी रहती हूँ। इन्कलुडिंग माई हस्बैंड। ही बैग्ज टू स्लीप विद मी। आपको देखा। जब आप बोले तो मिथों के द्वार खुल गए।" उसे "असभ्य स्वदेश दीपक अच्छा लगा था। मेरी कल्पना का सम्पूर्ण पुरुष। हमेशा रेंगते हुए सभ्य मरद बहुत देखे हैं। तन से कीड़े। मन से कीड़े।" ठीक होने के बाद के विवरण घर और बाहर, अपने आस-पड़ौस में दीपक का लौटना जिस रूप में स्वीकारा गया, उसका भी अत्यन्त संवेदनशील चित्रण आखिरी किस्त में है और इस किस्त का समापन भी उस मायाविनी से अन्तिम भेंट से होता है।

किन्तु यह समापन कहाँ!! अभी उस दौर के और-और अनुभव-क्षण दीपक कहानियों में उतार रहे हैं—'हंस' का ताज़ा अंक (मई 2003) उनकी 'बनी-ठनी' लेकर आया है किन्तु अब 'कोलाज़' की शैली में नहीं अपितु कहानी की शैली में। पार्थ के चरित्र में खुद का रूपान्तरण किया है दीपक ने—पर वही कहन, वहीं बेफिक्रा अन्दाज़, वही बेखौफ बेलौस सच्चाई बयानी की अभिभूत करती हुई।

कहानी में व्यंग्य इतना धारदार और मारक भी हो सकता है

('हाय दिल्ली उर्फ़ एक दिल्ली–सिके की वाह!' : मनोहरश्याम जोशी)

'हंस' के जून 2002 अंक में मनोहरश्याम जोशी की कहानी 'हाय दिल्ली उर्फ एक दिल्ली-सिके की वाह' प्रकाशित हुई है जो इस बात को संपुष्ट करती है कि व्यंग्य जब कहानी में पूरी तरह संचरित होता है या कहें जब व्यंग्य में ही कहानी बुनी जाती है तो वह कितनी धारदार और मारक हो सकती है। इससे पूर्व हरिशंकर परसाई और शरद जोशी की रचनाएँ व्यंग्य को कहानी से अलगाती हुई उसे एक स्वतंत्र साहित्यिक विधा का दर्ज़ा प्रदान करती है। किन्तु यहाँ मनोहरश्याम जोशी कहानी को व्यंग्य से जोड़कर उसकी प्रबल क्षमताओं की प्रतीति कराते हैं। व्यंग्य यहाँ पूरी तरह, शब्द-प्रति-शब्द, आद्यन्त, कहानी में संग्रथित (इंटरवोविन) है, इस रूप में कि न कहीं वह सायास लगे और न कहीं बहुत ज़्यादा मुखर। 'हमजाद' उपन्यास तथा 'हंस' (जनवरी 1999–हिन्दी उपन्यास : एक सदी' अंक) में प्रकाशित उपन्यास अंश 'येऽ बांधवा वा बांधवा वा' पढ़कर मनोहरश्याम जोशी के लेखन ने निराश ही किया था किन्तु 'हंस' में प्रकाशित उनकी यह कहानी उनके लेखन के प्रति आश्वस्ति ही नहीं जगाती, उनके और हिन्दी कहानी के कद को भी एक नई ऊँचाई प्रदान करती है।

आज हिन्दी कहानी की दो विशेषताएँ सबसे प्रखर रूप में उभरकर आ रही हैं—एक तो आज उसका क्षेत्र या कहें फलक इतना विराट हो गया है और उसमें विभिन्न क्षेत्रों की इतनी विविधवर्णी अनुभव संपदा आ रही है कि देखकर आश्चर्य होता है कि किन-किन रूपों में कहानी अपने वर्तमान समय में हस्तक्षेप कर रही है; दूसरे आज हम जिस अपसंस्कृति, पश्चिम से आयातित संस्कृति को विकास के नाम पर ग्रहण कर रहे हैं, उसके ख़तरे क्या हो सकते हैं—वह किस प्रकार हमारे मूल्यों को क्षरित, सामाजिक ढाँचे को विशृंखलित और भाषा को भ्रष्ट कर रही है, उस सबको बचाने की चेष्टा भी कहानी कर रही है। यह कहानी इन दोनों ही सिम्तों में अपने व्यंग्य की मार करती है। मनोहरश्याम जोशी अपनी कहानी को पत्रकारिता की दुनिया

से उठाते हैं। अपनी बहुत मामूली-सी पहल से कोई अखबार किस प्रकार एक 'अंपायर' —'साम्राज्य' में बदल जाता है और उसकी तीसरी पीढ़ी किस प्रकार इस 'साम्राज्य' को और भी विस्तार अपने नए लटके-झटकों से देकर एक नयी ऊँचाई पाना चाहती है, मीडिया सम्राट चोखेलाल सुधारक' और उनकी पोती बेबी, जो आजकल 'डैड की मीडिया एम्पायर देख रही है, के माध्यम से मीडिया की दुनिया की खबर विवेच्य कहानी में ली गई है। कहानी के व्यंग्य उस 'हिंग्लिश' के 'विटी प्रयोग' से अपना रूप रचता है जो आज नयी पीढ़ी का प्राणाधार बनी हुई अपनी जड़ों और संस्कारों से पूरी तरह काट कर रखती चली जा रही है, जिसमें यह बोध भी शेष नहीं रहता कि अपने ग्रांड डैड की उम्र के आदमी को सीधे-सीधे प्रथम नाम से पुकारकर उससे गलबहियाँ होकर किसी दोस्त या कहें 'ब्वॉय फ्रेण्ड' की तरह बात करती है, कभी उससे चुम्मा-चाटी भी करती है, ''हलो नटवर! अ वेरी हैप्पी न्यू इयर। कैसी 'पिटी' कि आपका-सा 'विटी' इंसान 'डूइंग नथिंग' में लगा है। 'डॉच्यू थिंक' हमें न्यू इयर में इस बारे में 'समथिंग' करना चाहिए?'' यह नमूना है उस पीढी की कहन और रहन का। नटवर सिंह, टी. वी. समाचार चैनल से 'गोल्डन हैंड शेक' जिसे 'सुनहरी लात' कह कर स्वेच्छा से लिए गए सेवावकाश—'गोल्डन हैंड शेक', का नाम देकर नाकारा बना दिया गया है, एक मीडिया पत्रकार हैं। इन दोनों के बीच का वार्तालाप कहानी के व्यंग्य की खिलंदड़ी टोन को सैट करता है। उसे रह-रहकर परेशानी होती है कि ''मेरी स्वर्गीया माताजी के बाद मुझे नटवर पुकारने वाली यह वृषभान किशोरी कहाँ से पैदा हो गई?'' जो समाचार-पत्र कल तक 'घरेलू आयोजनों को सार्वजनिक समाचार' बनाकर, इस प्रकार के समाचार परोसते-परोसते ''कूचा पातीराम के लाला हरदयाल गुप्त के निवास-स्थान पर आज प्रातःकाल उनके सबसे छोटे पुत्र धनसुख लाल की मेरठ के मशहूर गजक-निर्माता तुलाराम जी अग्रवाल की पोती कनकलता से सगाई हुई। इस अवसर पर नगरपाल हरिपाल सिंह मलिक, विधायक रामसनेही जी अग्रवाल और अन्य गण्यमान्य व्यक्ति सपरिवार उपस्थित थे। दोनों ही पक्षों को हमारी हार्दिक बधाई, ''कितने बड़े-बड़े अखबारों का रूप धारण कर गए, यह भी आज के समय की तीखी सच्चाई है। समाचार-पत्र के मालिक की 'स्थूल और कुरूप कन्या' को कविता लिखते-लिखते उसको 'परणीता' बनाना, फिर 'शुभ प्रभात' दैनिक निकालना और उसके बाद उनके अयोग्य समझे जाने वाले पुत्र नेकराम द्वारा इस साम्राज्य का विस्तारण और यह प्रमाणित कर दिखाना कि 'अयोग्यता ही आज सबसे बड़ी योग्यता है', राजनीतिक पार्टियों से साँठ-गाँठ, चिटफंड आदि 'अनेक चमत्कारी आयोजनों से काफी पैसा पीटकर आयात-निर्यात का धन्धा शुरू करता, पत्नी शशिबाला के रसूखों से व्यापार-विस्तार और फिर इस मीडिया साम्राज्य को इस रूप में विकसित करना कि यह ''राजर्षि और महानता युग से हृतिक और मैडोना युग में' पहुँच गया। अब उसके सामने समस्या है 'हलो दिल्ली' टाइम्स से आगे जाकर बाजार को पकड़ना। शशिबाला जी अपने राजनीतिक प्रभावों से राजसभा के लिए नामजद हो जाती हैं और उनकी

बेटी क्रान्तिबाला उर्फ बेबी इस मीडिया साम्राज्य को सँभालकर इसे और भी विस्तार देना चाहती है। इसके लिए वे 'एक चौखा चैनल' चलाना चाहती हैं ''जिसमें ऐसे फूहड़ कार्यक्रम प्रस्तुत किए जाएँगे जो भले घरों में देखे नहीं जा सकेंगे। समझ में नहीं आता कि कामरेड शशिबाला अपनी बिटिया द्वारा अमरीकी अपसंस्कृति आयात किए जाने का विरोध क्यों नहीं कर रही है।'' इस प्रकार कहानी अब समाचार-पत्र से इलैक्ट्रॉनिक मीडिया की विद्रूपमय स्थितियों को नंगा करने के लिए अपने व्यंग्य का ब्रह्मास्त्र निकालती है। टी. वी. के अच्छे चैनलों (चोखा चैनलों) ने हमारे घरों की क्या स्थिति कर दी है, ''मेरा घर इस बीच 'भला' नहीं रह गया होगा क्योंकि जब चोखा चैनल चला, मेरे बच्चे उसे नित्य नियम से देखने लगे। बीच-बीच में मैं भी दृष्टिपात करता रहा। देखकर मैं इसी निष्कर्ष पर पहुँचा कि आयुष्मती क्रान्तिबाला मुक्तमंडी, उन्मत्त व्यक्तिवाद और उन्मुक्त हस्त राजनीति तीनों के प्रति समाज रूप से समर्पिता है।'' टी. वी. के ये 'चौखे चैनल' हमारे घरों में अपना पसारा इसी रूप में फैलाते चले जा रहे हैं और हम इसके मूक द्रष्टा मात्र बन कर रह गए हैं।

हमारी अगली पीढ़ी के 'शील' को क्या होता जा रहा है, विशेषकर भाषागत शील को, इसका जायज़ा इस रूप में लिया गया है कि बाबा की उम्र के नटवर को बेबी 'हाय नटवर' का सम्बोधन देती है, नटवर गच्चा खा कर रह जाते हैं, ''तुम्हारे घर में कोई बाप-दादा नहीं हैं जो बुजुर्गों के नाम ले कर पुकारती हो।'' 'नमस्कार', 'प्रणाम' को भूलकर 'हाय' और 'हैलो' के समय में रहती पीढ़ी पर करारा व्यंग्य है यह!! यह पीढ़ी जिस होटल और क्लब संस्कृति को जी रही है, उस पर भी लेखकीय दृष्टि जाती है। बेबी नटवर को काफ़ी के लिए जिस आलीशान पी. वी. आर. कॅम्पलेक्स में आमन्त्रित करती है वहाँ का दृश्य यह है, गरीबों के घूरने के लिए भी वहाँ ''पर्याप्त नयनसुख सामग्री उपलब्ध थी'' —जैसे ओंठ से ओंठ मिलाए आलिंगनबद्ध उच्चवर्गीय युवा जोड़े, पत्नी किंवा प्रेमिका के कंधे में हाथ डाले उच्चवर्ग की ओर अग्रसर अधेड़ मध्यमवर्गीय पुरुष, भयंकर शीत-प्रकोप को जैकेट के बटन खोल अपने उन्नत उरोजों की ऊष्मा से दूर भगाती युवतियाँ और गन्दे-टूटे आँगन के उस पार विलायत की याद दिलाती झकाझक दुकानें और रेस्तराँ। मेरा चित्त प्रसन्न हो उठा कि भारत के कीचड़ में कमलवत् उगे इस इंडिया को एक मीडिया-राजकुमारी की बाँह थामे मैं मँहगी काफी पीने जा रहा हूँ।'' वस्तुतः कितने खिलदंड़ अन्दाज़ में इंडिया की गरीबी के कीचड़ में खिलनेवाले अमीरी के इस कमल की बात कह कर पूरे वर्तमान परिदृश्य का जायज़ा लिया गया है।

मीडिया की दुनिया की यह कहानी कभी 'कमज़ोर कड़ी कौन' जैसे सीरियलों की फूहड़ता पर व्यंग्य करती है तो कभी सरकारी थोथे नारों 'गरीबी मिटाओ, भुखमरी भगाओ', 'गंदगी गायब करो' की निस्सारता को दर्शाती है। ये 'चोखे चैनल' किस प्रकार उद्योग को नामी हस्तियों के मोटे-मोटे वेतन दे सलाहकार नियुक्त करते हैं और उनकी कार्य-शैली क्या है, इस पर भी वहाँ विचार होता है। कभी-कभी ये सलाहकार

राजनीतिक लॉबियों और जाति की लॉबियों को साधने के लिए नियुक्त किए जाते हैं। कभी ब्राह्मण लॉबी और कभी ठाकुर लॉबी को खुश रखना भी इसका एक उद्देश्य है। वर्नाक्यूलर प्रेस अपने अखबारों के नाम भी कैसे-कैसे रख रहा है, चौंकाने वाले धाँसू, 'हिंग्लिश' के टच से भरपूर यथा—'इंडिया टाइम्स', 'इंडिया वीक', 'द रिबैल', 'शुभ प्रभात दिल्ली ब्रैंड', 'हलो दिल्ली टाइम्स' आदि। ऐसे में 'शुभ प्रभात' जैसे प्राचीनता की 'बू' देनेवाले नाम बाज़ार में स्वीकार्य नहीं हो सकते। इसलिए नटवर सिंह अपना बहुमूल्य परामर्श प्रदान करते हैं कि 'शुभ प्रभात' का नाम बदलकर 'हाय डेल्ही—शुभ प्रभात दिल्ली' रखा जाए। मीडिया-राजकुमारी बेबी जब इसे केवल 'हाय डेल्ही' नाम देना चाहती हैं तो नटवर अपना मारक तर्क देते हैं कि ''इसलिए कि हमारा प्रोडक्ट उस भारत, दैट इज़ इंडिया में बिकना है जिसे नई पीढ़ी इंडिया दैट इज़ भारत बनाना चाहती है। खाली 'हाय डेल्ही' नाम रखने से एक तो ब्रांड कंटीन्यूटी टूटेगी और दूसरे हमारी इमेज अपमार्केट के साथ-साथ थोड़ी नव-धनाढ्य, मेरा म्तलब है अपस्टार्टिश भी बनेगी जैसी कि 'हलो दिल्ली टाइम्स' की बनी है। यह दुहरा नाम रखने से इस मार्केट को यह सन्देश देंगे कि हमारा ब्रांड पोती क्रान्तिबाला और दादा चोखेलाल दोनों का अपना है।'' इसी प्रकार अनेक दृष्टियों और बिन्दुओं से उन तिकड़मों पर व्यंग्य किया गया है जो अखबार को मात्र एक बिक्री-कमॉडिटि बना कर रख रहे हैं, पत्रकारिता के आदर्श बाला-ए-ताक, शुद्ध मुनाफा, शुद्ध मुनाफा ही, इन समाचार-पत्रों का एकमात्र उद्देश्य रह गया है।

सलाहकार संपादक के रूप में नटवर क्या लीला रचते हैं, किस प्रकार वे स्टाफ की छँटनी 'डैड-वुड' (जिसका कहानी में मारक अनुवाद 'मरे काठ' के रूप में दिया गया है) के आधार पर कर दक्षिण और वाम दोनों विचारधाराओं के कैसे-कैसे लोगों की नियुक्ति करते हैं, वह भी मीडिया-संसार पर एक चुटकी है। क्योंकि पत्रकारिता से अब इस मीडिया-साम्राज्य के एक टी. वी. चैनल में अपना पसार फैलाना था, इसके लिए वे एक एंकर की तलाश करते हैं और सुलेखा को चुनते हैं, ''अत्यन्त निम्न कोटि की अंग्रेजी पत्रकार और अत्यन्त उच्च कोटि की कामोत्तेजक सुन्दरी सुलेखा एक दशक पहले तक बैकवर्ड लॉबी के एक बलिष्ठ नेता की फॉरवर्ड प्रेमिका होने के नाते टी. वी. प्रोग्राम 'एंकर' करने के अनुबन्ध पाती रही थी और इस प्रकार टी. वी. माध्यम से उनका काफ़ी 'एक्सपोज़र' उर्फ़ उद्घाटन हो चुका था... टी. वी. में उसका एक्सपोज़र होना भले ही बन्द हो गया था, पत्र-पत्रिकाओं में इस नाते होते ही रहा था कि उभारों का पर्याप्त उद्घाटन करनेवाले अपने वस्त्रों के कारण वह दिल्ली-दरबार उर्फ़ सेलिब्रिटी सर्किट की एक जानी-पहचानी हस्ती बन गई थी।'' यह प्रसंग उन हस्तियों की पोल खोलकर रख रहा है जिनका इस क्षेत्र में वर्चस्व है।

समाचार-पत्रों की बिक्री बढ़ाने के नाम पर भाषा को कितना तोड़ा-मरोड़ा जा रहा है, इस स्थिति को भी मनोहरश्याम जोशी कुशलता से अपने व्यंग्य की ज़द में लाते हैं, ''मार्केट प्रोफाइल के मद्देनजर हमें कुछ ऐसे लोग रखने ही होंगे जिनकी मदर की

टंग भले ही हिन्दी रही हो लेकिन जिनकी अपनी टंग इंग्लिश हो चुकी हो, बल्कि यों कहना चाहिए कि जिनकी टंग की एक टांग हिन्दी में हो और दूसरी अंग्रेजी में रहती हो।'' इन पत्रों की भाषा-नीति 'हिन्दी में न्यूज़ देना, रीडर्स को कन्फ्यूज करना' मानती है, ''नई जनरेशन का कोई भी बन्दा नहीं समझता इस लैंग्वेज को।' दिल्ली-पंजाब के हिन्दी दैनिक जिस भाषा को अपना रहे हैं, उसको यहाँ एक बहुत अच्छा नाम 'पन्हिंग्लिश' दिया गया है, ''जिस जनरेशन की आप बात कर रही हैं उसे तो कोई भी प्योर भाषा समझ में नहीं आती। इसलिए हम लोग पन्हिंग्लिश में न्यूज़ देंगे, यानी ऐसी हिन्दी जिसमें पंजाबी और अंग्रेजी की तबियत से मिलावट की गई हो।'' इन समाचार-पत्रों में समाचारों के जो शीर्षक–हैड लाइंस–दिए जाते हैं, उन पर भी मनोहरश्याम जोशी का व्यंग्यकर मौन नहीं है, वह 'कुपित' है और इसी 'कुपित भाव' से यह प्रस्थापित करता है कि यदि 'हल्के दिल्ली टाइम्स' में हैड लाइनों में एक अंग्रेजी शब्द का प्रयोग हो रहा है तो हमारे यहाँ कम से कम दो का होना चाहिए–यदि वे लोग लिख रहे हैं, ''क्या ओसामा सरेंडर करेगा? हमारे यहाँ कम-से-कम दो किए जाएँ –'ओसामा का सरेंडर करना अब डाउटफुल।' इन शीर्षकों को पढ़कर हमारे ज़हन में स्वतः ही समाचार-पत्रों के लगभग इसी प्रकार के शीर्षक उतरते चले जाते हैं–इसी की तर्ज़ पर ये हैड लाइनें–शीर्षक–प्रकल्पित कर समाचार-पत्रों की भाषा की खबर लेता है–''बॉयफ्रेंड्स के साथ एंज्वॉय करे मगर लिमिट्स न क्रास करें, ''सैक्सी ऐलीशा की सेल मॉडल है मैडोना, 'मस्त होना मस्ट है अच्छी सोशल लाइफ के लिए।' इसी प्रकार स्तम्भ, फीचर-पृष्ठों पर अपने शीर्षक पूरे के पूरे अंग्रेजी में ही रखने का फैशन अपनाते चले जा रहे हैं–'फर्स्ट लव', 'ग्लैमर वर्ल्ड', 'टेक केयर', 'वगैरह।'*

हिन्दी अखबार अपनी इस मुनाफा विशुद्ध मुनाफा कमाने की नीति से 'हिन्दी' को किस प्रकार भुनाने–एनकैश–करने की तिकड़मों ओर उतावली में है, कहानी में इसका भी व्यंग्यात्मक आख्यान मिलता है। हिन्दी को किस प्रकार विशुद्ध बाजार में तब्दील किया जा सकता है, इसकी पेशकश नटवर इस रूप में करते हैं, ''निवेदन है कि जब मुनाफा होने लगे तक आप उसका एक अंश हिन्दी के संरक्षण और प्रचार-प्रसार के लिए स्थापित हिन्दी टैंपल एंड फन पार्क की स्थापना पर लगा दें। उसमें सिनेमा घर, रंगशाला हॉल, शाकाहारी फास्ट फूड के रेस्तराँ, पिकनिक स्थल, नौका बिहार स्थल, बच्चों के लिए स्थल–ऐसी तमाम चीजें हो जो लोगों को वहाँ सपरिवार पिकनिक मनाने के लिए प्रेरित करे, साथ ही एक मन्दिर हो जिसमें सरस्वती देवी की प्रतिमा लगी हो और दीवारों पर हिन्दी के श्रेष्ठ कवियों की रचनाएँ अंकित हों। बाहर उद्यान में श्रेष्ठ साहित्यकारों की मूर्तियाँ हों और भीतर फोटो गैलरी में श्रेष्ठ साहित्यकारों के बड़े-बड़े चित्र टंगे रहें। किताबों की दुकान, पांडुलिपि संग्रह, पुस्तकालय भी हो।'' हिन्दी के नाम पर प्रस्तावित 'मज़ाक पार्क' (फन-पार्क) से अच्छी मिसाल इस बात की और क्या हो सकती है कि आज अच्छे से अच्छे कार्य

और उद्देश्य की व्यावसायिक रूप में किस प्रकार भुनाया ('एनकैश) जा रहा है। इतना ही नहीं संपादकीय सलाहकार को इसके लिए सरकार से रियायती दरों पर बहुत बड़ा-सा प्लॉट एलॉट कराने की मुहीम पर लगा दिया जाता है। यदि कोई पारिवारिक सदस्य इस बात का विरोध करता है कि समाचार-पत्र को इस प्रकार कूड़ा नहीं बनाना है तो नटवर का यह उत्तर न केवल समाचार की दुनिया के लिए अपितु पूरे सामाजिक परिदृश्य के लिए एक करारा तमाचा है तो हमारे उत्तर आधुनिक समय के लिए बेहद शर्मनाक स्थिति, "... मंडी में सबसे ज़्यादा बिकनेवाली चीज़ को कूड़ा कहना युग-धर्मानुसार पाप है। अगर हमारा राइवल ब्रांड कूड़ा है तो मार्केट में उसे मुँह के बल गिराने के लिए हम सुपर कूड़ा बेचेंगे।" इस सबकी प्राप्ति के लिए प्रायः लाख रुपए प्रति माह पर रखे गए सलाहकार संपादक को वह कार्य किसी न किसी प्रकार करता है, तो किसी न किसी रूप में जूनियर लोग निकाल ही लेंगे, "कान खोलकर सुन लो कि तुम्हारी भूमिका अब वहीं होगी जो आज किसी भी संपादक की होती है। गौण रूप से तुम 'शुभ प्रभात' के रखवाले के आसन पर बैठोगे लेकिन मुख्य रूप से सत्ता के गलियारों में मालिकों की दलाली करते फिरोगे।" इन सेठ-साहूकारों के आकारों में 'एक्जीक्यूटिवस' या संपादक की जो हैसियत है लेखक उस पर भी व्यंग्य करता है—वे जानते थे कि सेठ की नौकरी में पैसे पहले सिर खुजलाने के लिए और फिर अगर सेठ ही कोई सुझाव दे डाले तो सिर हामी में हिलाने के लिए दिए जाते हैं। बेकार के लैक्चर झड़ने के लिए नहीं।"

कहानी और आगे बढ़कर विज्ञापनी दुनिया के सच को नंगा करती हुई बताती है कि किसी ब्रांड के 'लांच' करने पर किस प्रकार सुन्दरियों—मॉडल्स —विश्व सुन्दरियों की सहायता ली जाती है। किस प्रकार फ़िल्म इंडस्ट्री की 'सेलेब्रेटीज' को अनुबन्धित कर बड़ी से बड़ी और छोटी से छोटी वस्तु की प्रचारित करवाया जा सकता है। पेशकश है कि यदि "आप अमित को करोड़पति बनाने को तैयार हों तो वह माथे पर हिन्दी की बिन्दी लगाकर ठुमका लगाते हुए यह कह देंगे—'गंगा किनारे वाला छोरा' अमिताभ हिन्दी पर फिदा हूँ और 'हाय डेल्ही शुभ प्रभात दिल्ली' पर मर मिटा हूँ। बात यहीं नहीं रुकती सुन्दर मॉडल जिस प्रकार खादी और तिरंगे का प्रयोग कर उन्हें मजाक की स्थिति में ले आते हैं, उसका भी जायज़ा लिया गया है कि किस प्रकार 'मॉडल के शरीर का हर जोड़ और उभार अपनी बात दर्शकों तक पहुँचा पाएगा। हर मॉडल अपने माथे पर हिन्दी की बिन्दी लगाए हुए होगी और बैक-ग्राउंड' में जावेद अख्तर लिखित और ए. आर. रहमान द्वारा संगीतबद्ध गीत बनेगा, "अपनी धरती आपना देश, अपनी भाषा अपना भेस।" संस्कृति के नाम पर हम यही सब तो अपसंस्कृति कर रहे हैं। उसका चरम रूप यह है कि प्रधानमन्त्री की कविताओं का किस प्रकार बाजारीकरण् व्यावसायीकरण कर लिया गया है, यह भी वर्तमान की कितनी 'त्रासद' किन्तु सक्त

के गलियारों में 'सुखकारी' स्थिति है, इस पर इस कहानी में गहरा व्यंग्य है। यह व्यंग्य एक बहुत बड़ा साहस माँगता था जो सीधे-सीधे सत्ता के सर्वोच्च पर कटाक्ष करता है। मनोहरश्याम जोशी यह साहस जुटाते हुए, पहली बार पी. एम. की 'पोएट्री' के इस शर्मनाक प्रचार पर अपनी कलम की तोप दागते हैं। मार्केटिंग मुखिया सुझाव देता है 'अगर हम पी. एम. की पोएट्री का कुछ यूज़ कर सकते तो. ..।'' आइडिया धाँसू स्वीकारा गया और इसे कार्य रूप में परिणत करने के लिए 'पी. एम. की पोयम्स का अंग्रेजी में अनुवाद कर चुके पवन वर्मा, की 'वॉयस' का उपभाग और कुछ 'पोयम्स' को ऐलीशा और लकी अली से पॉप स्टाइल में गवाकर उसका कैसेट जारी करना, मातादीनजी से उन पोयम्स का संस्कृत अनुवाद कराना—सारे टोटके इस्तेमाल किए जाते हैं। इस सबके परिणामस्वरूप इस हिन्दी दैनिक का स्वरूप ऐसा हो गया कि ''हिन्दी दैनिक गायत्री भी जपता रहा और डिस्को डांस भी। बल्कि इसकी कोशिश तो यह रही कि गायत्री पर ही डिस्को डांस कर दिखाए।''

आखिर ये हिन्दी समाचार-पत्र हैं किस पाठक वर्ग के लिए, इन्हें पढ़ता कौन है। इस पहलू पर भी लेखक अपनी पैनी व्यंग्य शैली में विचार करता है। वस्तुतः हिन्दी के अखबार उन लोगों के लिए हैं, ''अमीर और असरदार लोगों के खबर देने और लेने वाला हमारा यह दैनिक भले ही स्वयं उन लोगों द्वारा न पढ़ा जाता हो, ''उनके नौकरों द्वारा उस गरीब युवा बिरादरी द्वारा खूब पढ़ा जाने लगा'' जो इस वर्ग को एक ईर्ष्यालु दृष्टि से देखती है।' 'हिन्दी में गिरावट' रोकने के लिए सेठ जी अपनी साली के साथ मन्दिर-निर्माण में जोर-शोर से जुट गए और 'संस्कृति में गिरावट' रोकने के लिए दिव्येन्दु जी महाराज के 'दिव्य-लीला' आन्दोलन में प्राणपण से जुट गए।' 'दिव्येन्दु' (कदाचित् सुधांशु की ध्वनि लिए हुए) कल्चर किस प्रकार विदेश के सागर-तट पर भाव-विभोर होकर गाती-बजाती है, इस पर भी मीठी चुटकी ली गई है। शशिबाला का संसदीय प्रतिनिधि मंडल के साथ आस्ट्रेलिया चला जाना, बेबी क्रान्तिबाला का एक तरुण मन्त्री के साथ अज्ञातवास पर जाना, नेकराम का धंधे की तलाश में दुबई जाना, नटवर सिंह व सुधारक जी का केरल जा कर हिन्दी मन्दिर की दक्षिण शाखा के लिए कोई अच्छी जगह की तलाश का प्रस्ताव—सारी स्थितियाँ आधुनिक जीवनपद्धति के यथार्थ को उघाड़ती हुई सोचने को मज़बूर करती हैं। सुलेखा का फीचर सूट करने के लिए केरल पहुँचना और वानप्रस्थ लोगों के लिए विषाग्रा के सदुपयोग की बात—सब इस ढंग से की गई है कि आधुनिक जीवन के विद्रूप पर कहानी एक सटीक व्यंग्य करती हुई एक सशक्त और स्मरणीय रचना बन जाती है। बहुत देर तक पाठकीय चेतना पर बजती रहती है यह कहानी।

तुम चले गए, वाण की तरह। पीछे छूट गया मैं, अग्निशलाकाओं से घिरा, प्रतिपल जलते रहने को शापित।'

....

''कालखंड की उस घड़ी जब तुम एक के बाद एक-दूसरे आकाश को पार करते हुए पता नहीं किस लोक में पहुँच रहे होंगे... मैं यहीं... आकंठ पाशों से आबद्ध, न जीवित, न मृत ही वरन् दोनों के बीच प्रति पल झूलते रहने को अभिशप्त... तुम्हें न बचा पाने की अपनी असमर्थता से भागता हुआ, तुम्हारी हर पहचान मिटाने का प्रयत्न कर रहा हूँ।''

....

''पहले मैं तुम्हारा संरक्षक था, अब तुम मेरे संरक्षक हो, हर पल मुझे शरण दिए रह सकते हो।''

....

''मुझे संपूर्ण प्रकृति में अस्तित्व की अनुभूति हो, सब बच्चों नें तुम्हारी मुस्कान की प्रतीति। सब जीवों में तुम्हारी आकृति देखकर मैं उन्हें करुणा दूं। जीवन शेष... अपूर्णता की वेदना से व्याकुल रहे, साथ ही तुम्हारी स्मृति में इतना स्थिर भी कि तुच्छता अणु से बह-बह जाए, जैसे पहाड़ के ऊपर से धुन्ध।''

गद्य में एक शोकगीति

('वरणांजलि' : गोविन्द मिश्र)

हिन्दी में शोक-गीति की परम्परा अधिक प्रचलन में नहीं है। व्यक्तिगत शोक को काव्य-संवेदना के धरातल पर प्रस्तुत करना एक चुनौतीपूर्ण सृजन है। प्रथम तो इसके लिए उस हादसे से उबरने के लिए एक अन्तराल, समय के मलहम, की जरूरत होती है, जब स्मृतियों के सघन आच्छादन में से निकल प्रियजन, आत्मीय, के विछोह को बर्दाश्त करने की शक्ति, धैर्य धारण करने की शक्ति विकसित हो चुकी होती है। भावनाओं के तरल प्रवेग में तो उस हादसे पर कलम उठाने की हिम्मत ही नहीं हो सकती है। अपनी भावुकता, मानसिक आवेग को किसी प्रकार नियन्त्रित कर सृजन में उतरना और इस प्रक्रिया में पुनः वही जुड़ाव, उन्हीं स्मृतियों को बटोरना एक कठिन सृजन-प्रक्रिया है यह। संसार के दैवी तापों में सर्वाधिक कष्ट कर पुत्र/पुत्री शोक है। हिन्दी में तीन ऐसे महत् प्रयत्न शोक-गीति के रूप में हुए हैं, प्रथम महाकवि 'निराला' की 'सरोज-स्मृति' के रूप में, दूसरा गोविन्द मिश्र की कहानी 'वरणांजलि' में और तीसरा देवेन्द्र की कहानी 'क्षमा करो हे वत्स' के रूप में। 'सरोज स्मृति' तो काव्य में एक क्लासिक ही है। गोविन्द मिश्र और देवेन्द्र की कहानियाँ भी अपनी-अपनी जगह श्रेष्ठ और स्मरणीय हैं। दोनों ने पुत्र-शोक में जो अपनी व्यथा कहानी के शब्दों में दी है, उसकी तुलना करना न मेरा अभीष्ट है और इस प्रकार तुलना करना किसी भी दृष्टि से उचित भी नहीं कहा जा सकता। फिलहाल चर्चा 'वरणांजलि' की।

मैं इस कहानी का प्रशंसक हूँ, इस शोकगीति के कलात्मक रूप पर बार-बार रीझा हूँ। गोविन्द मिश्र जी देर से परिचय में हैं, दिल्ली, बम्बई, अहमदाबाद तथा भोपाल में कई बार उनसे भेंट और आत्मीयता में बातें हुई हैं। उनकी बहुत-सी कहानियों-उपन्यासों पर चर्चा हुई है किन्तु मेरी कभी हिम्मत नहीं पड़ी कि जागतिक धन्धों में भूले या दबे शोक के ज़ख़्म को मैं चर्चा से फिर हरा कर दूँ!! इस रचना में गोविन्द मिश्र अपनी भावुकता के धरातल पर कवि हो उठते हैं, गद्य में कविता का प्रवेश आ जाता है। उनका शोक किसी भी पितृ-हृदय को उद्वेलित कर देता है, इसलिए मैं 'वरणांजलि' को गद्य में एक शोक-गीति कहता हूँ।

'वरणांजलि' उस आधुनिक समय पर भी कटाक्ष करती है जिसमें माँ-बाप अपने बच्चों पर अपनी इच्छाएँ लादकर उन्हें आधुनिक दुनिया में क्या कुछ बनाने की दौड़-धूप कर उन्हें गला-काट प्रतियोगिता में झोंक देते हैं। बच्चे की रुचि, सामर्थ्य और मानसिक रुझान का बिल्कुल ध्यान न कर कुम्भकार के समान उसके कच्चे मन से घड़े को जबर्दस्ती ठोक-पीट पीट-पीट कर अपनी इच्छाओं का रूपाकार देने की चेष्टा में लगे रहते हैं, भले ही इस क्रम में वह कच्चा कुंभ टूट-फूट ही क्यों न जाए।

पुत्र-शोक से आहत कहानीकार जैसे ही शब्दों में अपने को सहेजने का यत्न करता है, वह स्मृति-वन में उतरता चला जाता है, गहरे और गहरे। कभी उसे अजंता की गुफाओं की यात्रा की स्मृति हो आती है, फोटो में बेटे को आगे और अपने को पीछे देखकर लेखक को प्रतीति होती है कि बचपन से ही तुम आगे रहते थे। बच्चों का बोलना, बोलने की बात सुलभ-चपलताएँ सभी पिता देखते हैं। पहले बच्चे का बोलने में अवरोध मानना और जब बोलते हैं तो निर्झर के धारा-प्रवाह प्रवेग के समान किन्तु उसे गोविन्द मिश्र ये शब्द देते हैं, "इधर तुम इतना बोलते थे कि हम झुँझलाते रहते कि कोई दस वर्ष का बालक इतना नहीं बोलता होगा।" फिर लिफ्ट में बच्चे का हर बटन को दबाना, बस में एक सीट से दूसरी और दूसरी से तीसरी पर छलाँग लगाना और बच्चे के सवाल-दर-सवाल और प्रश्न तो तुम्हारे चुकते ही न थे, तुम कुछ न कुछ पूछते ही रहते। तुम्हारी शक्तियाँ सीमित थीं, पर हर पल तुम उनके पार जाने के प्रयत्न में होते थे... पूरा सोते तक नहीं थे।" लेखक ने अपने पुत्र के बचपन का यह रेखांकन कर सारे बच्चों के भरे-पूरे शैशव को चित्रित कर दिया है।

गीति में जो भावों का उद्वेलन और प्रवेश होता है, उसमें दूसरों को डुबोने से जो काव्यात्मक संवेदना होती है, वह यहाँ सहज ही देखी जा सकती है। साहित्यिक हलकों में सब जानते हैं कि गोविन्द मिश्र के किशोर पुत्र का स्वर्गवास तरण-ताल की दुर्घटना में हुआ था। इस दुर्घटना से पूर्व की स्मृतियों में डूबा लेखक ध्यान करता है कि उसके पुत्र ने इतनी सारी यात्राएँ इतनी जल्दी कहीं इसीलिए तो पूरी नहीं कर लीं कि उसे जाने की जल्दी थी। जिस तेज़ी से 'तुमने हिमालय, मरुस्थल और सागर के दर्शन कर लिए, वायुयान में उड़ लिए... पानी के जहाज में यात्रा कर ली।' बैलगाड़ी और ताँगे—सभी में बैठ लिए। ये सब स्मृतियाँ और इनके बीच से दिवंगत पुत्र से भावात्मक संलाप, लगता है कि शोक-गीति—'सम्बोधन गीति' ('ओड') में परिवर्तित होती चली जाती है, "तुम मेरे पथबन्धु बन गए। बेंत की छड़ी लेकर तुम्हारा आगे-आगे चलना, जहाँ गए, वहीं की टोपी सिर पर डालना और वहाँ की मिट्टी से खेलना... तुम्हारी देखादेखी मैं भी यह सब करने लगा।" बच्चे के मिस अपने बचपन का लौटना भी एक अनुभूति ही है। पिता को याद आता है पुत्र के साथ देखा विज्ञान चल-चित्र जिसमें दो हजार पचास में पृथ्वी का क्या रूप होगा, दिखाया गया था। इस चित्र को देखकर प्रश्नों की जो बौछार बच्चे ने की, उसके जाने के बाद, उसकी मेधा का ध्यान और

तीव्रताप से अभिशप्त पिता को आता है।

आज हम बच्चे के पालन-पोषण को लेकर एक ऐसी तीक ('रट') पर चल पड़े हैं जिससे निस्तार का कोई मार्ग नज़र नहीं आता। अस्वाभाविक नहीं लगता विदेश में भी बैठे हुए नयी पीढ़ी के कितने ही नौजवानों से जब यह सुनने को मिलता है, 'बेस्ट टेलेन्ट्स ऑर जनरेली स्कूल ड्रॉप आउट्स।' हम बच्चों को लायक-बहुत बहुत लायक बनाने के लिए महानगरों का रुख कर रहे हैं किन्तु कहानीकार का निश्चित मत है ''बच्चों को पालने, बड़ा करने के लिए किसी महानगर से भयानक और कौन-सा स्थान हो सकता है? तुम्हें आदमी बनाने के लिए मेरे हाथों में सौंपा गया एक साँचा भी था।'' यह बना-बनाया साँचा है क्या—एक यूरोपीय मॉडल, एक इंग्लिश पैट्रन!! बहुत बड़े-बड़े रईसज़ादों ने तो किसी समय इस काम के लिए ब्रिटिश, एंग्लो इंडियन या किसी भी यूरोपीय मूल की मैट्रनूस रखी थीं। पिता की इच्छा थी, ''तुम्हें मैनर्स आना चाहिए, अंग्रेजी बोलना आना चाहिए, जिसका तुम्हारी आयु से कोई अनुपात नहीं बैठे, ऐसी पुस्तकों का भार उठाना आना चाहिए।'' छात्रालय में रहना आना चाहिए, साइकिल चलाना आना चाहिए, घुड़सवारी आनी चाहिए, तैरना आना चाहिए...'' अर्थात् क्या नहीं है, जो नहीं आना चाहिए... तुम्हें अच्छा लगे या नहीं।'' यह है आधुनिक जीवन की विसंगति और विद्रूप कि हम बढ़िया शिक्षा के नाम पर बच्चे के बचपन को मारकर अपनी इच्छाओं-महत्त्वाकांक्षाओं का वाहक रेस का घोड़ा बना देना चाहते हैं (याद की जा सकती है संजीव की कहानी 'ब्लैक-ड्रोल') माँ-बाप ने कभी जानने की चेष्ट नहीं की कि बच्चा इसमें से किसको मन से आत्मसात कर रहा है और कितने बेमन से। बच्चा विवशता में पिता के 'हर प्रयत्न में' अनमना-सा जुड़ा रहा।' उस बच्चे में इस दुनिया छोड़ने के बाद पिता के साहित्यकार मानस को ध्यान आता है कि ''इस बार छात्रालय खुलने से पूर्व तुमने अपने एक मित्र को पत्र में लिखा भी था...'' फिर वही पढ़ाई, बोरियत''—उसे क्यों ध्यान नहीं हो पाया, ''कि तुम जैसा कोई साँचे में बैठने का विरोध भी कर सकता है...।'' किन्तु यह सब तो सब कुछ समाप्त हो जाने के बाद के 'आफ्टर थाट्स' हैं जो निष्प्रयोजन हैं। कितनी बड़ी कचोट एक पिता के विसंगत पुत्र के प्रति हो सकती है कि क्यों उसने उसके बचपन को मार कर अपनी इच्छाओं को इतनी बुरी तरह उस पर लाद दिया था।

गोविन्द मिश्र अब उस हादसे का चित्रण करते हैं, जिसमें उनका पुत्र चला गया। 'तुम्हें तैरना अब भी नहीं आता था किन्तु मैं पिता के दायित्व से पीड़ित था।' इसलिए बच्चे के यह कहने पर भी कि 'पूल' में पानी गहरा है, पिता ने प्रतिकार कर दिया कि किनारे पर अधिक गहरा नहीं है। उस दिन बच्चे के सिर में हल्का-सा दर्द था किन्तु बहन को ताल (पूल) में उतरता देख उसका भी मन हो आया। वह किनारे पर ही था और रबड़ लगाए हुए था, पिता को बहन की चिन्ता तो हो सकती थी कि उसने एक दिन पहले ही तैरना सीखा था... पर हुआ उल्टा!!'' मात्र तीन-चार मिनट!

मैं भीतर कमरे में कपेड़ पहन रहा था कि तुम्हारी बहन दौड़ी हुई आई। बताया कि तुम अचेत हो गए हो।'' आस-पास के लोग जो भी प्राथमिक या अन्तिम उपाय हो सकता था, कर रहे थे। पुत्र को अपने सामने मौत के मुँह में यूँ चले जाना देखते, भौतिक दृष्टि से सब कुछ कर सक पाने की सामर्थ्य से युक्त पिता की कितनी बड़ी बेबसी है कि वह कुछ भी, कुछ भी, न कर पाने की बेबसी लिए हुए निश्चेष्ट-सा खड़ा है, ''तुम संज्ञाहीन थे। मैं तुम्हारी हल्की-सी उहं सुनने को लालायित, लाचार-सा पीछे खड़ा हो गया था। मेरी आर्तध्वनि तुम्हें जगाने के लिए रह-रह उठती थी... तुम मेरी पुकार से दूर होते चले गए... 'वे अब जिसका उपचार कर रहे थे, वह तुम नहीं थे।''

आत्म-ग्लानि में इस भाव की अनुभूति कि कहीं इस मृत्यु में कारक मैं ही हूँ, पिता के लिए कितनी पीड़ादायक स्थिति हो सकती है इसे शब्दों में इस आर्त-क्रन्दन में देखा जा सकता है, ''तुम चले गए, बाण की तरह। पीछे छूट गया मैं, अग्निशलाकाओं से घिरा, प्रतिपल जलते रहने को शापित।'' उसे बार-बार ग्लानि होती है कि क्यों वह अपने पुत्र को एक 'पूर्ण मनुष्य बनाने' की दुर्हठीली चाह में लगा हुआ था। सिर-दर्द होते हुए भी उन्होंने बच्चे को घर क्यों नहीं छोड़ दिया, जब सब लोग अस्पताल ले जाने को रोक रहे थे तो क्यों नहीं उसने अपने अधिकार का प्रयोग कर उन्हें बरजा, ये ही सारे प्रश्न-शंकाएँ और कुछ न कर पाने की लाचारी पिता को खाए-खाए जा रही थी। वह आत्म-प्रतारण की दारुणता को झेलता फूट रहा है, ''मैंने तुम्हें मार डाला... '' मैं बधिक हूँ...बधिक अग्निशलाकाएँ। मुझे जल दो... मुझसे यह अपेक्षा क्योंकि मैं तुम्हारी रक्षा करता, क्या मात्र इसलिए कि मैं तुम्हारे पार्थिक शरीर का जनक था। क्या सचमुच मैं तुम्हारी रक्षा कर सकता था, तब, जबकि देव ही तुम्हारी रक्षा करने को प्रस्तुत नहीं थे?''

तर्पण का जल-दान पुत्र हीं करे तभी श्रेयस्कर लगता है किन्तु यदि पिता को पुत्र का यह जल-तर्पण करना पड़े तो भीषण अभिशाप!! यही दारुण दुख गोविन्द मिश्र को झेलना पड़ा। प्रिय पुत्र की स्मृतियाँ नित्य की वस्तुएँ के संसर्ग में आकर उन्हें घेरें न, इसीलिए उसकी सब वस्तुएँ—वस्त्र, पुस्तकें, बस्ता, खेल-कूद का सामान, आदि अनाथालय को दे दी गई। स्मृति-चित्र छिपा दिए 'ताकि स्मृति-दंश न बींधे।' दस गात्र और प्रेतयोनि विमुक्ति के साधन मनुष्य ने अपनी सुरक्षा के लिए ईज़ाद किए हैं, ''इन दिनों सूतक को शरीर को चिपकाए हुए जैसे मैं केवल दूर करने में लगा हुआ था—स्वयं से, इस लोक से दूर—तुम चले जाओ... हम मर्त्यलोकवासी यहाँ अपने-आपको इसी तरह सुरक्षित रखा करते हैं।''

जानेवाला चला जाता है किन्तु जिन्हें रोने-कलपने और इस शोक को झेलने के लिए छोड़ जाता है, उनकी हालत न जिंदा रहने की है, न मरने की। ऐसे असमय प्रयाण पर माँ-बाप की दशा सर्वाधिक शोचनीय हो उठती है। उनका जीवन प्रति-पल जिस व्यथा को ढोता है, उसकी थाह पाना कठिन ही है। गोविन्द मिश्र अपनी इसी

दशा को शब्द देते हैं, "तुम चले गए होंगे न जाने किन लोकों में" मैं यहीं... आकंठ पाशों से आबद्ध, न जीवित, न मृत ही वरन् दोनों के बीच प्रतिपल झूलते रहने को अभिशप्त... तुम्हें न बचा पाने की अपनी असमर्थता से भागता हुआ तुमहारी हर पहचान मिटाने का प्रयत्न कर रहा हूँ। न तुम होंगे, न मुझे अपनी अशक्तता का आभास ही होगा।"

व्यक्ति को अपने कर्मक्षेत्र में कोल्हू के बैल की तरह जुतना पड़ता ही है, कभी-कभी गहरे गम को भूलकर बेबसी-सी हँसी भी हँसने का प्रयत्न करते हैं जिसे लेखक ने 'कभी-कभी चहचहान अपने फेफड़ों में भरने का प्रयत्न' कह कर अपने मनोभाव को बड़ी सटीक अभिव्यक्ति दी है। जागतिक क्रिया-कलापों से उचटता मन जब कभी इधर-उधर होता है, झट अपने प्रिय आत्मीय का ध्यान हो आता है, 'सचेतन की पकड़ तनिक शिथिल हुई नहीं कि भीतर कुछ बहने लगता है... लगातार रिसता कोई घाव! कभी-कभी उठने-बैठने, बोलने हँसते हुए ही भीतर शून्य में एक भँवर आकार ग्रहण करती है, अक्रम ही एक निःश्वास बाहर आता है—हे राम! हम फिर वही पिटे-पिटे से निकल आते हैं... जैसे धूल बुरक-बुरक कर खूब पीटा गया हो।" नहीं लगता कि इस मनःस्थिति को इनसे अधिक मार्मिक शब्दों में अभिव्यक्ति दी जा सकती है। हृदय की बेबसी और जीवन की निस्सारता शब्द-प्रति-शब्द में अभिव्यक्त हो रही है।

जो परिजन पीछे छूट जाते हैं उनकी स्थिति न जीने में रह जाती है और न मरने में—यह जीवित ही मृत की स्थिति और बेबसी है। यहाँ भी बहन एकदम बड़ी हो जाती है, जैसे उसका बचपन बीत गया, माँ में एक असाध्य रोग प्रवेश कर गया "और मैं (लेखक)... अवस्था से पूर्व ही जरा में उतर' जाता है। वस्तुतः 'बाहर से तुम्हारे जाने का दुःख दिखता है वह सचमुच अपने यहाँ रहने का दुःख है।' उसे दशरथ का ध्यान आता है जिन्होंने पुत्र-शोक में प्राण त्याग दिए थे, उसे क्षोभ है कि वह इच्छानुसार शरीर भी नहीं त्याग सकता है। उसे लगता है कि 'तृष्णाओं की सम्राज्ञी—जीवितेष्णा का दास' है।

ये लोग—गोविन्द मिश्र सपरिवार—बाहर जा रहे हैं जिनसे मन बदल जाए, मानों वे उस हवा से कटना चाहते हों जिसमें उसकी स्मृतियाँ रची-बसी हैं। वे उन स्थानों पर जाते हैं, उन स्टेशनों पर जाते हैं, जहाँ बच्चे के साथ गए थे पर वहाँ जाकर भी वे उसी की स्मृतियों के वन में उतरते चले जाते हैं। प्रिय के चले जाने पर उसकी स्मृतियाँ रात-दिन घेरे रहती हैं। इसलिए विभिन्न रूपों में हमें वह स्वप्न में भी दिखाई देता है। मानव-मन की बड़ी स्वाभाविक स्थिति है यह!! तभी गोविन्द मिश्र को भी अपना बेटा एक दिव्य मूर्ति-सा स्वप्न में दिखाई देता है—"तुम्हारा उन्नत मस्तक, कपाल... शरीर के अनुपात से विशाल, केश पर उछले दो भौंरे, अजंता की मूर्तियों पर आलिखित जैसे तुम्हारे दीर्घ विस्फारित चक्षु, छोटे बुद्ध जैसे बड़े कान, तुम्हारी

कृशकाया के स्थान पर स्वच्छ, सुन्दर एवं पुष्ट शरीर, तापों से परे, दिव्यलोक से प्रदीप्त...।'' इस दिव्य रूपधारी पुत्र से स्वप्न-सा आत्मीय संलाप, पिता को बराबर आगे चलने का संकेत—सब कुछ कहानीकार की मनःस्थिति को रूपायित करते हैं।

प्रिय के चले जाने पर शोक विह्वल अवस्था में उसके हर जगह उपस्थित होने की प्रतीति स्मृतियों के द्वारा ही होती है। इसीलिए गोविन्द मिश्र को अपने पुत्र की बाल-क्रीड़ाएँ, लीलाएँ भुलाए नहीं भूलतीं। सृष्टि के सारे क्रिया-कलाप में उसका सहकार अनुभव कर मिश्र जी बार-बार उसके ध्यान में डूबते हैं, ''तुम आस-पास नहीं हो पर... अनन्त आकाश में तुम, उमड़ते बादलों में तुम, वायु के झोकों में घुल-मिले तुम, सागर की जल-राशि में तुम... इतने बड़े थे तुम, जबकि मैं तुम्हें मात्र तीन फुट का एक शरीर आँकता रहा?'' ऐसा लगता है कि प्रत्येक समय इन स्मृतियों के संरक्षण में रहता पिता जो कभी पुत्र का संरक्षक था आज उसे अपना 'संरक्षक' पाता है।

लोग अपने प्रियजन को पुनः इसी जन्म में या अगले जन्म में किसी न किसी रूप में पाने की कामना प्रायः ही करते हैं। किन्तु गोविन्द मिश्र ऐसा कहने की हिम्मत भी नहीं जुटा पा रहे हैं, क्योंकि उन्हें लगता है कि 'कष्ट के अतिरिक्त हमने तुम्हें दिया ही क्या—जो तुम फिर आओगे।'' उन्हें लगता है कि उसके जाने में उनके भीतर का ईश्वर ही निकल कर चला गया है। इसलिए वे कामना करते हैं कि 'तुम मेरी आत्मा में प्रवेश कर जाओ' जिससे मुझसे कुछ श्रेष्ठ करा सको।'' तुम अपनी आत्मा की प्रतिच्छाया मेरी जीवात्मा पर छोड़ जाओ' जिससे ''मुझे सम्पूर्ण प्रकृति में तुम्हारे अस्तित्व की अनुभूति हो, सब बच्चों में तुम्हारी मुस्कान की प्रतीति। सब जीवों में तुम्हारी आकृति देखकर मैं उन्हें करुणा दूँ। जीवन शेष... अपूर्णता की वेदना से व्याकुल रहे, साथ ही तुम्हारी स्मृति में इतना स्थिर भी कि तुच्छता ऊपर से बह-बह जाए, जैसे पहाड़ के ऊपर से धुन्ध!!'' वह अपनी प्रत्येक श्वास को पुत्र की आत्मा से संपर्क से संसार के लिए अर्थपूर्ण बना लेना चाहता है। व्यक्तिगत शोक, अपूरणीय क्षति, का यह उदात्तीकरण शब्द-साधना के द्वारा ही सम्भव हुआ है। पुत्र के प्रति वह शोक गीति, यह शोक-सम्बोधन ('ओड') गद्य में जिस काव्यात्मक संवेदन और तरलता से सम्भव हुई है वह अपने पाठक को भिगोती भी है, भावनाओं का उदात्तीकरण भी करती है और हिन्दी में अपनी प्रकार की ही गद्य-रचना होने की प्रतीति भी देती है।

''यह तुम हो? मेरी मानो तो बन्द कर दो ग्रेवाल के यहाँ आना-जाना, उठाकर फेंक दो इस टी. वी. को जो हमें बेवकूफ घोषित करता है, डाही बनाता है, चूतिया बना कर चोरी करने को उकसाता है।''

....

''...कईयों को मैंने चुपके से इस रेस में शामिल होते देखा है, कई जो खुद रामनामी ओढ़े बैठे हैं, उनकी बेटे-बेटियाँ सब कर रहे हैं। ऐंड दे आर सपोर्टिंग देयर एवरी राइट ऐंड रांग! क्या गलत है, क्या सही है, इसका फैसला कौन करेगा? नथिंग सकसीड्स लाइक सक्सेस, ऐंड नथिंग फेल्स लाइक फेल्योर।''

....

''वह तुम्हारा आकाश छीनता रहा और तुम इसे सुरक्षा मानती रहीं। क्रान्तिकारी तेवर तुम्हारा, मगर इसे कैश किया किसने? समर्पिता हुईं तुम, मगर रंग निखरा किसका? अखबार में छप रही उसकी जीवनी को तुमने नहीं देखा, कुलीन ब्राह्मण होकर भी शीतल जी ने एक दलित और बेसहारा कन्या से विवाह कर उसका उद्धार किया। दो नदियाँ मिलकर एक नहीं होतीं पल्लवी, एक नदी दूसरी का नाम तक सोख लेती है।''

उपभोक्तावाद और बाज़ारीकरण के खिलाफ़ खड़ी ये कहानियाँ

('संजीव की कहानियाँ' : संजीव)

"सच समझना बड़ा दुष्कर है, बोलना और दुष्कर और सच को झेलना सबसे दुष्कर।" संजीव के ये शब्द उनके प्रथम कहानी-संग्रह 'तीस साल का सफरनामा' (1981 ई.) की भूमिका में उनकी कहानी-यात्रा का प्रस्थान-बिन्दु निर्दिष्ट करते हैं। सबसे पहले 'सारिका' की सर्वभाषा कहानी-प्रतियोगिता में प्रथम पुरस्कार से पुरस्कृत अपनी 'अपराध' कहानी से संजीव के कहानीकार ने हिन्दी पाठक का ध्यान अपनी ओर खींचा था। नक्सलवादी आन्दोलन की पृष्ठभूमि में समाज में घर कर गई अपराध-वृत्ति के मारक दुष्चक्र में फँसी सारी-की-सारी व्यवस्था की बखिया उधेड़ती एक तीव्र वैचारिक ऊहा-पोह लिए हुए यह कहानी बहुत देर तक कथा-नायक, शचिन की झूलती लाश की तरह पाठकीय चेतना पर छाई रहती हैं। एक किस्म की दहशत (हॉरर) कहानी में तारी रहती है। तभी से निरन्तर बेहतर कहानियाँ देते हुए संजीव समकालीन कहानी के एक महत्त्वपूर्ण नाम हैं और अपनी कहानी के इसी तेवर को और धारदार रूप देते हुए वे अपने सातवें कथा-संग्रह 'ब्लैक होल' (1997) के साथ उपस्थित है। उनकी 'तिरबैनी का तड़बन्ना' (हंस) बहुत देर तक चर्चा में रही कहानी है। संजीव हमारे उन चन्द समकालीन कथाकारों में अग्रणी स्थान रखते हैं जो रचना में विचार का संगुफन अत्यन्त कुशलता, कीमियांगीरी के साथ करते हैं, जिनकी कहानी को पढ़कर पाठक को एक वैचारिक सम्पन्नता तो मिलती ही है, यह प्रतीति भी बनी रहती है कि उसने कहानी पढ़ी है। कहानी में कितनी गहरी वैचारिक लड़ाई लड़ी जा सकती है, घटनाओं एवं पात्रों के मिस अपने समय में किस प्रकार हस्तक्षेप किया जा सकता है—ये कहानियाँ इस सबका साक्ष्य बनती हैं। इस रूप में 'ब्लैक होल' में कहानियाँ कहानी की बदली हुई 'संवेद्यता' (सेन्सिबिलिटी) का परिचय देती हुई कहानी का एक नया 'फॉर्म' पेश करती हैं।

आज साहित्य की प्रत्येक विधा में सार्थक लेखन, मीनिंगफुल लेखन, अपने समय में सार्थक ढंग-से हस्तक्षेप कर मौजूदा हालात में परिवर्तन लाने का उपक्रम करता है। देश और समाज में प्रत्येक स्तर पर व्याप्त भ्रष्टाचार-कदाचार का प्रदूषण जिस रूप में सुरसा-सा मुँह फैलाए जा रहा है, इन सर्वग्रासी स्थितियों के प्रति तीव्र प्रतिक्रिया प्रकट कर उन्हें बदल डालने की स्थितियाँ रचना में पैदा करता आज हर सार्थक कलम का उद्‌देश्य है। यही संजीव की कहानियों का 'सच को समझना, बोलना और दुष्कर रूप में झेलना' है। 'ब्लैक होल' की कहानियाँ उनकी इस प्रतिबद्धता पर खरी उतरती हैं।

प्रेमचंद ने जिस समय कहा था कि "मेरी सोद्‌देश्यता के कोई प्रचार, कोरा प्रचार, कहे तो मुझे कोई एतराज़ नहीं क्योंकि आज का साहित्य सिर्फ प्रचार ही हो सकता है', आंज उस समय से अकि प्रेमचंद के (कथा) वंशजों की यह बहुत बड़ी ज़रूरत है कि उसकी कथा-रचना के सरोकार मौजूदा हालत को बदलने की पेशकश कर एक नयी व्यवस्था को जन्म देने में सहायक बन सकें। इसलिए आज रचना में एक वैचारिकता, दृष्टि, नितांत आवश्यक है। संजीव की कहानियाँ सदैव इस कसौटी पर खरी उतरी हैं। 'ब्लैक होल' तक आते-आते एक बात बहुत साफ़ तरीके से उभरकर आती है कि उनकी कहानियों का फलक, अनुभव जगत, बहुत व्यापक है, उसमें एक अभूतपूर्व विस्तृति है। 'धार' (1990), और उससे पहले 'सावधान नीचे आग है' (1986) जैसे अपने उपन्यासों और अनेक कहानियों के द्वारा यह सहज ही स्पष्ट है कि खदान क्षेत्र, कोयला क्षेत्र ('कोलियरी') का अनुभव-क्षेत्र हिन्दी कथा के लिए एक बिलकुल नई ज़मीन ले कर आता है। संजीव इस क्षेत्र के अनुभवों पर बहुत प्रामाणिक रूप में और पूरी ताज़गी से लिखते हैं। ये कहानियाँ औद्योगिक प्रतिष्ठानों पर लिखी गयी अन्य हिन्दी कहानियों से बिल्कुल अलग हैं, क्योंकि यहाँ का वातावरण, व्यवस्था और मज़दूरों की समस्याएँ, विभिन्न ट्रेड यूनियनों की राजनीति, आदि की समस्याएँ बिल्कुल ही अलग हैं। इन कहानियों का एक और, विशिष्ट कोण उन्हें आकर्षण प्रदान करता है, वह है इनके कथा-नायकों की स्थितियों के पार जाने की निर्णय-क्षमता!! ये पात्र प्रदत्त स्थितियों के प्रति विद्रोह कर मौजूदा व्यवस्था को पूरी तरह बदलने के लिए अपनी जुझारू मुद्रा में उठ खड़े होते हैं।

इन कहानियों का बौद्धिक वितान इतना पेचीदा है किन्तु फिर भी कहानी की संवेदनशीलता पर कोई प्रभाव नहीं पड़ता। कहानी अपनी प्रकृति के अनुरूप पूरी तरह पठनीय बनी रहती है। इन कहानियों को पढ़कर ही जाना जा सकता है कि इतने गहन-गम्भीर मुश्किल विषयों को भी कहानी की वैचारिकता का अंग बनाया जा सकता है। हमारे सांस्कृतिक मूल्यों का तेजी से क्षरण और लोप, जीवन में 'तेजी से झरते हुए मूल्यवान' मुहूर्त्तों की शवयात्रा', भौतिकता के पीछे बेतहाशा दौड़ने और इस दौड़ में मुँह के बट गिरने की अभिशप्त नियति, राष्ट्रीयकरण और निजीकरण की पेचीदगियाँ,

पैसे की अन्धी दौड़ में मनुष्य का उपयोगितावाद और उपभोक्तावाद का मुहरा-भर बन कर रह जाना, घर और परिवार के रिश्तों और माहौल का एक बाजार में तब्दील हो जाना, संसार के नैतिक पतन का एक 'काउंट डाउन' प्रौधोगिकी के तीव्र विकास का परिणाम, जैसे पेचीदा मसलों को कहानी का विषय बनाना एक बहुत चुनौतीपूर्ण कार्य का जिसे संजीव अपनी कहानियों, विशेषतः 'ब्लैक होल', 'कन्फेशन', 'नस्ल' तथा 'काउंट डाउन' में बहुत कुशलता से निभाते हैं।

सारा मध्यवर्ग आज भौतिकता की जिस दौड़ में पड़कर एक विशिष्ट वर्ग में छलाँग लगाने की ज़द्दोजहद में पड़ा हुआ है, 'ब्लैक होल' की पत्नी अलका जी उसे प्रतिकीकृत करती है। यूँ मध्य वर्ग काफी समय से अपने को 'उच्च' (?) बनाने के सपनों को पूरा करने में लगा हुआ है किन्तु पिछले 10-5 वर्षों में इस बेतहाशा दौड़ में पागल बन कर शामिल होने की जो 'हवस' सवार हुई है वह समाज में चिन्तनीय दशाएँ बना रही हैं। आखिर चालीस की उम्र तक भी तो यही परिवार, अपनी सीमित आय में एक सन्तोष की जिन्दगी जी रहा था किन्तु अब उम्र के चालीसवें पर पहुँचकर उन्हें बोध होता है कि जिन्दगी काफी कुछ बदल चुकी है, और वे जिन्दगी की इस दौड़ में बहुत पिछड़ गई हैं। अब "जमाना 'फास्ट फूड', 'फास्ट लाइफ' और 'यूज़ ऐंड थ्रो' का आ गया था" और उन्हें लगने लगा था कि इस जीवन से 'सुर-ताल', संगति बिठाने के लिए न केवल तेज चलना होगा बल्कि 'तेज़', 'और तेज' दौड़ता होगा, बिना यह सोचे-समझे कि अपनी कूवत से ज़्यादा तेज दौड़ने पर आदमी मुँह के बट गिर भी सकता है। पति परमेश्वर प्रसाद परेशान हैं कि महीने की पच्चीस तारीख़ में उनके पास 'जेब में कुल पचास रुपए नब्बे पैसे बचे हैं' और पत्नी है कि घर में साबुन की टिकिया के होते हुए भी सर्फ खरीदने के लिए पैसे माँग रही है। उसे शिकायत है कि पड़ोसन मिसेज़ ग्रेवाल के यहाँ वाशिंग मशीन, कलर्ड टी. वी., वी. सी. आर., फ्रिज, 'एक से एक कुकिंग डिवाइसेज़, कूलर, गीज़र, बैकुअम क्लीनर—क्या नहीं है?' पति परमेश्वर प्रसाद सीधा-सादा, सच्चा आदमी है, वह उसे इस होड़ा-होड़ी की जिन्दगी से हटाना चाहता है, "...बन्द कर दो ग्रेवाल के यहाँ आना-जाना, उठाकर फेंक दो इस टी. वी. को जो हमें बेवकूफ घोषित करता है, डाही बनाता है, चूतिया बना कर चोरी करने को उकसाता है।" किन्तु ये सब तो शुरुआती बातें थीं। अब तो मिसेज़ परमेश्वर प्रसाद—नो-नो मिसेज़ 'पी. पी.' ने घर की कमान खुद सँभाल ली है और वे अपने बेटे अंकु को अपनी 'रेस का घोड़ा' बना लेती हैं, अपनी इच्छाओं को उस पर लाद-लाद कर, चीयर ॲप माय सन' से चलकर सिर्फ़ 'अप! अप!!' कहतीं और अपनी आवाज़ की 'चाबुक सटकारती', 'तेज़, तेज़, और तेज़! ऊपर, ऊपर और ऊपर', कहती उसे हमेशा बेतहाशा दौड़ाए रखती है, भले ही वह फेन गिराकर वहीं ढेर क्यों न हो जाए। यद्यपि वे अपने पति परमेश्वर प्रसाद का परिसंस्कार 'पी. पी.' के अधुनातन रूप में कर चुकी हैं किन्तु उन्हें यह भी अभी नाकाफ़ी ही लगता है, इसलिए वे ठान लेती है

"नो मोर पी. पी. इन दिस फेमिली।" स्वयं का परिसंस्कार भी 'माँ से मम्मी, मम्मी से मॉम या ममा' के रूप में उन्होंने कर लिया है। बेटे अंकु का भी परिसंस्कार कर उसे 'अंक' बना दिया गया है। वह अंकु (अंक) को अर्जुन के समान चिड़िया की 'आँख' का लक्ष्य ही देती हैं किन्तु पिता पी. पी. एक सामान्य आदमी ही बना रहना चाहते हैं, उन्हें उस व्यवस्था से चिढ़ है जो चक्र में नाच रही है और 'जिसका कोई माई-बाप नहीं है।' अलका बेटे के स्वाभाविक विकास-क्रम को बाधित करती है तो पिता को चिन्ता है "इस लड़के में जो कुछ भी रहा-सहा है, उसे तुम भोथरा बना डालोगी।" किन्तु बच्चे के पिछड़ने में, 'संट थामस' स्कूल में प्रवेश न मिलने में वह पी. पी. के गाब्दूपन को ही दोषी मानती है जिसके पास न 'कैपिटेशन फी थी, न डोनेशंस थे।" वह यहाँ तक वह डालती है 'ए डल फादर कैन प्रोड्यूश ओनली ए डल बेबी।' वह पड़ोसियों की होड़ में पागल हुए जा रही है, उसे गम है कि मिस्टर मेहरोत्रा की क्वालिफिकेशन उसके पति से कम हैं किन्तु 'आज वे पार्ट टाइम बिजनेस के बूते करोड़पति हैं।' पति उसे समझाने की भरसक चेष्ट करता है, "यह सिस्टम ऐसा है कि एक ओर तुम्हें ललचाने, भरमाने के लिए उसकी हजार बाहें फैली हुई हैं, दूसरी ओर यह गलाकाटू होड़। ओनर्स प्राइड एंड नेबर्स एन्वि वाला जहर इंजेक्ट करता हुआ हमारी नसों में। जैसे एक टुकड़ा ऊपर झुलाता हुआ हम सबों को निरन्तर कुत्तों में तब्दील करता जा रहा है। तुम्हें कोई लगातार हाँक रहा है—अप! अप!! दौड़ते-दौड़ते मुँह में झाग भर गया है, फिर भी दोड़ो और, और तेज दौड़ो वरना तुम पिछड़ जाओ। इस दौड़ में गिरे कि दूसरों की टापों से कुचल कर मर जाओगे।" कहानी की स्थितियों के बीच बुना गया यह विमर्श कहानी को बहुत गहराई और विस्तार देता है। पति परेशान है कि उसकी पत्नी ज़िन्दगी को 'किस रेसकोर्स में तब्दील करने जा रही है; उस पर कौन-से 'दुर्दंत सामंत का प्रेत सवार है।' इस प्रेत के सवार होने से पत्नी अलका घर-परिवार से सीधे बाज़ार में पहुँच जाती है। वह जीवन में केवल 'सर्वोत्तम' ('दो बैस्ट) पर जाकर ही रुकना चाहती है, बिना यह सोचे-समझे कि सर्वोत्तम के 'तम' का एक अर्थ 'अन्धकार' भी है। कहानी उसी गहन 'तम' अन्धकार को प्रतीकीकृत करती है जिसमें उपभोक्तावाद के चलते सारी दुनिया डूबती चली जा रही है। इस सबका हश्र वही होता है जो अंकु के अन्त में है, अलकाजी के पूरी तरह लुट-पिट जाने में है। कहानी वस्तुतः जीवन के श्रेष्ठ के विलुप्त हो जाने की, 'तेजी से झरते हुए मूल्यवान मुहूर्त्तों की शवयात्रा", पीड़ादायक शवयात्रा! "निःशब्द रोए जा रहे पी. पी. और अलकाजी की नंगी चीख के बीच पड़ा 'अंक' पाठकीय चेतना पर गहरी दस्तक देता है। जीवन के इस चाक-चिक्य को सर्वोत्तम प्राप्य मानकर इसके पीछे दौड़नेवाली मनोवृत्ति को कहानी पूरी तरह नकारती है।

'संजीव की 'नकल' कहानी का कथ्य भी इसी समस्या पर आधारित है जिसमें एक अलग कोण से पूँजीवाद के ज़हर को पहचानने की पुरजोर कोशिश की गई है।

जो त्रासद अन्त 'ब्लैकहोल' के अंकु का था, वहीं 'नस्ल' के संजू का होता है। अंकु और संजू दोनों के परिवार भारतीय समाज की उस संक्रमणशील स्थिति को चित्रित करते हैं जिसमें पड़कर मध्यवर्ग एक बहुत ऊँची छलाँग लगाने की कोशिश में है। इस प्राप्ति में भौतिक दृष्टि से वह भले ही कितना कुछ पा रहा हो किन्तु मूल्य-दृष्टि और सम्बन्धों की आत्मीयता की दृष्टि से वह बहुत रीत और छीज रहा है। 'नस्ल' का संजू संग्रामपुर कोलियरी के ओवरमैन जमनालाल का बेटा है। वह आई. आई. टी. में प्रवेश पा जाता है। प्रवेश पाते ही 'संजू', 'संजू' से 'संजय कुमार' और फिर 'कुमार संजय' के रूप में रूपान्तरित होता है। उसके एम. बी. ए. होते ही उसे दामाद के रूप में हथियाने के लिए कंपनी के बड़े बाबू से लेकर एरिया मैनेजर, डायरेक्टर और मन्त्री तक शामिल हो जाते हैं। उधर जमनालाल के साथी उसे यह वस्तुस्थिति समझाते रह जाते हैं कि इनमें से कोई गिद्ध उसे ले उड़ेगा और "हम तुम इसी दलदल में धँसे रह जायेंगे।" सब 'तब के संजू और आज के कुमार में कितना फर्क आ गया है' की चर्चा में उलझकर रह जाते हैं। कुमार संजय उन्नति के सोपान पर सोपान चढ़े चले जाता है किन्तु इस उत्कर्ष के साथ ही वह अपने आत्मीयों, रिश्तों-नातों से निरन्तर कटता चला जाता है। पिता उसे लाख समझाने की चेष्टा करते हैं कि अपनों से मिलकर आत्मीय भाव रखना चाहिए किन्तु सारे तर्क संजय के लिए बेमानी हो जाते हैं। जमनालाल अपने लोगों की मेहनत, लगन व निष्ठा की तारीफ़ करता है, बेटे का उत्तर यह है, "मेहनत करने भर से अगर किसी की दशा सुधरती होती तो रिक्शेवाले, भोटिया-मज़दूर या पत्थर तोड़ने वाले दुनिया के सबसे अमीर आदमी होते, मगर क्या है? ईमानदारी से ही प्रतिष्ठा मिलती होती तो ईमानदार ही देश-दुनिया के टॉप पर होते।" वह अपने इन मेहनतकश रिश्तेदारों को हज़ार दो हज़ार देकर चाय की गुमटी जैसा कोई काम-भर शुरू कराने की बात कहता है। जमनालाल औद्योगीकरण की इस असलियत से वाकिफ हैं कि जगदीशपुर जैसी जगहों में जब उद्योग लगते हैं तो 'स्थानीय लोगों को रोजगार नहीं मिला। हद से हद उन्हें चाय-पान की गुमटियों से संतोष करना था।' जमनालाल अवाक् रह जाते हैं जब संजय अपनी बहनों को अपने पाँवों पर खड़े होने के लिए 'स्टेनो, क्लर्की या मॉडलिंग' जैसे कामों की तजवीज़ करता है। अपनी बेटियों के लिए उनके भाई संजय से मॉडलिंग की बात उन्हें गाली जैसी लगती है। वह अपने कस्बे में लौटना नहीं चाहता अपितु माँ-बाप को यहीं बुलाकर उन्हें अलग एक कॉटेज में रखना चाहता है। फ़ोन उठाकर वह मिस्टर अंसल से एक काटेज बुक कराना चाहता है, "हाँ-हाँ... फोर रूम्स, रिटायर्ड पेरेंट्स के लिए। लॉन और 'पांड' तो हो ही, नहीं...? ऊं.. नो नो बाढ़ -बाढ़ का सिर दर्द क्यों लेना? पहाड़?... फ़ोन पर हाथ रखकर उसने पूछा, "पापा पहाड़ भी चाहिए?" जमनालाल भौंचक रह जाते हैं, 'उन्होंने महसूस किया कि उसे चीजों को उनके करीब जाकर पकड़ने की ज़रूरत नहीं होती, चीजें खुद-ब-खुद चलकर उसके कदमों के नीचे आ

जाती हैं। धरती, हवा, जल, सूर्य, मौसम, दूरियाँ, काल सब उसके गुलाम थे। वह धीरे-धीरे ऐसी दुनिया में जा रहा था जो सितारों के ऊपर थी।' जमनालाल बेटे को काटेज लेने के लिए मनाकर लौट आते हैं। लौटते हुए उन्हें लग रहा था "मानो वह अपने बेटे से मिलकर नहीं, किसी प्रबंधन मीटिंग से लौट रहे हों। मीटिंग, जो बीच में ही भंग हो गई थी।" कहानी यहाँ से बाज़ारबाद के दुष्परिणामों को लेकर गहरी चिन्ता में डूबती है। इन मल्टीनेशनल कंपनियों के चलते देशी बाजार का भट्‌ठा बैठ गया है। 'दलाल' जो कभी 'अवहेलनापूर्ण शब्द था, अब सामान्य हो गया है ग्लोबल कंपनियों के 'टॉप एक्जिक्यूटिव 'ग्लोबल दलाल' ही तो हैं। जमनालाल का तर्क 'संजू, तुम ग्लोबल के टॉप एक्जिक्यूटिव ही नहीं, हमारे बेटे भी हो।" और "इस देश के हमारे जैसे बाप-माँ उम्मीद करते ही हैं, खासकर तब जब वह समर्थ हों, कि उसके सपने को वह पूरा करेगा। मेरा गाँव, मेरा कस्बा, मेरे सपने, मेरे आदर्श आज कहाँ हैं, किस हाल में हैं, कभी सोचा है तुमने?" ये टॉप मैनेजमेंट के लोग जिस गला-काट प्रतियोगिता में लगे हुए हैं, उनमें भी यदि कोई किसी से तेज़ मिल जाता है—तो पहले से प्रतिष्ठित को 'आब्स्लीट' तकनीक की तरह कंपनी से बाहर निकाल दिया जाता है। कुमार संजय के साथ भी ऐसा ही होता है। 'ग्लोबल कंपनी' जिसमें संजय था, उसे निकाल बाहर किया, "ये जो व्यापारिक संस्थाएँ हैं, उनकी अन्दर की दुनिया में जबर्दस्त होड, जोड-तोड़, लंगीवाजी और उखाड़-पछाड़ मची है।" इसी के चलते संजय पर दोष मढ़कर उसे निकाल दिया जाता है। संजय इस मानसिक आघात को झेल नहीं पाता है, हाइपरटेंशन और नर्वस डिसआर्डर के कारण उसे नर्सिंग होम में दाखिल होना पड़ता है। संजय के वही रिश्तेदार जो उसकी "विजय की शोभा यात्रा में कभी अनाहूत, अनामन्त्रित, अवांछित तत्त्व से शामिल थे और इनमें से कई आज संजू के सुरक्षा कवच से बार-बार दुरदुराए जा चुके थे"—सब अपने-अपने खर्च पर अपने संजू के पास आए थे। उसकी ख़ैर-खबर लेने!! स्थितियों का कैसा विरोधाभास—जो कभी अपने नहीं माने गए, अपनों के रूप में जिन्हें संजू का तनिक सा भी प्रेम और आत्मीयता न मिली, आज वे ही संजू के लिए कलप रहे थे। जमनालाल आज सब कुछ खोकर ठगे-से रह गए थे। आज उन्हें एहसास हुआ कि किस प्रकार पूँजीवाद प्रतिभा को खरीदकर उसका कैसा दुरुपयोग, कितना गलत इस्तेमाल कर रहा है, इसका तीव्र अहसास इन शब्दों में अभिव्यक्ति पाता है, "जो प्रतिभा परिवार समाज, देश, जाति या दुनिया को अँधेरों से निजात दिलाने या बेहतर बनाने में लग कर धन्य होती, वह एक-दो बनियों का कारोबार फैलाने में जुत गई...।" इस प्रकार यह कहानी अपने समय की दारुण स्थितियों का सशक्त अंकन कर सकी है। आज हम प्रौद्योगिकी, ज्ञान-विज्ञान, सॉफ्टवेयर के अनेक क्षेत्रों में अपने को न जाने कितना सम्मुन्नत मानते हैं। इक्कीसवीं सदी में पहुँच गया मनुष्य अपने को कैसे-कैसे सूचना-संसार से लैस पाता है किन्तु कभी उसकी पोंगापन्थी सोच सातवीं शती ई. पू. की ही नज़र आती है। उत्तर

आधुनिक और पूर्ण प्राचीन की एक असमंजसपूर्ण स्थिति से हमारा समाज गुजर रहा है। बेटा अमेरिका के स्पेस-प्रोग्राम में चुना जाकर मंगल ग्रह की यात्रा पर जा रहा है। स्पेश शटल में बैठकर वह अपने माँ-बाप से बात करता है। जब वह अपने सहकर्मी पाटिल और पड़ौसी वर्मा अंकल के विषय में पूछता है तो ज्ञात होता है कि पाटिल इस स्पेस कार्यक्रम के खिलाफ़ आन्दोलन पर है और वर्मा अंकल उससे ईर्ष्या करते हुए तान्त्रिक से अनुष्ठान करा रहे हैं लेकिन माँ उसे आश्वस्त करती है "डरने की कोई बात नहीं बेटा। वो डाल-डाल हम पात-पात! हमने भी अखंड मानस पाठ शुरू कर दिया है और इन्द्र, अग्नि, यम और मरुत का...।" बेटा उत्तर देता है कि मम्मी तू भोली है, "मरुत तो थककर कब के बैठ गए हैं।' वह उसके ऑक्सीजन मास्क और फेटोसिंथेटिक प्लांट में भी मरुत की ही स्थिति मानती है और उससे नास्तिक न बनने की बात कहती है। इस अभियान के नियंता डॉ. वर्धन जब उसे "विश यू बेस्ट ऑफ लक!" कहते हैं प्रकाश को आश्चर्य होता है कि इतने बड़े वैज्ञानिक अभियान के नियंता डॉ. वर्धन भी संस्कारवश 'लक' के विश्वासी हो उठे। प्रकाश को लगता है कि यदि सब कुछ 'लक' द्वारा ही निर्धारित होना है तो बारूद की खोज करनेवाले चीनी लोग, डाइनामाइट के खोजी नोबेल साहब, मिसाइलों के खोजी टीपू सुलतान के सिपाही, ग्रहों की गति और दूरबीन के खोजी विषयादी गैलेलियों—इन सबका अवदान मानवीय सभ्यता के लिए क्या अर्थ रखता है, यदि सब कुछ भाग्य-भरोसे ही चलना है।

प्रस्तुत कहानी विज्ञान, प्रौद्योगिकी और स्पेस-साइंस के और कई-कई सवालों पर ग़ौर करती है। आज के यान्त्रिक युग की स्थिति यह है कि यह स्पष्ट नहीं हो पा रहा है कि "यन्त्र मानव को परिचालित कर रहा है या मानव यंत्र को।" इस तथ्य की प्रतीति उस घटोत्कच रोबोट से कराई गई है जो प्रकाश के साथ अन्तरिक्ष में भेजा जाता है। जो न हन्स सकता है, न बोल सकता है, न इसे भूख प्यास, संवेदना, उत्तेजना का और किसी सम्बन्ध —माँ-बाप, रिश्तेदार, दोस्त को समझने की कूबत है। यह यंत्र मानव मानव को नियन्त्रित कर रहा है।

कहानी की चिन्ता में और कई-कई सवाल हैं। हमारी सांप्रदायिक ज़हनियत और समाज में फैली ऊँच-नीच की छुआछूत जुबेदा और मेहतरानी रमिया की बेटी के स्पर्श से यमुना स्नान से आ कर टकरातीं माँ के प्रसंग में मुखर होती है। इतने उन्नत युग में भी समाज स्पष्टतः दो वर्गों में बँटा हुआ है। एक ओर ऊँच-नीच की खाई है तो दूसरी ओर अमीर और गरीब के बीच निरन्तर चौड़ी होती चली जाती खाई है। आज भी "सुदूर गाँव में रेंडी के तेल का दीया जल रहा है। दीये की बीमार रोशनी में कोई 'सोमालिया' चिक-चिक कर रहा है। जमींदार के गुंडे किसी कृषक-मजदूर द्वारा सरकार की तयशुदा मजदूरी माँगने पर उसे लात-जूते से पीट रहे हैं। दिन के तेज उजाले में तमाशबीन भीड़ के बीच किसी औरत को नंगा करके हाँके ले जा रहे हैं।" ये सब कोलाज़ प्रकाश की चेतना में देश और जहान की समस्याओं के बारे में

बनते-बिगड़ते हैं। कहानी का सच आज ईराक-अमेरिका युद्ध के सन्दर्भ में और भी प्रासंगिक हो उठा है। महाशक्तियाँ "अपने-अपने हथियारों को चूतड़-तले दबाए दूसरे देशों से शस्त्र-परिसीमन की बातें करती हैं। अमेरिका जैसा दादा संयुक्त-राष्ट्र संघ को सर्वोच्च सत्ता को धता बताकर ईराक पर आक्रमण कर देता है। कहानी इस सत्य की प्रतीति बहुत पहले (1996-97 ई.) में करा रही है, उसे लगता है "संयुक्त राष्ट्र संघ की ऊँची इमारत पर कोई चील बैठकर बीट करती है—स्टैच्यू ऑफ़ लिबर्टी की गान्धारीनुमा प्रतिमा पर।" वस्तुतः सारी दुनिया को स्वतन्त्रता का सन्देश देने वाली प्रतिभा अन्धी ही हो चुकी है जब उसका देश दूसरे देशों की स्वतन्त्रता पर खुलेआम डाका डाल रहा है। प्रकाश के अन्तरिक्ष-अभियान से वापिस लौटने, या कहें इस अभियान से अलग से जाने से उसके सपनों की मौत हो जाती है। (अनायास ही कल्पना चावला का अभियान पाठक के मन के स्क्रीन पर उतर आता है)। वस्तुतः आज इस अन्तरिक्ष अभियान के युग में भी 'पृथ्वी की भावी मौत'' का 'काउंट डाउन शुरू हो चुका है।" इस प्रकार इस कहानी का कल्पना-क्षितिज बहुत विराट है, साथ ही कहानीकार का अन्तरिक्ष-यात्रा सम्बन्धी ज्ञान भी पाठक को एक आश्चर्य-बोध देता है (यद्यपि संजीव रसायन-शास्त्र के विद्यार्थी हैं किन्तु उनका भौतिकी की बारीकियों का यह ज्ञान भी बहुत बारीकियों में कहानी को ले जाता है। वस्तुतः 'काउंट-डाउन' इस विषय पर कदाचित् हिन्दी की एक-मात्र कहानी है और अपने बहुआयामी विस्तार में अत्यन्त सघन है।

'कन्फेशन' भी संजीव की कोलियारी उद्योग के निजीकरण-राष्ट्रीयकरण तक वहाँ पनप रहे भ्रष्टाचार पर एक बहुत पेचीदा और सशक्त कहानी है। केलूडाँग कोलियारी की अन्दरूनी समस्याओं की इतनी गहरी और सूक्ष्म पकड़ कहानी में है कि उसे 'पेचीदा' कहानी ही कहा जा सकता है। सन् 1971 ई. में जिस कोयला खादान का राष्ट्रीयकरण किया गया, वहीं सरकार अब उसे 'निजी मालिकानों को बेच रही है। हम पूछते हैं, क्या कोयला अब राष्ट्रीय संपत्ति नहीं रही या आप लोग भेड़-बकरियाँ हैं जिसे पैसे लेकर वह किसी को भी बेच सकती है?" और "राष्ट्रीयकरण होने के साथ ही ये क्षेत्र लूट और लिप्सा के चारागाह बनते चले गए। अघोषित निजीकरण की प्रक्रिया तो तभी से चल रही है। आज फर्क सिर्फ यह आ गया है कि राष्ट्रीयकरण की आड़ में इस अघोषित निजीकरण की लड़ाई इस घोषित निजीकरण से शुरू हो गई है। हमारी लड़ाई इस घोषित और अघोषित दोनों तरह के निजीकरण के विरुद्ध जब तक नहीं होगी, राष्ट्रीयकरण का कोई अर्थ नहीं रह जाता। आज जब निजीकरण—डिस्इंवेस्टमेंट—का शोर इतना हो रहा है तो यह कहानी अपनी सार्थकता और प्रभावी रूप में सिद्ध करती है! किन्तु इस लड़ाई के अगुआ साहा बाबू की हत्या का षड्यन्त्र और उसके बाद मज़दूरों की लड़ाई में आग उगलने वाली उनकी बेटी पल्लवी दी के लड़ने के दाँतों को प्रेम और विवाह तथा बाद में निरन्तर बच्चे पैदा करने वाली मशीन

के रूप में तब्दील कर तोड़ देना, एक पूरी साजिश के तहत होता है। पल्लवी दी को जब तक यह बात समझ में आती है कि उसके पिता को एक झटके में मारा गया था और उसे धीरे-धीरे ज़िबह करके तो बहुत देर हो चुकी होती है किन्तु फिर भी उन स्थितियों से विद्रोह कर वह फिर एक क्रान्तिकारी की तरह उठ खड़ी होती है। वस्तुस्थिति का यह 'कन्फ़ेशन' मज़दूरों की लड़ाई की एक सही दिशा तय करता है। प्रस्तुत प्रसंग में संजीव की इन्हीं कहानियों की चर्चा यहाँ काम्य थी कि किस प्रकार उनकी कहानियों ने हिन्दी कहानी की समृद्धि में महत्त्वपूर्ण योग दिया है।

"फिर आरक्षण का क्या मतलब है? हर मोड़ पर हमें शेड्यूल कास्ट का उलाहना दिया जाता है। रिज़र्व कोटे का ताना पिलाया जाता है। नौकरियाँ फिर मिलती किसे हैं, नीरा तुम नहीं जानतीं। आरक्षण के बावजूद हर कदम पर हमारे साथ धोखा और छल किया जा रहा है।"

....

"हम नान्हों और शूद्रों की यही तो मुश्किल है कि जिसे पाना हमारा अधिकार और हक है, वह मिल जाता है तो हम उसे एक अहसान समझ लेते हैं और जिन्दगी भ" के लिए उसका ऋण चुकाते रहते हैं।"

....

"यह करोड़पति कार्यक्रम भी तो ऐसे ही लोगों द्वारा चलाया जा रहा एक मानसिक विलास है। अचानक तुम्हारा मन इस जुए पर कैसे टिक गया, जो महज़ एक सब्जबागी खेल है बाज़ार और पूँजी का।"

....

"नीरा तरस खाती हुई उसे बस देखती रह गई। कहने के लिए अब भला रह ही क्या गया था। उसके मन में एक तथ्य झाँक गया कि कौन कहता है कि करोड़पति जुआ नहीं है। जुआ ही तो है जिसमें अपने पिता जैसे रिश्ते को दाँव पर लगा यह आदमी मुंबई जाने के लिए उतावला है।"

गहरा दलित विमर्श और टी. वी. की अपसंस्कृति से एक पुरजोर लड़ाई

('धोखा' : जयनन्दन)

जयनन्दन अधुनातन पीढ़ी के ऐसे अग्रिम पांक्तेय कहानीकार हैं जिन्होंने निरन्तरता में बहुत अच्छी, सशक्त और यादगार कहानियाँ लिखी हैं। यही कारण है कि उनके पास सशक्त और स्मरणीय कहानियों की पूँजी सबसे अधिक है। 'कस्तूरी पहचानो वत्स', 'चीयर अप कोला ब्लूम-96', 'छुट्टा साँड' 'बॉडीगार्ड', 'विश्व बाजार का ऊँट', 'एक अकेले गान्ही जी' जैसी बेहतरीन कहानियों के रचनाकार की अब आई ताज़ा कहानी 'धोखा' ('पुनर्नवा'–दैनिक जागरण' का साहित्य विशेषांक 2002 ई.) उनके लेखन और हिन्दी कहानी को एक नई ऊँचाई देती है। जयनन्दन की कहानियाँ आधुनिकता के नाम पर पसर रही नव-संस्कृति, अपसंस्कृति, के खिलाफ़ एक बहुत सधी लड़ाई लड़ती हैं। अपसंस्कृति के खिलाफ यह लड़ाई इनकी कहानियों में बतौर फैशन या एक नारे के रूप में नहीं आती, बहुत तार्किक संगति के साथ जयनन्दन इस नए के माया-जाल को काटते हैं जो सहज ही पाठक को अपने साथ कर इस लड़ाई का सहभागी बना लेता है।

'धोखा' कहानी इलेक्ट्रोनिक मीडिया द्वारा फैलाई जा रही अपसंस्कृति से अपने मूल्यों और जीवन-पद्धति के श्रेष्ठ को बचाने की चिन्ता को उकेरती है। देश के सर्वाधिक लोकप्रिय टी. वी. कार्यक्रम 'कौन बनेगा करोड़पति' के क्या गम्भीर परिणाम इस देश की नयी पीढ़ी को भुगतने पड़ेंगे—इसका जैसा सुचिन्तित और गम्भीर विश्लेषण कहानी में हुआ है, उसे देखकर जयनन्दन की कहानी-क्षमता और हिन्दी कहानी के बदले हुए मिजाज़ का परिचय एक साथ ही मिलता है। 'कौन बनेगा करोड़पति' ने घर-घर में जो लोकप्रियता प्राप्त की और जीवन के प्रत्येक क्षेत्र में 'तो यह 'आपका फ़ाइनल जवाब', 'इसे लॉक कर दिया जाए', आदि 'बिग बी' के वाक्य वाक्यांश जिस प्रकार लोकप्रिय हुए, उससे तो सभी परिचित हैं किन्तु यह कार्यक्रम किस प्रकार मनुष्य की जीवटता, संघर्षशीलता, कर्मठता, पौरुष जैसे श्रेष्ठ गुणों को

लील रहा है, इसे जयनन्दन ने ही प्रथम बार इस कहानी में गम्भीरता से विश्लेषित किया।

'धोखा' कहानी का कथा-फलक न केवल टी. वी. के इस व्यापक रोग पर विचार करता है अपितु कहानी के प्रारम्भ में दलित समस्या पर भी एक नई दृष्टि से विचार करता है और दलित-विमर्श के इस मिथ को भी खंडित करता है कि केवल दलित ही दलित समस्या पर लिख सकते हैं या बेहतर ढंग से लिख सकते हैं। इस कहानी के पूर्वार्द्ध का यह दलित-विमर्श दलित लेखन की शीर्ष कृतियों पर भी भारी पड़ता है। कथा-नायक पोखन और उसी की जाति की नीरा को, जो उसे प्रेम भी करती है तथा पोखन के पिता गुरबा तीनों पात्रों के वार्तालाप और क्रिया-कलाप से यह दलित-विमर्श अपना स्वरूप ग्रहण करता है। पोखन का परिचय ही सारी स्थिति को स्पष्ट कर देता है—''पोखन, पदनाम—वार्ड ब्वाय, काम—जमादार अथवा मेहतर का, बिस्तरों के नीचे या बगल में रखे, थूकदान, मूत्रदान और शौचदान उठाना।'' उसे यह देखकर ग्लानि और आक्रोश है कि इस अस्पताल में 'पेंशेंट' को तवज्जो उसकी बीमारी की गम्भीरता से नहीं दी जाती अपितु जाति और पदनाम से दी जाती है। 'इलाज का मानदंड जाति और पद', उसे गुस्सा आता है इस व्यवस्था पर। उसे इन आदर्श कथनों के थोथेपन से घृणा हो चलती है कि ''कोई भी काम छोटा नहीं होता अऔर आदमी-आदमी में कोई फर्क नहीं होता। कितना झूठ, बकवास और लफ्फाजी है यह।' डॉ. मिश्रा (सवर्ण) उसे हर समय इसीलिए झिड़कियाँ देता रहता है कि वह दलित है। नीरा और उसी तरह तथाकथित छोटी जाति की 'फीमेल ़वार्ड में वेस्ट पॉट उठानेवाली लड़की' है। नीरा के जन्म का इतिहास भी दलितों के इस्तेमाल किए जाने वाले ढंग का है, 'नीरा की माँ भंगी और पिता सवर्ण था', इसी अस्पताल में पैथोलॉजिस्ट।' अब नीरा क्या थी, नहीं मालूम', सुविधानुसार उसे शूद्र और सवर्ण कोटि में बिठा लिया जाता है।' डॉ. मिश्रा की सुविधा उसे सवर्ण मान लेने में थी।' वह अपना तर्क-जाल बुनकर नीरा को पत्नी रूप में अपनाना चाहता है, पूर्ण प्रतिष्ठा देने के थोथे वायदों के साथ। पर यह वर्ग अपने को ज़्यादा छले जाने की विवशता में नहीं पड़ने देना चाहता। इसलिए नीरा के लिए शूद्र कहे जाने वाले पोखन की प्रीति ही सच्चाई है, वह मिश्रा को यह करारा उत्तर थमाती है, ''आप मुझे उच्च जाति का गौरव देकर धन्य बनाने का भाव मत दिखाइए। मैं अपनी जाति का सत्य जानती हूँ, मेरी माँ मेरी सबसे बड़ी जातीय सच्चाई है। उपाध्याय जी ने मेरी माँ को कितना अपनाया और उनकी जाति वाले कितना मुझे अपनाएँगे, इसका अन्दाज मैं लगा सकती हूँ।'' उसे भली प्रकार एहसास है कि डॉ. मिश्रा जिस प्यार का इज़हार करते हैं, उनकी कई पीढ़ियाँ उस जैसी लड़की के साथ कर उनसे छल करती रही हैं। डॉ. मिश्रा कमीनगी की हद तक जाकर उसके प्रेमी पोखन को परेशान करते हैं, वार्ड से चोरी हुई घड़ी के ज़ुर्म में उसे झूठा ही फँसाकर पुलिस के हवाले कर दिया जाता है। उसकी जाति जानकर पुलिस को 'सजा के लिए सबूत की ज़्यादा ज़रूरत नहीं रह गई', पुलिस के लात-थप्पड़ खाकर एक बड़ी

रकम देकर उसकी हिम्मत जवाब देने लगी, ''भीतर से एकदम छलनी हो गया उसका जिगर—कहाँ है न्याय, कानून और संविधान? है कोई जगह जो भेदभाव रहित हो, है कोई व्यक्ति जो पक्षपात रहित और तटस्थ हो?'' यह दलित-विमर्श और आगे बढ़ता है, नीरा उसे हिम्मत देती है, उसे स्थितियों से लड़ने के लिए प्रेरित करती है। पोखन को गुस्सा आता है कि नीरा भी उसके 'बाउजी' की तरह उसे उपदेश थमा रही है। पोखन की पीड़ा है कि उसने 'बी. ए. पढ़कर ही पास किया है, दर्जनों परीक्षाओं में बैठा, पर पास नहीं हुआ। नीरा भी उसकी तरह पढ़ी-लिखी है, वह भी कोई नौकरी नहीं पा सकी। उसे आरक्षण भी निस्सार लगता है ''फिर आरक्षण का क्या मतलब है? हर मोड़ पर हमें शेडयूल कास्ट का उलाहना दिया जाता है। रिजर्व कोटे का ताना पिलाया जाता है। नौकरियाँ फिर मिलती किसे हैं, नीरा तुम नहीं जानतीं। आरक्षण के बावजूद हर कदम पर हमारे साथ धोखा और छल किया जा रहा है।'' कहानी में नीरा और पोखन के पिता गुरबा मोची उसे शांत करने के विभिन्न तर्क देते हैं, पर पोखन में युग-युग की संचित व्यथा फूट पड़ती है। वह चौबीसों घंटे खौलता रहता है, उसकी पीड़ा है, ''मुझे नीचा दिखाया जाता है। बेइज्ज्त किया जाता है। तुमसे अश्लील छेड़छाड़ और बदतमीज़ी की जाती है। क्या हम सारी उम्र इन्हें झेलने और कुढ़ने के लिए बने हैं?'' उसका पिता गुरबा मोची उसे थोड़े में ही सुख-संतोष प्राप्ति की बात कहता है किन्तु पोखन को यह बात गले नहीं उतरती। वह अपनी पुरानी पीढ़ी के इस दर्शन से सहमत नहीं हो पाता कि ईश्वर ने उन्हें इतने के लायक ही बनाया है। उसका तर्क है कि ''साईं दूसरों को दे सकता है तो मुझे क्यों नहीं? दुनिया में एक से एक बड़े सुख हैं। एक से एक बड़ी मंजिलें हैं, हम उनके हकदार क्यों नहीं हो सकते?'' पोखन का यह आक्रोश अपना पीढियों का हिसाब माँगता है। अपने पिता गुरबा का यह तर्क कि गाँव में जो लोग छूट गए हैं, वे कितना बदतर जीवन जीते हैं, हमारे पुरखे मरे जानवरों की खाल निकालते, उससे चमरौधे जूते बनाते, साँप का तेल निकालने और बड़े किसानों की 'पसीना बहाऊ चाकरी' करते थे और फिर भी अधनंगे और अधपेट रहने को अभिशप्त थे। इस सोच का प्रतिकार वर्तमान पीढ़ी इस प्रकार कर रही है, ''समाज की नाइन्साफी ने आपको एक ऐसे दब्बूपन और दीनता का अभ्यस्त बना दिया है कि आप अपने अतीत, जाति और औकात से पिंड न छुड़ा सके और आपको लगे कि जो मिल गया वह बहुत है। हमें आगे जाना है बाउजी! स्काई इज़ माई लिमिट।' पोखन अपने पिता के 'रैदासी दृष्टिकोण' से किंचित् भी सहमति नहीं रखता। संत रैदास चमार होकर भी कितने बड़े संत हुए, इसलिए कोई काम छोटा नहीं कहा जा सकता, पिता का यह तर्क पोखन को पूर्णतः निस्सार लगता है। उसका मानना है कि रैदास का काम छोटी ही था और आज भी है। पोखन के पिता ठाकुर का अहसान आज भी मानते हैं जिन्होंने उसे अपनी चाकरी में रख लिया था किन्तु इसको लेकर भी पोखन में एक उबाल है, ''हम नान्हों और शूद्रों की यही तो मुश्किल है कि जिसे पाना हमारा अधिकार और हक है, वह मिल जाता है तो हम उसे एक

अहसान समझ लेते हैं और जिन्दगी-भर के लिए उसका ऋण चुकाते रहते हैं।'' पोखन की पीड़ा यह है कि चारों ओर अवसरवाद ने इतना पसारा फैलाया हुआ है कि योग्यता और प्रतिभा की सरे-आम दारुण अवमानना हो रही है, ''एक से एक बढ़कर होनहार आदमी पापड़ बेल रहा है, फुटपाथ पर पान बेच रहा है और एक से एक नाकारा एवं नालायक आदमी बड़ी-बड़ी यशस्वी कुर्सियों पर आसीन था। राजनीति में तो यह खुल्लम-खुल्ला था ही, वैसी जगहों पर भी यह दृश्य उपस्थित था जहाँ वाकई उस पद को सार्थक करने के लिए श्रेष्ठतर मेधा की ज़रूरत थी।'' इस प्रकार 'धोखा' कहानी के पूर्वार्द्ध का यह दलित-विमर्श न केवल दलित-समस्याओं पर विभिन्न कोणों से गम्भीर विचार करता है अपितु देश के वर्तमान परिदृश्य पर भी गहरे और सूक्ष्म रूप मे दृष्टिपात करता है।

कहानी के उत्तरार्द्ध का स्वर यह है कि पोखन भी अपने वर्ग की इस तंगदस्ती से ऊपर उठकर आकाश की ऊँचाइयों को आयत्त करना चाहता है और इसके लिए उसे सबसे सुगम तरीका 'कौन बनेगा करोड़पति' का नज़र आता है जो मिनटों में माला-माल कर देता है। यहाँ से कहानी के विमर्श के केन्द्र में टी. वी. का यह मायावी संसार है जो अपनी अपसंस्कृति के मोहक ज़हर से सभी को लील रहा है। शिल्प के स्तर पर यह कहानी के शास्त्र के उस पुरातन नियम को खंडित करता है कि कहानी की प्रवृत्ति अपने उद्‌देश्य में एकायामी रहने की है, बहुआयामी नहीं तो यहाँ कहानी का दूसरा आयाम है टी. वी. पर चल रहे, लाखों-करोड़ों की राशि और माल लुटाते सीरियलों की वास्तविकता के प्रति अपने पाठक की आँख खोल उसे अपनी सोच का सहभागी बनाना।

पोखन को अपनी दशा सुधारने का सबसे अच्छा तरीका यही सुलभ लगता है कि वह टी. वी. के 'कौन बनेगा करोड़पति' में भाग ले और अपने भाग्य को आजमाए। किन्तु उसे लगता है कि करोड़पति बनने के ये सारे उपक्रम बड़े लोगों द्वारा ही किए जा रहे हैं और 'इनकी मंशा भी बड़े को बड़ा बनाने की है।' आखिर टेलीफोन छोटे लोगों के पास तो होता नहीं।' यह आकस्मिक नहीं है कि इधर हिन्दी की कई कहानियों में छोटे-बड़े के बीच की खाई को निर्देशित करने के लिए टेलीफोन को इसी नज़र से देखा गया है (द्रष्टव्य-मनोहरश्याम जोशी की कहानी 'हाय दिल्ली उर्फ़...'' का प्रारम्भ का ही वाक्य)। इसलिए पोखन सर्वप्रथम टेलीफोन लगवाने का उपक्रम करता है, टेलीफोन लगने पर पोखन के पिता असमंजस में हैं कि वे इस उपलब्धि पर 'खुश हों या दुःखी।' टेलीफोन के बाद दूसरा पग श्वेत-श्याम टी.वी को बदलकर रंगीन टी. वी. लाने के रूप में उठाया गया, 'करोड़पति के सपने भला बिना रंग के कैसे देखे जा सकते थे।' इसके पश्चात् सारे प्रयत्न 'मनुष्य' बनने के नहीं 'करोड़पति' बनने के लिए ही किए जाते हैं। जीवन में आए 'क्षोभ, हताशा, तल्ख़ी, घृणा, प्रतिशोध आदि के प्रति स्वस्थ मानसिकता' की निर्मिति के लिए प्रेमिका नीरा कुछ साहित्य-पुस्तकें—उसे देती है तो वह उन्हें दर-किनार कर करोड़पति बनने के चक्कर में ही रहता है। लाइन खुलने

पर घंटों बैठकर लाइन मिलाने की कोशिश, लाइन मिलने पर भी तरह-तरह की रुकावटें कुछ सवालों पर अटक। कुछ सवालों के गलत जवाब—एक बार असफल होने पर फिर अपने प्रयत्नों का वहीं सिलसिला। अब पोखन की दुनिया केवल करोड़पति बनने की ललक तक ही सीमित रह गई है। रेलवे की लिखित परीक्षा की कॉल आ जाने पर भी वह उसमें बैठने का प्रयत्न तक नहीं करता, उसे तो बस करोड़पति बनने की लगी हुई है। उसे इस बात की कोफ़्त है कि इम्तहान देने के बाद भी नौकरियाँ कहाँ मिलती हैं। वह नीरा की एक नहीं सुनता। बढ़िया से बढ़िया दलील उसके लिए बेमानी हो जाती है, "तुम्हें क्या हो गया है? कहाँ तो विचारों में क्रान्ति दिखाते थे, सामाजिक परिवर्तन और जड़ताओं से लड़ने की बात करते थे। बबुआनों, सामंतों और अभिजनों की बुर्जुआई हरकतों की भर्त्सना करते थे। यह करोड़पति कार्यक्रम भी तो ऐसे ही लोगों द्वारा चलाया जा रहा एक मानसिक विलास है। अचानक तुम्हारा मन इस जुए पर कैसे टिक गया, जो महज़ एक सब्जबागी खेल है बाजार और पूँजी।" बाज़ार और पूँजी के इस खेल 'कौन बनेगा ...' को प्रथम बार कहानी के विमर्श ने इतनी सूक्ष्म और तीक्ष्ण दृष्टि से देखा है। नीरा के इस तर्क के सम्मुख पोखन का तर्क है कि यह जुआ नहीं है, जुआ वह होता है जिसमें हारने के लिए कुछ दाव पर लगाया जाता है, यहाँ दाँव पर कुछ नहीं लगा है। नीरा का तर्क है कि इसमें जो दाव पर लगी है, वह बेशकीमती चीज़ है जिसे हम निरन्तर हार रहे हैं और वह दिखाई नहीं दे रही है। "यह इतना खतरनाक है कि इसमें खेलनेवाला ही नहीं बल्कि देखने वाला भी अपना कुछ महत्त्वपूर्ण हार रहा है। यह खेल ऐसा है कि इसमें जीता कुछ नहीं जा सकता, सिर्फ हारा जा सकता है। इसमें हारता है आदमी। जीवटता, संघर्षशीलता, जुझारूपन, कर्मठता, पौरुष इतने बहुमूल्य है कि इन्हें रुपए-पैसे से नहीं आँका जा सकता। यह खेल जवान हो रही नई पीढ़ी को निकम्मा और मुफ्तखोर बनाने की एक गहरी साजिश है, धोखा है," गुरबा, उसके पिता, की यह सही सोच उसका मनोभाव नहीं बदल पाती है। प्रेमिका नीरा उसे समझा-समझाकर थक जाती है कि "जिन्दगी का क्या इतना ही अर्थ है कि आपके पास लाखों-करोड़ों हों और आप बिना हिले-डुले, बिना किसी शोक-संताप, राग-द्वेष के ऐशपूर्वक उसे बिता दें? क्या ऐसा निष्चेष्ट, निरापद और लक्ष्यहीन जीवन ही हमारा चुनाव होना चाहिए?"

पोखन इस करोड़पति बनने के रास्ते पर इसीलिए लगा है कि वह अपनी वर्तमान दलितावस्था से निजात पाना चाहता है। उसके हृदय में उस अभिजन और सवर्ण समाज के लिए घृणा का एक लावा दहक रहा है जिसकी अभिव्यक्ति कभी व्यंग्य तो कभी आक्रोश में तरह-तरह से करता है, उसका यह व्यंग्यपूर्ण कथन कि "हमारा जीवन तो बस यही होना चाहिए कि बड़े लोग हगें, मूतें, थूकें और हम उन्हें ढो-ढोकर साफ करें। वे हमें गरियाएँ, लतियाएँ और हम हाथ जोड़कर हँसते हुए हीं-हीं करते रहें।' पोखन का पिता गुरबा उसे हरचंद समझाने की कोशिश करता है कि कोई काम छोटा या बुरा नहीं होता। इसी क्रम में कहानी में आधुनिक जीवन का एक और

विद्रूप कुशलता से अनुस्यूत किया जाता है। आज बड़े-बड़े सम्भ्रात लोगों के बेटे अमेरिका आदि में बसे हुए हैं, समृद्ध एन. आर. आई. हैं किन्तु उनके पिता (माता) को यहाँ देखनेवाला कोई नहीं है। कहानी के सुफल जी ऐसे ही व्यक्ति हैं जिनकी बीमार होने पर गुरबा ने विशेष देख-भाल की थी और आज वह गुरबा की बीमारी की खबर सुनकर उनके लिए कुछ फल, कुछ मेवे और कपड़े ले कर हाजिर होता है। गुरबा के संतोष का बिन्दु यही है कि उसका अस्पताल में यह सेवा-कार्य कितना श्रेयस्कर था। उसे तोष है कि "दूसरे किसी पेशे में ऐसा पारितोषिक नहीं मिल सकता।" इस प्रकार कहानी बलपूर्वक, किन्तु बिना बहुत वाचाल हुए, यह संगति अपने बीच से ही निकालती है कि कोई भी काम, चाहे कितना छोटा क्यों न हो गार्हित नहीं होता, उसको करनेवाला कभी छोटा नहीं होता। कहानीकार का कौशल है कि बिना किसी ढिंढोरे के यह बात सहज रूप में संप्रेषित कर रहा है।

अब कहानी उन स्थितियों को रेखांकित करती है जिनसे अमिताभ बच्चन के सामने 'हॉट-सीट' तक पहुँचने में कई तरह की 'लाटरियों' से गुजरना होता है। 'लाटरी यानी तकदीर, संयोग। इन संयोगों से ही जब पहला बना करोड़पति पन्द्रहवें सवाल का जवाब देकर कृतकृत्य हो गया "तो उस क्षण को एक अनोखे अन्दाज में फिल्माकर पेश किया गया। हर्ष-ध्वनि, पुष्प-वर्षा, सतरंगी प्रकाश छटाएं और अमिताभ बच्चन के जोश, उमंग और अभिनन्दन के हिलोरे लेते शब्दनाद। हर्षवर्धन का करोड़पति के रूप में तुमुल अभिषेक।" पोखन हर्षातिरेक से अपने पिता को बताता है कि यह लड़का आई. ए. एस. बनना चाहता था किन्तु आई. ए. एस. बनकर भी यह कितना कमा लेता, तब गुरबा का कथन न केवल कहानी के पोखन के लिए अपितु पूरे देश की नौजवान पीढ़ी के लिए एक दिशा-बोधक सन्देश है, "करोड़पति तो ऐरे-गैरे बनिए, सेठ, सट्टेबाज, दलाल बहुत मिल जाएँगे। लेकिन आई. ए. एस. असीमित अधिकारोंवाले देश के सर्वोच्च प्रशासनिक ओहदे का नाम है, जो बहुत दुर्लभ मेधा से हासिल किया जाता है। यह सिर्फ़ पैसा कमाने का पद नहीं है। यह पद राष्ट्रहित के लिए एक शक्ति केन्द्र है। इसके जरिए ही प्रजातंत्र की सारी आकांक्षाओं और अभिलाषाओं के हश्र प्राप्त होते हैं। उस लड़के ने अगर आई. ए. एस. के सपने को करोड़पति बनने में रूपांतरित कर दिया, खर्च कर दिया तो मैं कहूँगा कि उसने अपने पिता के साथ और देश के साथ अच्छा नहीं किया।"

अन्ततः पोखन को कितने ही भूलभूलैया भरे रास्ते पर करने के बाद बम्बई जाने के लिए हवाई जहाज का टिकट भी आ गया, उसकी पूरी जन्म-पत्री जानने के लिए बहुत सारे फार्म आदि भी आ गए। उधर पोखन के उड़ान भरने का समय ज्यों-ज्यों सन्निकट आता जा रहा था, उसके पिता गुरबा की सेहत लगातार बिगड़ती जा रही थी। वे अस्पताल में भर्ती हो गए और डॉक्टरों की सारी भागदौड़ के बावजूद वे अपनी अन्तिम अवस्था में पहुँच जाते हैं, डॉक्टर करीबी रिश्तेदारों को बुला लेने के लिए कह देते हैं किन्तु उनका सबसे करीबी, अपना बेटा, करोड़पति बनने की जुगत

में ही लगा हुआ है। यहाँ कहानी बड़े मार्मिक बिंदु पर आ खड़ी होती है। नीरा गुरबा का अन्तिम समय जान पोखन को बम्बई जाने से रोकने की भरसक चेष्टा करती है किन्तु पोखन का विवेक पूरी तरह मर गया है, वह पिता के दिए 'लालन-पालन, प्यार-दुलार'– सभी कुछ को दाँव पर लगा बम्बई जाने के लिए उद्धत है। तब नीरा को इस सत्य की प्रतीति होती है कि कौन कहता है "करोड़पति जुआ नहीं है। जुआ ही है तो जिसमें अपने पिता जैसे रिश्ते को दाँव लगाकर यह आदमी मुंबई जाने के लिए उतावला है।" पोखन अपने पिता के प्रेम और जीवन को दाँव पर लगा बम्बई के लिए उड़ जाता है।

बम्बई पहुँचकर पोखन उस करोड़पति कार्यक्रम के सामान्य से सवाल—सर से शुरू करके शरीर के अंकों को क्रम से लगाने में चार सेकेंड से पिछड़ गया। जो चुनकर आया था, वह भी छठे सवाल में चित हो गया क्योंकि शायद अमिताभ बच्चन नहीं चाहते थे कि इसे इससे ज़्यादा जितवाया जाए। अब तक पोखन ने अच्छी तरह ताड़ लिया था कि इसकी 'फिक्सिंग' किस रूप में होती है, "खेल की पूरी बागडोर खिलाने वाले के हाथ में है। वह जिसे चाहेगा, जितना चाहेगा, उतना ही जिताएगा। लेकिन दिखाया-बताया यह जा रहा था कि सब कुछ आप पर है।" पोखन 'फास्टर फिंगर फर्स्ट' के दूसरे-तीसरे प्रयत्नों में भी पिछड़कर रह जाता है और वह वापिस अपने शहर लौटने का अभिशप्त है। अगले दिन पोखन जब वापिस लौटता है तो उसे पता चलता है कि जिस दिन वह रवाना हुआ, उसी दिन उसके पिता की जीवन-लीला शेष हो गई। "मतलब लुटकर गया था और पिटकर आ गया।" कहानी बहुत बड़ा सन्देश देती है कि करोड़पति बनने की इस उपभोक्तावादी दौड़ में जो लोग बेसाख्ता भागते हैं, वे कहीं-न-कहीं इसी प्रकार मुँह के बट गिरते हैं। पहले कम-से-कम सपने तो देख लिया करते थे अपने सुखद भविष्य के किन्तु अब सपनों की भी मौत हो जाती है। पिता की मौत से भी बड़ा सदमा उसे तब लगता है जब प्रेमिका नीरा उसे अपने घर पर मिलना भी नहीं चाहती अपितु एक चिट किसी से थमवा देती है, "मैं रेलवे में चुन ली गई हूँ। परिश्रम ही तय करता है आगे जाने का रास्ता। इसमें मेरा विश्वास और भी दृढ़ हो गया है। लेकिन तुम्हें क्या, तुम्हें तो रातों-रात चोटी पर पहुँच जाना है। मेरी संगति इसमें नहीं बैठती। तुमसे अब सम्बन्ध रखने में मैं अक्षम हूँ। मैं अब तुमसे कभी मिलना नहीं चाहती। जो अपने मरणासन्न पिता तक को छोड़कर चला जा सकता है, वह कल किसी को भी छोड़ सकता है बीच मँझधार में, कभी भी।" नीरा का यह सन्देश पोखन की मानसिकता पर एक करारा तमाचा है, साथ ही सारी उपभोक्तावादी संस्कृति, विज्ञापनी दुनिया के मायावी संसार और टी. वी. पर फैलते 'गोल्ड' और 'खुल जा सिमसिम' की बीमार मानसिकता से कहानी की एक पुरजोर लड़ाई!!

''हो गया शुरू!'' मँझली ने तालियाँ बजाईं, लोगों का ध्यान खींचने के लिए। टी. वी. ने सबको अपनी दुनिया में उतार लिया। सारे विश्व की संस्कृति एक होने लगी। अलग रह गए तो मात्र बेरोजगार दिनेश, दो-दो बेटियों के भार से दबे देबू बाबू और पुराने जमाने की जड़ दादी।''

....

''और मजूर या बटाईदार पर अंकुश रखने का सबसे बड़ा अस्त्र यह है कि अपनी शख्सियत और सर्वत्र मौजूदगी का अहसास दिला दो उन्हें। डर बना रहेगा कि दादी से छुपेगा नहीं यह सब।''

....

''एकबारगी आँखों में गीलेपन का अहसास हुआ, अपने दिन याद आ गए। हकासे-प्यासे देबू बाबू का चेहरा आँखों के आगे तैर गया। लगा, कानों से होकर एक पुकार उतर रही है, 'पढ़ाई छोड़नी होगी, माँ!''

....

''बेशक! पुराना ख्याल मनुष्य को भीतरी सुन्दरता के लिए प्रेरित करता था। बाहरी सुन्दरता स्त्रियों को गुलाम बनाती है।''

अपसंस्कृति का सैलाब और उसके बर-अक्स भारतीय लोक-संगीत का एक स्वर

('भारतीय लोक-संगीत-97' : शैवाल)

भूमंडलीकरण, ग्लोब्लाइजेशन, प्रदत्त उन्नति के नाम पर अपसंस्कृति की बाढ़ हमारे देश की सभ्यता, संस्कृति और अनेक श्रेष्ठ जीवन मूल्यों को रौंदती आ रही है। नव-धनाढ्य या उच्च वर्ग ही इसकी चपेट में नहीं आ रहा है अपितु समाज का निम्नतम वर्ग भी इसकी चपेट में पूरी तरह आया हुआ है। हिन्दी कहानी की चिन्ता में एक बड़ा सरोकार अपसंस्कृति के इस सैलाब को रोकने का है, यही कारण है कि आज की हिन्दी कहानी का मुख्य स्वर भी यही है। इस कथ्य पर मैं शैवाल की कहानी 'भारतीय लोक-संगीत-97' का रेखांकन करना चाहता हूँ। कुछ वर्षों में देश में सौन्दर्य प्रतियोगिताओं का आयोजन जिस रूप में बढ़ा है और भारत में विश्व और ब्रह्मांड सुन्दरियों की जो बाढ़ आई है, और इन सबके माध्यम से सौन्दर्य-व्यापार, सौन्दर्य-प्रसाधनों की भरमार, ब्यूटी पॉर्लरों की महानगर-नगरों, शहरों-कस्बों में ही नहीं, गाँवों तक में दनादन खुलती दुकानें ('पॉर्लरों' की 'दुकान' कहना भी एक अवमानना ही है)– इन सबका छोटे-से-छोटे वर्ग की लड़कियों और महिलाओं तक पहुँचना एक चौंकानेवाला और चिन्ताजनक पहलू है। यदि अखबारी आँकड़ों पर दृष्टिपात करें तो अकेले लुधियाना जैसे नगर में प्रति माह 30 लाख रुपए की लिपिस्टिक का व्यापार है, सुनाम और सनौर (दोनों पंजाब के छोटे-छोटे से स्थान) जैसे पिछड़े कस्बों में जहाँ 5 वर्ष पूर्व 8-8, 10-10 ब्यूटी पॉर्लर होते थे आज उनकी संख्या दस गुना बढ़ी है। बिहार जैसा आर्थिक स्थिति का प्रान्त भी इस बीमारी से बच नहीं पाया है। बिहार से इसी कथ्य पर शैवाल की बेहतरीन स्मरणीय कहानी, 'भारतीय लोक संगीत- 97' ('वागर्थ', मई 1998 ई.) प्रकाशित हुई है।

शैवाल की इस कहानी की पृष्ठभूमि में कुछ वर्ष पूर्व बंगलौर में हुई, अनेक प्रकार से विवादों में घिरी, विश्व सुन्दरी सौन्दर्य प्रतियोगिता है। न केवल सौन्दर्य प्रतियोगिताएँ अपितु टी. वी. की अपसंस्कृति हमें क्या कुछ दे रही है, इसका भी

आकलन संवेदनात्मक स्तर पर बहुत बारीकी से कहानी में हुआ है। कहानी का पट खुलते ही बताया जाता है कि क्रिकेट के मैच और अभिताभ की फिल्म के लिए बच्चे किस प्रकार टी. वी. से चिपके रहते हैं। जब टी. वी. आया और लोग घरों में बैठकर जिस प्रकार दत्तचित्त हो बैठते थे, उससे चोरी-डकैतियाँ भी खूब होती थीं, आए दिन ऐसे समाचार मिलते रहते थे, लोग 'कृष्णा' सीरियल देखते रहते हैं एक कमरे में, दबंग छोकरे घुस आते हैं।' सारे परिवार को बाँध, मुँह में कपड़ा ठूँस, फ्रिज से कोकाकोला निकालकर पीते और सब कुछ समेट कर निश्चिन्तता से अपने काम को सरंजाम दे निकल जाते हैं। कहानी थोड़े समय पहले के उस वक्त को भी पहचानती है, जब मध्यमवर्गीय घर के बच्चे दादी, बापू और अन्य बड़ों से छिपा कर टी. वी. देखते थे। कहानी माँ-बाप और लड़कियों के रूप में तीन पीढ़ियों को प्रतिनिधित्व देती है। दादी 'बाबा आदम के जमाने की हैं, जड़ और अडियल। माँ उसके बाद के ज़माने की हैं जो अपने ऊपर आधुनिकता का बिल्ला लगाकर लड़कियों के साथ चलने का उपक्रम करती है पर यह तीसरी पीढ़ी इतनी तेज चल रही है कि माँ-बाप की पीढ़ी के आधुनिक होने के सारे उपक्रम बेमानी हो जाते हैं, उनके पैर लड़खड़ा जाते हैं क्योंकि तीसरी पीढ़ी की ये लड़कियाँ सीधे-सीधे तूफान की हमशक्ल हो गई हैं।" कहानी में दादी, माँ-बाप और लड़कियों के बीच हुई बातचीत बदलते समय की पदचाप को चीन्हती है। इस बदलते समय का दारुण सच यह भी है कि यहाँ प्रतिभा और कर्मठता की घोर अवमानना हो रही है, योग्यता पर सार्वजनिक रूप से कुत्ते पेशाब कर रहे हैं कोई हटाने वाला नहीं है। कहानी का दिनेश घोर परिश्रम कर एम. एससी. की डिग्री लिए घर बैठा है और ढल्लू साव का बेटा डेढ़ लाख खर्च कर नौकरी पा जाता है और दिलावर बाबू का बेटा दो लाख खर्च कर मेडिकल में चला जाता है। सौन्दर्य प्रतियोगिता के सन्दर्भ में दिनेश की प्रतिक्रिया है, "बहुराष्ट्रीय कंपनियाँ इस देश को तबाह कर देंगी। इस नई दुनिया की उपभोक्तावादी दृष्टि से छोटा-बड़ा, समाज का हर तबका परेशान है, इसकी झलक देने के लिए गाँव से आए मेहमानों से देबू बाबू की बातचीत दिखाई गई है। संक्षिप्त-सी बातचीत में पता चल जाता है कि गाँव के जमींदार मोती बाबू दो साल से अपनी लड़की के लिए लड़का नहीं ढूँढ़ पा रहे हैं। वे आई. ए. एस. लड़का चाहते हैं जो दस-पन्द्रह लाख में जुटाया जा सकता है—पैसा किसी भी तरह जुटा भी लिया जाए पर असल दिक्कत यह है कि "लड़का हाय-फाय लड़की खोजता है... दिल्ली में पढ़ी लिखी, फक-फक अंग्रेजी बोलने वाली... सुसायटी में उठने-बैठने वाली।" यह दिक्कत एक संक्रमणशील समाज की दिक्कत है जिसमें ऐसी लड़कियों की उपलब्धता नहीं है।

कहानी फिर मूल समस्या की ओर लौटती है। घर की नौकरानी, जो घर के काम तथा दादी के साथ खेती-बाड़ी देखने गाँव जाने वाली संगी-साथी के रूप में है, चुपके से द्वार खटखटा 'टी. भी.' देखने आई है। 'टी. भी' पर 'महाभारत-रामायण' देखने

नहीं बल्कि 'दुनिया की सबसे खूबसूरत औरत' देखने। गाँव से आए लीलाधर सूचित करते हैं कि उनके यहाँ से जमींदार मोती बाबू भी बंगलौर यही प्रतियोगिता देखने गए हैं। देबू बाबू को कोई अचरज नहीं होता यह जानकर कि स्टेटस के बड़े आदमी मोती बाबू ब्यूटी कंटेस्ट देखने गए हैं, उन्हें अचरज तब होता है जब जानते हैं कि अब्बू मियाँ अपने गराज को बन्धक रखकर ब्यूटी कंटेस्ट देखने गए हैं। कैसा भीषण समय है जिसमें मोती बाबू जैसे बड़े आदमी से लेकर मैकेनिक अब्बू मियाँ और घर की मेहरी सकूला जैसे छोटे तबके के अल्प वित्त लोग भी सौन्दर्य-सागर में डुबकी लगाने की होड़ में पड़ गए हैं। इस विज्ञापनी दुनिया के मायावी संसार ने सकूला जैसी काम करने वाली मेहरी को भी अपनी जकड़ में ऐसा कसा है कि वह कन्वेंट में पढ़ती बड़की और मँझली के घर में पचास रुपए कम पर इसलिए काम करने को तैयार हुई है कि वे उसे मेकअप करना सिखलाती हैं। कॉलोनी के और कितने ही घर उससे काम कराना चाहते हैं पर उसने "सकारा सिर्फ इसी घर का काम।" उससे स्पष्ट है कि इस सौन्दर्य प्रतियोगिताओं ने हमें अपने शरीर में उलझा हमारे जीवन की प्राथमिकताएँ किस प्रकार बदलकर रख दी हैं। छोटे-बड़े सबको टी. भी. ने अपनी दुनिया में उतार लिया। सारे विश्व की संस्कृति एक होने लगी। अलग रह गए तो मात्र बेरोज़गार दिनेश, दो-दो बेटियों के भार से दबे देबू बाबू और पुराने जमाने की जड़ दादी।" टी. वी. की असंस्कृति को लेखक न केवल सौन्दर्य प्रतियोगिताओं के रूप में देखता है अपितु वह जिस रूप में छोटे-छोटे बच्चों के ज़ेहन में एक अलग दुनिया बसा रहा है, वे जिसके साथ बड़े हो रहे हैं, गाँव का छोटा-सा लड़का दादी की बैलगाड़ी के पास आकर गति के बोल बोलता है, "चाँदनी रात थी... वो मेरे साथ थी", के माध्यम से देखने की कोशिश करता है। गाँव में जाती दादी अपने अतीत में खो जाती है कि किस प्रकार अपने चचेरे देवर के संरक्षण में चल रही खेती के अन्न में कुछ 'फसल में से बेचती थीं चुरा-चुरा कर' जिससे वे अपने शहर में पढ़ रहे बेटे के छोटे-मोटे खर्चे पूरा कर सकें। बटाईदार अब दादी को बताया है कि सकूला उनके खेतों से अनाज चुराकर साव जी को बेचती है। दादी उसकी इस कमी को अनदेखा करती हैं कि शायद वह अपने शहर के स्कूल में पढ़ रहे बेटे के लिए उसी की तरह पापड़ बेलकर, उसके खर्चों को पूरा करने के लिए यह सब करती है, "सूरज से उन्होंने अदबदाकर कहा रोकना मत उसे। उसकी ज़रूरत बड़ी है, ... बेटा पढ़ रहा है।"

गाँव में गई दादी के पास मुरारी साव जी का अनाज खरीदने आता है। साथ में आए साव जी के छोटे लड़के से दादी पूछती है कि वह क्या करता है, उससे जब पता चलता है कि वह गाँव में स्नो, पाउडर की दुकान करता है। यहाँ लेखक ने बहुत कुशलता से जमाने के बदलने की तेज़ रफ़्तार को 'अफगान स्नो' और 'रेवलॉन' ब्रांडों के प्रतीकार्थ से चित्रित किया है। दादी साव जी के बेटे से पूछती है कि उसकी दुकान में कौन-सा 'स्नो' है—'अफगान?' लड़का दादी की बचकानी बात पर हँसने लगा,

"अफगान का जमाना कहाँ रहा। विदेशी माल ढूँढ़ते हैं। सब रेवलॉन के नीचे नहीं जाते।" विदेशी ब्रांड संस्कृति ने दादी के ज़माने से लेकर अब तक यह तरक्की की है और दादी को आश्चर्य होता है कि इस सबके लिए गाँव में पैसे कहाँ से आए, साब जी के बेटे का उत्तर ध्यातव्य है "उसी में काटकूटकर चलता है। खाने पर ध्यान कम, रंगाई-पुताई पर ज़्यादा है। महीनावारी समान जाता है, घर-घर जैसे नून तेल, वैसे रूज लिपस्टिक।' दादी की पीढ़ी यह सब सुनकर 'हतवाक्' है, "उनका खुला हुआ मुँह और फटी हुई आँखें" ज़माने के इस बदलाव पर पुरानी पीढ़ी का मौन मातम है। कहानी वर्तमान के इस महत्त्वपूर्ण प्रश्न पर और गहरे विमर्श में उतरती हैं

दादी को अपनी सबसे छोटी लाड़ली पोती के साथ ब्यूटी पॉर्लर जाना पड़ता है क्योंकि घर का और कोई सदस्य उसके साथ जाने के लिए प्रस्तुत नहीं है। किसी तरह दादी उसके साथ ब्यूटी पॉर्लर चली जाती है। वहाँ जाते ही उन्हें साव जी का छोटा लड़का किसी लड़की के साथ मिल जाता है। दादी के पूछने पर अकबकाया वह लड़का लड़की का परिचय इस रूप में देता है, "यह परमेश्वर मिसिर की लड़की है रिंकू। गाँव में ब्यूटी पॉर्लर खोलना है, सो छः महीने से यहीं ट्रेनिंग ले रही थी। अब कल से दूकान की शुरुआत होगी, तो ज़रूरी व्यवस्था करने के लिए आयी थी।" यहाँ कहानी में जबर्दस्त निहितार्थ है। 'मिश्र' की लड़की ब्यूटी पॉर्लर —नायन का काम (पुराने समय की नायन ही हैं तो ये जिसमें भ्रू-लुंचन, अंगराग-लेपन (फेशियल) केश-सज्जा—सभी कुछ काम तो हैं) करने को अभिशप्त है क्योंकि इस काम में पैसा है। इसलिए अपना जातीय गौरव, पद-मर्यादा सब कुछ पैसे के लिए दाँव पर लगानेवाली है यह पीढ़ी!!

कहानी फिर अपनी धुरी पर लौटती है, दादी को ब्यूटी पॉर्लर में एक माँ-बेटी का संवाद सुनने को मिला। बेटी पत्रिका पढ़ती हुई हुलसकर माँ को बताती है "हिन्दुस्तान की लड़की मिस यूनिवर्स चुनी गई। देखो माँ उसकी तस्वीर छपी है।" माँ का तर्क है कि "बाहरवाले सबको बिगाड़ रहे हैं, और कुछ नहीं है' यह। नई पीढ़ी का तर्क है इसमें बिगाड़ना क्या और बुरा क्या? बम्बई की एक बहुत गरीब लड़की मिस बाम्बे चुली गई, मॉडेल बनी, काम मिला, नाम मिला।" माँ का तर्क है 'जुआ खेलनेवाले पहले नए खिलाड़ी को जीतने देते, ताकि लत लगे... फिर सब कुछ लूट लेते हैं।' इस देश में हम यह भूल रहे हैं कि यहाँ बाहरी नहीं, भीतरी सुन्दरता को श्रेयस्कर समझा जाता था। स्त्री को इस शारीरिक सुन्दरता को ही कमाने की लत लगाना पुनः उसे पुरुष की गुलाम बनाने की गहरी साजिश है, "वह प्रसाधन में लगी रहे—पुरुष यही चाहता है। वह कहेगा कि तुम सुन्दर हो, और तुम धन्य हो जाओगी। सुन्दर कहलाने के लिए तुम उस पर आश्रित रहोगी।" इन सौन्दर्य प्रतियोगिताओं ने स्त्री के रुझान का 'डायवर्शन' कर दिया है। सारा ध्यान शरीर पर केन्द्रित होने से हमारे जीवन की प्राथमिकताएँ बदल गई हैं। प्राथमिकताओं का यह बदलाव इस रूप में हुआ है, "शिक्षा, विकास, आत्मनिर्भरता, मानवीयता, समुदायबोध—सब दूसरे-तीसरे नम्बर की

चीज़ें हो जायेंगी। सुन्दरता एक जादुई सपना है, पर क्षणिक। सुन्दरता की इच्छा करना नशा है। इसके लिए तुम्हें हर वक्त मेकअप का सहारा लेना होगा। क्योंकि सुन्दरता तुम्हारे लिए पहले नम्बर की जरूरत है, तुम उस जरूरत का व्यापार करनेवालों के अधीन बनी रहोगी।'' किन्तु लड़की पर माँ के इस प्रवचन का कोई असर नहीं होता। सौन्दर्य का व्यापार प्रत्येक नगर और कस्बे में अपना पसारा तेजी से फैलाता जा रहा है। एक आँकड़े के अनुसार पौंडस् कंपनी ने एक बार सौन्दर्य प्रतियोगिता के आयोजन पर दस करोड़ रुपया खर्च किया और उसी के आधार पर सौ करोड़ रुपया कमाया। इस सौन्दर्य व्यापार की बदौलत इस व्यापार की बड़ी खिलाड़ी भारत के अरबपतियों की सूची में आयीं और उनकी संपत्ति चार अरब से भी ऊपर बताई गई (समाचार पत्रों की हाल की ही सूचना)।

कहानी के इस विमर्श का चरम यह है कि दादी ब्यूटी पॉर्लर से निकली एक औरत को देखती रह जाती हैं। उसकी बहुत-बहुत पहचानी-सी शक्ल दादी की पहचान में पूरी तरह नहीं आ पाती है। वह काउंटर पर आकर ब्यूटी पॉर्लर के डेढ़-सौ-रुपए का भुगतान करती है—''फेसियल 55 रुपए, थ्रेडिंग 5 रुपए, ब्लीचिंग 20 रुपए, हेयर कटिंग 25 रुपए, वैक्सिंग 45 रुपए, कुल 150 रुपए।'' इन डेड़-सौ रुपयों ने उस औरत का ऐसा काया-कल्प कर डाला कि वह पहचाने नहीं पहचानी जा रही है। (मुझे यहाँ विवेकानन्द याद आते हैं जिन्होंने कभी अमेरिका में कहा था—'तुम्हारे देश में जैन्टिलमैन टेलर्स द्वारा बनाये जाते हैं और मेरे देश में वे पैदा ही होते हैं, आज के समय में विवेकानन्द को क्या कहना पड़ता!!)। बहरहाल पोती की सहायता से दादी इस औरत को पहचानकर झटका खा जाती है, यह कोई और नहीं उनके घर में काम करनेवाली, उनके खेतों से अनाज-चुरानेवाली सकूला ही है। वे भौंचक हैं कि सकूला ने यह चोरी अपने स्कूल में पढ़ते बच्चे की जरूरतों को पूरा करने के लिए नहीं की अपितु अपने तन के शृंगार के शौक को पूरा करने के लिए की। सकूला के लिए ''संतान से भी ज़्यादा अपनी सुन्दरता है? बेटे का भविष्य बने, उसकी तकलीफें घटें, उससे भी ज़्यादा जरूरी और महत्त्व की बात यह है कि बेटे की माँ की दैहिक सुन्दरता बनी रहे?'' दादी को अपनी वे कुर्बानियाँ याद आईं जो उसने अपने बेटे को लायक आदमी बनाने के लिए की थीं। पीढ़ियों का यह अन्तराल और प्राथमिकताओं का इस रूप में बदलाव एक भौंचक स्थिति में ला देता है। वह अपने को पूरी तरह दिशाहीन और दृष्टिहीन अनुभव कर रही थी, इसलिए उसे अपने चश्मे की कोई उपयोगिता नजर नहीं आ रही थी। वह उस नदी को देखती है जिसमें रेत ही रेत है। वह ''नदी नहीं' ''जिसे पार कर देबू जाया करता था।'' दादी को लगता है कि ''दूरी पर कोई बहाव था, जो इस ओर तेज़ी से आ रहा था।'' और यह कहानी तेज़ी से आते अपसंस्कृति के इसी बहाव को रोकने की पुरजोर कोशिश करती है। कहानी की खूबी यह है कि वह अपनी इस 'कोशिश' को 'वाचाल' नहीं होने देती, बहुत ही स्वाभाविक

रूप में सारा विमर्श कहानी की स्थितियों से निपजता है। कहानी की भाषा भी एक 'लोक-संगीत' की लय रचती है। कहीं उसमें नींद के टूटने के लिए लोक से जुड़े ऐसे बिम्ब हैं," उसकी नींद और मिट्टी का बर्तन, दोनों एक जैसी चीजें हैं, छुओ तो पट से टूट जाएँगी।" या "देबू बाबू ने भी चुप्पी मार ली। नींद की कच्ची गली में उतर गए।" जैसे लोकधर्मी प्रयोग हैं। इसी प्रकार बच्चों की मम्मी बच्चों द्वारा रची जा रही 'साजिश' के लिए जनभाषा का एक सशक्त प्रयोग प्रयुक्त करती हैं, "का गौरमिन्ट हो रहा है?" जब बच्चे इस शब्द प्रयोग पर आपत्ति करते हैं तो मम्मी इस लोकाभिव्यक्ति का खुलासा इस रूप में करती हैं, "हमारे यहाँ गाँव में यही बोला जाता है—फुसफुसाकर बतकही करना, माने गौरमिन्ट।" इस प्रकार यह कहानी सारे विश्व की संस्कृति को एक करने की भूमंडलीकरण की एक साजिश के खिलाफ भारतीय लोक-संगीत की धुन बजाने की सार्थक चेष्टा करती है जिससे दादी के सामने तेज़ी से आता बहाव रुक सके। शैवाल ने अधिक कहानियाँ नहीं लिखी हैं, किन्तु उनकी यह एक अकेली कहानी समकालीन कहानी में महत्त्वपूर्ण ढंग से उनकी उपस्थिति दर्ज़ कराती है।

दाम्पत्य के दिव्य राग की प्रतीति

('अर्द्धांगिनी' –शैलेश मटियानी)

नई कहानी के दौर में अपनी 'जिबूका', 'चिट्ठी रसैन' (उप.) जैसी रचनाओं से प्रसिद्धि प्राप्त कर कहानी-क्षितिज पर आनेवाले शैलेश मटियानी तभी से निरन्तर कहानियाँ लिखते रहे हैं, फिर भी सातवें-आठवें दशक में उनकी कहानियाँ विशेष ध्यान आकर्षित नहीं कर पातीं और न ही यह आश्वास्ति दे पाती हैं कि वे हमारे अग्रिम पंक्ति के कहानीकार हैं। मामला बस ठीक-ठीक, 'सो-सो', का-सा ही चलता रहता है। किन्तु उनकी इधर की कहानियाँ एक विशेष ऊँचाई पर हैं, सहज ही यह बोध देती हुई कि शैलेश मटियानी ने अपनी ही कथा-रूढ़ियों का अतिक्रमण कर प्रथम कोटि के रचनाकार का महत्त्व अर्जित किया है। प्रायः ही होता यह है कि कोई कहानीकार एक बहुत गरीब कहानी लिखकर कुछ समय के लिए फिर 'सामान्य' के धरातल पर उतर आता है, या चुप हो जाता है किन्तु एक ही क्रम में एक के बाद एक बेहतरीन कहानियाँ देते जाना यह बाध्यता देता है कि उसके सम्पूर्ण रचना-कर्म का पुनर्मूल्यांकन किया जाए। शैलेश मटियानी की कहानी 'अर्द्धांगिनी' ('हंस', जून 1987 अंक) पढ कर उनकी कोई भी कहानी पढ़े बिना नहीं रहा जाता, रुका जाता, और यह देखकर सुखद प्रतीति होती है कि 'लो, तुम भी खा लो', (इन्द्रप्रस्थ भारती', अप्रैल-जून 1990, कहानी विशेषांक) 'कुतिया के फूल' ('वर्तमान साहित्य', कहानी महाविशेषांक-1 अप्रेल 1991) तथा 'माता' ('हंस', अक्तूबर 1992) जैसी कहानियों का लेखक न केवल अपनी कथा-यात्रा के सर्वोच्च पर है अपितु हिन्दी को कुछ उपलब्धिपूर्ण कहानियाँ का अवदान देकर स्वयं के लिए अत्यन्त गौरवपूर्ण स्थान कहानी के इतिहास में निश्चित कर लेता है।

शैलेश मटियानी की कहानी का श्रेष्ठ वह है जहाँ उन्होंने पहाड़ के जन-जीवन को अत्यन्त सूक्ष्मता तथा गहराई से संवेदनात्मक धरातल पर प्रस्तुत किया है। उपरिलिखित कहानियों में भी वे अपनी उसी कथा-भूमि को पृष्ठभूमि रूप में रखते हैं किन्तु यहाँ कथ्य और अभिव्यक्ति दोनों ही एक शीर्ष कलाकार ('मास्टर क्राफ्टमैन')

की लेखनी का परिचय देती हैं इन सभी कहानियों में कथ्य का मूल सरोकार मानवीय सम्बन्धों से है, समय और समाज की बड़ी-बड़ी चिन्ताओं से न टकरा कर भी ये कहानियाँ 'बड़ी' कहानी बनने की क्षमता से युक्त है। 'अर्द्धांगिनी' कहानी इन सब कहानियों में इसलिए भी अलग है कि उसमें सम्बन्धों के सत्य के साथ-साथ अपने परिवेश को समाजार्थिक स्थितियों का भी सूक्ष्म उद्घाटन स्वतः ही होता चलता है। अपनी इसी संश्लिष्ट प्रकृति में 'अर्द्धांगिनी' एक अद्वितीय कहानी बन जाती है।

'अर्द्धांगिनी' को एक ऐसी कहानी कहा जा सकता है जिसमें दाम्पत्य-प्रेम के मधुर राग के एक दिव्यता के बोध से युक्त कर प्रस्तुत किया गया है, एक ऐसा मन्द्र संगीत-सा है जो धीरे-धीरे पाठकीय चेतना पर छाता चला जाता है। दाम्पत्य-प्रेम को इतनी तन्यमता से चित्रित करने वाली हिन्दी की गिनी-चुनी या विरल कहानियों में इसकी गणना की जा सकती है। यह और भी विस्मयकारी है कि यह कहानी अपने उस समय में अलग पहचान लेकर खड़ी होती है जब अधिकांशतः ही दाम्पत्य के विघटन और टूटन पर ढेरों-ढेर लिखा जा रहा हो, जब पारम्परिक विवाह-संस्था पर चारों ओर से, लेखन के स्तर पर, आक्रमण ही किया जा रहा है। ऐसे समय में धारा के विपरीत कहानी की यह निजता बाँधती तो है ही, उस तर्क का भी उत्तर बन जाती है कि क्या आज कहानी में जीवन का अँधेरा ही है, प्रकाश-किरण, सम्बन्धों की ऊष्मा और सुखकर कुछ भी नहीं। 'अर्द्धांगिनी' कहानी की देहयष्टि के पोर-पोर, रोम-रोम (प्रति शब्द) पर कुछ कहने को, बात करने को मन होता है। लगता है कि लेखक ने बड़े चिन्तन और मनन से जीवन-दर्शन, रस-रीति, और जीवन का सत कहानी के शब्दों में शक्तिकृत (पोटेंशलाइज़्ड') करके रख दिया है। हर शब्द रचा हुआ, जीवन की आँच में तपा हुआ और इस स्थिति में आकंठ डूबकर लिखा हुआ। जो लोग फौज़ी जिन्दगी और उनके परिवारों की जिन्दगी से परिचित हैं, उनके लिए कहानी और भी मार्मिक हो उठती है, हमारे सामाजिक जीवन के एक पक्ष का प्रामाणिक चित्रण। जिनके पति-पुत्र अपने जीवन-वसंत का सर्वश्रेष्ठ फौज़ को समर्पित कर देने में ही गौरव समझते हैं या आर्थिक मजबूरियों की मार से मसें भीजते-भीजते फौज़ की भर्ती में चले जाते हैं और उनकी सूबेदारनियों, हवलदारिनों या सिपाही की औरत को जो भोग-भोगना पड़ता है। नैन सिंह सूबेदार की सूबेदारनी उसी अकथ कथा की प्रामाणिक मूरत है। इस 'मूरत' को साक्षात् करने में लेखक जिस सूक्ष्मता से पहाड़ का परिवेश प्रस्तुत करता है उसमें पहाड़ अपनी सम्पूर्ण प्राकृतिक सम्पदा, सुषमा, रंगीनी, उदासी, गरीबी, संघर्ष और जीवट तथा कर्मठता में पूरी तरह उपस्थित है।

पहाड़ का सिपाही (सूबेदार नैन सिंह) सेना में नौकरी करता हुआ छुट्टी आने पर घर-परिवार में एक साथ होने, पत्नी के अंग-संग के लिए चिर तृषित रहते हुए स्वर्गिक सुख की ललक में पूरा-पूरा बरस काट देता है, फिर वह नैन सिंह सूबेदार तो तीन साल बाद गाँव आ रहा है।'' एभ्री डे एंड एभ्री नाइट—माइडियर सूबेदारनी। यू

वाज ऑन माई ड्रीम'' की भाषा में अपनी मनःस्थिति को अभिव्यक्त करता सूबेदार वस्तुतः अपनी सूबेदारनी की स्मृति में अपने हर खाली पल को भरा पाता है। घर की ललक लिए वह नैन सिंह सूबेदार सारे देश के उस फौज़ी सिपाही की मूक अन्तर्व्यथा को वाणी देता है जिनके घर-परिवार पीछे गाँवों में छूट गये हैं और जो सालाना छुट्टी काटने के इन्हीं सपनों में डूबता उतराता रहता है। यहाँ व्यक्ति की निजी सगात्मक सम्बन्धों की टीस ही नहीं, वे आर्थिक विवशताएँ, निरुपायताएँ, भी अभिव्यक्ति पाती हैं जो उसे सब कुछ छोड़कर सूबेदारनी के पास नहीं पहुँचने देती हैं। सूबेदार नैना की इस आनन्य प्रीति की मुख्य धारा के नीचे यह आर्थिक विवशताओं की अन्तर्धारा ('अंडर-करेंट') भी प्रच्छन्न रूप में सतत विद्यमान है। इतने लम्बे पत्नी-विछोह में शरीर की माँग भी इस प्रेम के ताप को और उद्दीप्त करती है। इसीलिए घर पहुँचने की ललक और भी तीव्र है, गाड़ी से भी तेज़ चाल से पहुँचने की त्वरा, ''एक गाड़ी के नीचे, तो अगला कदम सीधे घर के आँगन में रखने का मन होता है'' उसका। 'घर का काम निबटा कर आ रही सूबेदारनी के झाँवरों की आवाज़' प्रति पल उसकी चेतना पर छायी रहती है। यहाँ से एक संक्षिप्त-सी सहयात्रा कहानी के साथ जरूरी है। ट्रक में बैठा सूबेदार जब पिथैरागढ़ से गुजरता है तो वहाँ की उन औरतों का ध्यान करता है जिनमें अधिकांश विधवाएँ फौज़ में भर्ती लोगों की हैं, नहीं तो पहाड़ के स्वच्छ हवा-पानी में बड़ी लम्बी उम्र तक जीते हैं लोग।' गाँव में जब सूबेदार छुट्टी में जाता है और प्रथम भेंट यदि अपनी 'सूबेदारनी उर्फ भिभुवा की अम्मा' से ही हो जाती है तो उसे लगता है कि पन्द्रह साल पहले चैत के महीने में जो शादी हुई थी, उसका वन की हिरनी का-सा चौंकमा अभी तक नहीं गया था। 'निराशा' के सागर में आशा के जहाज की तरह' सूबेदार को ले जाता हुआ ट्रक पहाड़ की हरियाली और खुशी को ही दिखाता नहीं चलता इस सोच से भी परिचित कराता है कि बस के किराये के पैसे बचे तो उसे ''घर में बच्चों के हाथ में रखने को तो कुछ रुपए जबर्दस्ती भी देने ही होंगे, टिकट के पैसों से तो दूने ही बैठेंगे।'' यह सामान्य आदमी की वह जोड़-तोड़, कतर-ब्यौंत है जिसमें वह दिन-रात जी रहा है। इसी उधेड़-बुन के बीच देवी-जागरण स्मृति के मिस कहानीकार सूबेदार से 'स्त्री-तत्त्व' की यह व्याख्या करता है, ''स्त्री-तत्त्व भी क्या चीज़ हुआ, सारे ब्रह्मांड में व्याप्त ठहरा। कोई ओर-छोर थोड़े हुआ इनकी ममता को। अपरंपार रचना हुई, नाना रूप, नाना खेल। देखिए तो क्या कर सकता है, हजार बंदियों का मारा बन्दा!'' इसी क्रम में आगे स्त्री के माँ, बहन, बेटी आदि रूपों का ध्यान किया जाता है। स्त्री-तत्त्व, आदमी की प्रकृति, प्रेम-तत्त्व आदि पर कहानीकार गहरी सोच में अपनी जीवनानुभूति, उस अनुभव से पाए गए अपने निष्कर्ष शब्दों के मौलिकों के रूप में प्रस्तुत करता है। इन अनुभवों को कागज पर उतारने में कहानीकार की वाणी झरना हो जाती है, कविता का झरना! रस का एक अद्भुत उद्रेक!! प्रेम के बिना जीवन के रीते-छूछे हो जाने की बात बहुत बार बहुत तरह से कही जा चुकी है

किन्तु जब शैलेश मटियानी उसे इन शब्दों में कहते हैं तो वह पुनः नयी हो उठती है, अपनी पूरी सच्चाई में प्रभावित करती हुई, "क्या रखा है साले आदमी की जिन्दगी में, अगर कहीं पाँवों से लेकर, सिर से ऊपर तक का, गहरे तालाब-जैसा प्रेम नहीं रखा है। कहाँ तो एक मूकता का-सा आलम था प्रारम्भ में, फिर शब्द फूटा एकाएक तो सचमुच एक सृष्टि होती चली गई। जीभ में लपेटा तागे का गुच्छा हट गया और वाणी झरना होती गयी।" इस प्रेमिल अनुभव को सम्प्रेषित करने की क्षमता, शब्द-प्रति-शब्द में इसकी झन्कार देने की सामर्थ्य का परिचय लेखक बार-बार देता है। हर समय चेतना पर छाई सूबेदारनी जब गाँव पहुँचने पर प्रथम बार सूबेदार को मिलती है तो इस प्रकार, पाँव छूते ही मिट्टी के घड़े की तरह फूट पड़ता और सारा जल सूबेदार पर उड़ेल देना किया था सूबेदारनी ने। तब कहीं खुद के पूर्णांक हुए होने की-सी तृप्ति हुई थी।" इसे रोमानी-बोध कहकर आगे नहीं निकला जा सकता। प्रेम के इस बोध को इस काव्यात्मक संवेदना के धरातल पर ही समझा जा सकता है। यहाँ प्रेम में शरीर का महत्व भी है किन्तु कहीं भी अभिव्यक्ति में मांसलता नहीं है। विदा होने की घड़ी में सूबेदार को अपनी पत्नी के साथ बिताये एक-एक दिन और पल याद आते हैं, अपनी सम्पूर्ण शारीरिक मादक स्मृतियों में किन्तु कहानी अपने अद्भुत कलात्मक कौशल में उन्हें दिव्यता प्रदान कर देती है, "... विदा होने की घड़ी। सूबेदारनी के साथ बीते एक -एक दिन को घुप्प अँधेरे में बिखेर देने को मन करता है और टॉर्च हाथ में लेकर, ढूँढ़ने को। आज भी सूबेदारनी अभी-अभी रोज़ की तरह, विहानतारे को गोद में लेकर दूध पिलाने को उतावली, छाती पर पाँव रखती-सी निकल गई है, लेकिन झाँवरों की आवाज अभी भी मधुमक्खियों का-सा छत्ता डाले हुए है।"

कहानी का एक अत्यन्त सम्पूर्ण स्थल वह है जहाँ घर-परिवार की पर्दा-दारी से दूर सूबेदार सूबेदारनी को विभिन्न मुद्राओं, 'पोज़ों' में अपने कैमरे में उतारने और उसके कंठ-स्वर में पहाड़ी लोकगीत 'न्यौली' के अपने 'टू-इन-वन' के रिकॉर्डर में रिकॉर्ड करने के लिए, भरने के लिए, उसे वनपरी सी बनाकर घाटी के समतल में ले चलते हैं। इन क्षणों के उत्साह में सूबेदार बच्चा हो गए हैं' और सूबेदारनी में सारा संकोच पतझर के समान का पत्तों-सा झरता, और ऋतु वसंत के पल्लकें-सा उगा चला गया।" अनुभूति के इन क्षणों में सूबेदारनी का रूप दैवी हो उठता है सूबेदार के लिए। पहाड़ी-सौन्दर्य के उसकी पूरी मासूमियत और कोमलता से कहानीकार यह अतीन्द्रय रूप देता है '...सूबेदारनी अपने नए रंगीन घाघरे को ठीक से फैलाती बैठ गई। हरी क्रेप के घाघरे में लाल रंग की गोट है। कमर में धोती का पीताम्बरी फेंटा है, पिठां अक्षत माथे पर ऐसे है, जैसे गर्भ से ही साथ हों, नाक में चंदकों वाली, तीन तोले की बाएँ कान के पास तक का स्थान घेरती नथ है—कानों में सोने की मुद्रिकाएँ। गले में मोतीमाला, काला चरेवा और गुलूबंद है, हाथों में पहुँचियाँ और पाँवों में झाँवर पूरे आभूषण धारण किए हैं। आज नैना सूबेदार के आग्रह पर। एक हाथ में दराँती है,

दूसरे में अभी तक बाँज-फ्राल्याँट के पल्लव रखने का जाल था, अब उसमें रंग-बिरंगे फूलोंवाला धमेला है। क्या रूप है, क्या रंग है?'' जब यह पहाडी परिधान और सौन्दर्य केवल पर्यटन-विभाग के पोस्टरों में अथवा लोक-नर्तकों के रस्मी प्रदर्शनों में ही गौरव पाता हो, जब सब सलवार-कुर्त्ता या साड़ी की ओर मुड़ रहे हों, तब नैना सूबेदार को इस रूप का उपासक बनाकर कहानीकार ने अपने गहरी लोक संपृक्ति और अपने जन से जुड़ाव को सिद्ध किया हैं। सूबेदार को यह अहसास भी किसी क्षण हुआ था कि जितने पैसे कैमरे और टू-इन-वन पर खर्च किए उतने में तो घर के जाने कितने काम सिद्ध हुए होते, (''जितनी रकम इस फौटू कैमरे और ट्रांजिस्टर-टेपरिकॉर्डर में लगा दिए सूबेदार ने उतने में घर के कितने काम निबट जाते'') किन्तु फ़ौज़ी की जिन्दगी ऐसी फिजूलखर्चियों से नहीं घबराती। इसी से अपनी हर समय की त्रासद स्थिति में कुछ सुनहले सपने पूरे करते हैं। इस त्रासक स्थिति का संकेत कहानी उस समय देती है जब न्यौली गाने के बाद के क्षणों में सूबेदारी को ध्यान आता है कि ''इसी वर्ष जुलाई में गाँव के तीन घरों में तार आए। सुना, उधर अमृतसर में कोई लड़ाई हो गई—एक साया फौजियों के घर मँडराता फिरता रहा है महीने-भर।'' कितनी भयानक स्थिति है कि जब इन घरों में से कोई फौज़ी गुज़र जाता है तो उसका ''शव ही देखने को मिलता है, रूप, आकर—उसी में सब कुछ देख लो!'' सूबेदार नैना की छुट्टियाँ इन्हीं त्रासक सायों के बीच भी प्रीति का अमर-रस खोजते-पाते बीत जाती है और विरह की घड़ी में उस पहाड़ी बीहड़ रास्ते पर लौटते हुए जब वह बार-बार अपनी प्रिया को माई डियर! माई डियर!' नहीं कह पा रहे हैं सूबेदारनी उन्हें सान्तवना-सी देती है कि इतनी उदासी क्यों तो सूबेदार की मनःस्थिति को कहानीकार इन शब्दों में मूर्त्त करता है ''अब सूबेदार कैसे बताएँ कि अग्निपर्व बीत गया, राख रह गई, यहाँ से वहाँ तक, एक बुझा-बुझापन-सा व्याप्त हुआ पड़ा है।'' कहानी में प्रत्येक स्थान पर दाम्पत्य की इस रस-रीति का ऐसे ही प्रभावी शब्दों में अंकन, यह बोध देता है कि 'अर्धांगिनी' में पति-पत्नी से प्रीति प्रेमी, प्रेमिका की भूमिका के समान ही एक दिव्य संगीत से अनुप्राणित है।

आज जब स्त्री-पुरुष, पति-पत्नी, सम्मान को 'स्थगित' करने के लिए कहानी में न जाने कितने मुखर पात्रों के अवतारणा हुई, तब बहुत ही स्वाभाविक रूप में नैनसिंह सूबेदार अपनी सूबेदारनी को यह रुतबा बख़्श देते हैं। नौकरी पर वापिस जाते 'सूबेदार साब' का सामान स्वेच्छया ही वह उठाती है किन्तु फिर भी कहीं 'दासत्व बोध' नहीं, एक पुनीत कर्त्तव्य-भर मानकर उस स्थिति को गौरवपूर्ण कर दिया गया है,'' इज्ज़त तो भीतर की भावना हुई। हम निगोड़ी तुम-तुम ही तुमड़ाती रहीं जिन्दगी भर, तुमसे 'आप-आप' से नीचे नहीं उतरा गया। दुर्गा सासू कह रही थी, घरवाली को प्रतिष्ठा देना कोई इसके सूबेदार से सीखे तुम जब वहाँ रात-दिन हम लोगों की चिन्ता में घुलते रहनेवाले हुए, तब कुछ नहीं—एक दिन को तुम्हारा बोझ हमारे सिर पर आ

गया, तो क्या पर्वत आ गया ठहरा? सिर के ताज तो आखिर तुम ही हुए...।'' यह पति-पत्नी के बीच की आदर्श-स्थिति यहाँ किंचित् भी आरोपित होकर नहीं आती, सम्बन्धों की सुगंध से एक समानता का भाव विकसित होता है उन दोनों के बीच। वे दोनों एक-दूसरे के कितना-कितना करके मानते हैं इसे कहानी एक ही वाक्य से प्रकट कर जाती है... गाँव पहुँचने के दिन एक-एक वस्तु को कैसे हज़ार आँखों से देखती सी मुग्ध होती जाती थीं सूबेदारनी। ''सिंथाल की बट्टी को जब इन्होंने सूँघा, तब उसमें सुगंध फूटती शुरू हुई थी, लोभ नहीं है, लाये हुए को सार्थक कर देता है। इस वक्त यह मत भूलना, ''वह जरूर लेते आना' की सारी रट, सिर्फ सूबेदार के उत्साह और गरिमा बढ़ा देने के लिए है।'' शैलेश मटियानी इस प्रीति रस को व्यक्त करने के लिए कितने कम शब्दों में कितना अधिक कहने को क्षमता से युक्त हैं उसे एक ही उदाहरण से देखा जा सकता है कि सिंथाल की बट्टी में सुगन्ध तभी फूटी जब सूबेदारनी ने इसे सूँघा। प्रिया के वस्तु विशेष को सकारने में ही उसे जुटाने की सार्थकता है। पहाड़ की कर्मठ जिन्दगी जीती, घर-खेत का सारा काम-काज समेटती सूबेदारनी के जीवन को अपनी भावना के ताप से कवित्वमय कर देनेवाले सूबेदार के प्रेम को कहानीकार ने विविध प्रसंगों के माध्यम से अभिव्यंजित किया है। पूरी कहानी दाम्पत्य को महिमा-मंडित करने का एक सार्थक प्रयत्न बन जाती है।

'अर्द्धांगिनी' में लोक-जीवन अपने बहुत चटख़ रंगों में चित्रित होता है। कहानी के प्रारम्भ से ही पाठक लेखक के साथ पहाड़ की पगडंडियों और सर्पीली सड़कों पर चल पड़ता है। बस न मिलने पर जान-पहचान की ट्रक की सवारी, पहाड़ी होटल पर रुककर छक कर 'पीता', देवी-जागरण के समय का ध्यान करते ही लोक-काव्य शैली का देवी का मंगलारूप, देवी के इतने गहरे संस्कार कि उसके वरदान-रूप में कन्या-प्राप्ति की आकांक्षा और मनौतियाँ, गाँव में पहुँचते ही 'राम-राम', 'पालागन', की परम्पराएँ, गाँव में सामान ढोने के लिए कुली न मिलना, कुली के अभाव में अपनी सूबेदारनी का ही सामान उठाकर चल पड़ना, पिथौरागढ़ से झूलाधार वाली सड़क और उसके किनारे खड़े पहाड़ों का परिचय, भराड़ी का जंगल आदि के इतने सूक्ष्म और रसमय अंकन कहानी में प्राप्त होते हैं कि यह पूरा अंचल पाठक के लिए जीवन्त हो उठता है। नैना सूबेदार को लगता है कि औख होकर ही इस अंचल के जीवन को उसकी पूरी सच्चाई में जिया जा सकता है। सामान छोड़कर जाती हुई सूबेदारनी को देखकर सूबेदार के ये उद्गार उस लेखक के हैं जो उस ज़मीन से बहुत-बहुत गहरे रूप में जुड़ा हुआ है, ''तो औरत होना अपनी भाषा बोलता-सा सुनाई पड़ता है। नदी में नहाकर, किनारे जाइए, कपड़े बदलिए, वापस लौट चलिए, थोड़ा स्मृति पर जोर देने की कोशिश करिए कि नदी के बहते होने की आवाज़—खास तौर पर पहाड़ में—कितनी दूर-दूर तक साथ आती है।'' अंचल का इतना जीवन्त और प्रामाणिक अंकन कर भी यह कहानी मात्र आंचलिक कहानी नहीं है, उसमें पूरे देश का गाँव—समाज अपनी पहचान देता है, पूरे

अन्तर्बाह्य में। फौज़ के जीवन को विवशता में अपनाते ग्रामीण सभी जगह एक से हैं, वे सब सूबेदार नैन सिंह और सूबेदारनी का भोग भोगने को अभिशप्त। अपनी पेंशन पर ही चले आने के मन होता है सबका किन्तु पारिवारिक दायित्वों में, बच्चों को आगे बढ़ाने की लालसा में सभी सोचते हैं कि अभी और चार-पाँच साल खींच लेना ही ठीक है।'' बाबू या माँ को वृद्धावस्था में अकेले न छोड़ पाने की विवशता में, 'घर के वीरान पड़ जाने के डर में परिवार को साथ रखने का अवसर' फौज़ी के नहीं मिल पाता। पूरे देश में फौज़ी का सच यही है। 'अर्द्धांगिनी' कहानी इसी यथार्थ के बीच दाम्पत्य की रस-रीति के अद्भुत कौशल से अभिव्यक्त करने वाली एक उपलब्धिपूर्ण कहानी है।

कृति-संदर्भ

1. कितने पाकिस्तान—कमलेश्वर, राजपाल एंड संस, कश्मीरी गेट, दिल्ली-6 प्र. सं. 2000 ॥
2. काशी का अस्सी—काशीनाथ सिंह, राजकमल प्रकाशन, नई दिल्ली-2, प्र. सं. 2002 ॥
3. आवाँ—चित्रा मुद्गल, सामयिक प्रकाशन, जटवाड़ा, दरियागंज, नई दिल्ली-2, प्र. सं. 1999 ॥
4. शेष कादम्बरी—अलका सरावगी, राजकमल प्रकाशन, नई दिल्ली-2, प्र. सं. 2001 ॥
5. मय्यादास की माड़ी—भीष्म साहनी, राजकमल प्रकाशन, नई दिल्ली-2, प्र. सं. 1998 ॥
6. नरककुंड में बास—जगदीश चन्द्र, राजकमल प्रकाशन, नई दिल्ली-2, प्र. सं. 1994 ॥
7. पीली आँधी—प्रभा खेतान, लोक भारती प्रकाशन, महात्मा गाँधी मार्ग, इलाहाबाद, प्रं सं. 1996 ॥
8. विक्षुब्ध—डॉ. विश्वम्भरनाथ उपाध्याय, दि स्टूडेंटस बुक कं., चौड़ा रास्ता, जयपुर, प्र. सं. 1991 ॥
9. गालिब छुटी शराब—रवीन्द्र कालिया, वाणी प्रकाशन दरियागंज, नई दिल्ली-2
10. वह जो यथार्थ था—अखिलेश, राधाकृष्ण प्रकाशन, जी-27, जगतपुरी, दिल्ली-51
11. वारेन हॉस्टिंग्स का साँड—उदय प्रकाश, इंडिया टुडे, साहित्य-वार्षिकी, 1977 (प्रकाशित 1996) ॥
12. ए लड़की—कृष्ण सोबती, वर्तमान साहित्य, कहानी, महा विशेषांक-1, 1981 ई.

13. तुम्हारा शरीर मुझे पाप के लिए पुकारता है—कमलेश्वर, वर्तमान साहित्य, कहानी, महा विशेषांक-1, 1981 ई. ॥
14. खंडित जीवन का कोलाज—स्वदेश दीपक, 'कथादेश', अप्रैल 2002, अक्टूबर 2002, दिसम्बर 2002, मार्च 2003 तथा मई 2003 अंक
15. "हाय दिल्ली उर्फ़ एक दिल्ली सिके ही वाह!"—मनोहरश्याम जोशी, 'हंस', जून 2002 अंक ॥
16. वरणांजलि—गोविन्द मिश्र, 'स्राक इतिहास' कहानी संग्रह, राजपाल एंड संस, कश्मीरी गेट, दिल्ली-6 प्र. सं. 1984
17. संजीव की कहानियाँ—संजीव, ब्लैक होल, कहानी संग्रह, दिशा प्रकाशन, त्रिनगर, दिल्ली-110035, प्र. सं. 1997
18. धोखा—जयनंदन, 'पुनर्नवा', दैनिक जागरण, प्रस्तुति 2002
19. भारतीय लोक संगीत, 97—शैवाल, 'वागर्थ', मई 1998
20. अर्द्धांगिनी—शैलेश मटियानी, 'हंस', जून 1987